창업의 성공과 실패

서정희 · 백재화 지음

UUP

창업의 성공과 실패

■

- 2016년 07월 06일 **초판 인쇄**
- 2016년 07월 15일 **초판 발행**
- **지은이** 서정희, 백재화
- **펴낸이** 오연천
- **펴낸곳 UUP.**(울산대학교출판부) 680-749 울산광역시 남구 대학로 93(무거동) 울산대학교 출판부
- **전화** (052)259-2488 **팩스** (052)277-3011 ▪ **홈페이지** http://uup.ulsan.ac.kr
- **출판등록** 제370-1996-000001호(1996.3.13)
- ₩ 13,000

■

이도서의 국립중앙도서관 출판도서목록(CIP)은 e-CIP 홈페이지(http://www.nl.go.kr/ecip)에서 이용하실 수 있습니다.(CIP제어번호: CIP2016016479)

ISBN 978.89.7868.393.7 (93590)

머리말

최근 미국의 페이스북이나 우리나라의 카카오톡 같은 기업이 짧은 시간에 성공하는 사례가 사회적 이슈가 되면서 창업에 대한 사회적 관심이 모아지고 있다. 창업은 경제성을 높이고 시장에 혁신을 불어넣으며, 일자리를 창출하는 중요한 역할을 하고 있기 때문에 우리나라 정부에서도 청년실업을 줄이고 경제를 활성화하기 위하여 창업지원과 활성화를 중요한 정책 과제로 삼고 있다. 베이비 붐 세대들이 퇴직한 뒤 창업을 하는 경우도 증가하고 있어 창업은 현대사회에서 실제적인 경제 부흥과 새로운 진로로 주목받고 있다.

소비자의 역할을 구매자로 한정시키지 않고 획득자 역할까지 포괄적으로 규정하고 있음에도 불구하고 지금까지 소비자학 분야의 연구들은 대부분 구매, 소비 및 처분에 한정되어 있는 실정이다. 프로슈머와 크리슈머와 같은 새로운 소비자역할이 중요하게 대두되고 있고, 소비와 생산의 경계가 모호해지고 있고 직장생활과 가정생활의 상호작용이 더 빈번하게 이루어지고 있는 현재 창업생태계에 소비자학이 기여할 수 있는 여지가 매우 크다고 볼 수 있다.

세계 54개국에서 18세에서 64세에 해당하는 2000명 이상을 대상으로 조사한 글로벌 기업가 정신 2011 연구보고서(Global Entrepreneurship Monitor, 2012)에 의하면 약 4억 명의 창업 기업가가 활동하고 있는 것으로 추정되며, 우리나라의 초기 창업활동 비율은 7.8%로 나타났다. 직업을 선택할 때 창업 선호 정도가 61%, 언론의 창업에 대한 관심도도 62%로 나타났다. 특히, 베이비 붐 세대(1955~1963년생)들이 은퇴 연령에 접어들면서 퇴직한 뒤 창업에 나서는 사례도 크게 증가하고 있다. 2011년 10월 기준 50대 이상의 자영업자는 3,103,000명으로 전년 대비 169,000명이 늘었으며 2011년 한 해 동안 신설 법인 수도 전년 대비 8% 이상 늘어난 65,510개로 사상 최대치를 기록했다.

이 책은 백재화의 박사학위논문을 지도교수인 서정희가 새로운 장과 내용을 추가하여 새롭게 구성한 것이다. 독자들이 보다 쉽게 이해할 수 있도록 축약했던 내용을 보다 상세하게 설명했고, 새로운 사례를 보완하였다. 1장, 3장 및 4장은 새롭게 추가했고, 2장과 5장은 박사학위논문에 있는 내용을 크게 보완하였고, 6장은 저자들이 학회지에 발표했던 논문을 책의 구성에 맞게 수정하였고, 7장, 8장 및 9장은 박사학위논문을 다시 구성하였다.

제 1장에서는 다양한 유형과 개념의 소비자를 소개하고 소비자학이 창업 생태계에 어떻게 기여할 수 있는지를 알아보았다. 제 2장에서는 기업가정신이 창업기업의 성공과 실패를 가늠하는 핵심 요소라고 보고, 기업가정신이 창업의 성공과 실패에 미치는 영향력과 효과를 구체적인 사례와 함께 설명하였다. 제 3장에서는 한국과 핀란드의 15세부터 29세의 청소년을 대상으로 하여 조사한 자료와 사례를 이용하여 창업에 대한 인식과 실제를 알아보았다. 제 4장에서는 창업교육사업, 창업경진대회, 패키지형 창업지원정책, 창업인프라 구축사업, 창업 사업화와 자금지원사업, 글로벌 창업지원사업, 재기지원사업 및 기타 사업 등에 관하여 설명하였다.

제 5장에서는 현상에 적합한 개념적인 틀이 아직 명확하게 확인되지 않고 개념간의 관계에 대한 이해가 부족하거나 특정한 문제에 대한 반복연구가 수행되지 않아 적합한 변수들과 적합하지 않은 변수들을 결정할 수 없을 때 사용하는 방법인 근거이론에 관하여 설명하였다. 6장부터 9장까지는 근거이론을 이용하여 실제로 분석한 내용이 포함되어 있기 때문이다. 제 6장에서는 창업가들이 창업에 성공적으로 정착하는 과정에서 경험한 문제의 현상과 원인이 무엇이고, 그것을 강화 또는 약화시키는 맥락과 조건이 무엇이고, 이것이 어떠한 장애 요인과 대처 행동의 상호작용을 거쳐서 성공적인 창업에 이르게 되는 지를 창업의 전 과정에 초점을 맞추어 분석하였다.

중소기업청의 조사에 의하면 우리나라 창업의 특징은 주로 생계형 업종으로 평균 생존율도 창업 후 1년은 72.6%, 2년은 56.5%, 3년은 46.4%로 자영업자 절반 이상이 3년 이내 폐업하는 것으로 나타나 사회적 비용부담이 매우 크다. 이러한 배경에서 제 7장에서는 창업의 실패와 대처에 관하여 설명하였다. 제 8장에서는 근거이론을 활용하여 재창업가를 대상으로 창업실패 과정과 대처 과정에서 체험한 독특한 경험이나 총체적인 맥락에 관하여 설명하였다. 제 9장에서는 재창업가가 창업실패를 경험하고 창업실패에 대처하는 과정에서 일관되게 유지되는 핵심범주를 알아보고 도출한 창업실패에 대한 대처 유형에 관하여 설명하였다.

이 책은 대학과 대학원에서 창업을 공부하는 학생이나 연구하거나 교육하는 학자들에게 좋은 지침서가 될 수 있다. 또한 현장에서 창업 정책을 계획하고 실행하는 전문가들에게 이론적 지침과 실천전략을 제공해 줄 수 있다. 무엇보다도 이 책이 소비자학의 연구와 실천 영역을 확대하고, 소비자학 전공자들이 창업을 새로운 취업분야로 개척하는데 중요한 길잡이가 될 수 있기를 바란다.

마지막으로 이 책이 출판될 수 있도록 도움을 준 울산대학교 출판부 여러분께 무한한 고마움을 전한다.

서정희, 백재화

목 차

·· 제 1 장 ··

소비자학과 창업

창업은 소비자학과 관련이 거의 없다고 생각해왔던 소비자분야에서도 창업에 관심을 가지기 시작하고 있다. 소비자의 역할을 구매자로 한정시키지 않고 획득자 역할까지 포괄적으로 규정하고 있음에도 불구하고 소비자학 분야의 연구들은 대부분 구매, 소비 및 처분에 한정되어 있는 실정이다. 따라서 생산자와 소비자 역할을 함께하는 프로슈머(prosumer), 창조자와 소비자 역할을 다하는 크리슈머(cresumer)와 같은 새로운 소비자역할이 중요하게 대두되고 있다. 소비와 생산의 경계가 모호해지고 있고 직장생활과 가정생활의 상호작용이 더 빈번하게 이루어지고 있는 창업생태계에 소비자학이 기여할 수 있는 여지가 매우 크다고 볼 수 있다. 특히, 소비자를 잘 이해해야 창업에 성공할 수 있다는 점을 고려한다면 창업은 소비자학 전공자의 실천영역과 취업을 확대할 수 있는 중요한 분야가 될 수 있다.

1. 소비자학의 확장

소비자학은 한정된 자원을 가지고 다양한 욕구를 가능한 많이 충족하려고 하는 인간의 소비행동과 소비현상을 관찰하고 기술하는 과정을 통하여 소비자의 선택 메카니즘을 분석하고 설명하여 소비자복지와 바람직한 소비문화를 추구하는 응용학문이다. 지금까지 우리나라에서 가장 많이 연구되고 있고 관심을 가지고 있는 소비자학의 분야로는 소비자법, 소비자정책, 소비자의사결정론, 소비자행동, 소비자와 마케팅, 소비자와 시장환경, 소비자교육, 소비자정보, 소비자상담, 고객만족서비스, 소비문화, 소비심리, 소비트렌드, 소비자주의, 소비자 운동 등이 있다.

이러한 연구주제와 교과목 등은 창업하고 성공시키는데 중요한 자질이 될 수 있다. 창업이 성공하기 위해서는 소비자에 대한 이해가 필수조건이 되기 때문이다. 현재 대학이나 대학원을 졸업하고도 취업을 하지 못한 청년이 매우 많고, 설사 취업을 했다 하더라도 취업의 안정성이 낮아서 실업을 하는 경우도 늘고 있다. 100세 시대에 사오정이라는 신조어가 생길 정도로 일찍 퇴직하는 경우도 급증하고 있다. 이러한 상황에서 청년실업을 해소하기 위한 정책의 하나로 창업이 권장되고 있고, 국가에서도 다양한 정책을 시행하고 있다. 지금까지 소비자학 분야에서는 창업에 크게 관심을 기울이지 않았으나, 창업을 연구하고, 창업을 교육하기도 하고 실제로 창업을 하는 소비자학 전공자들도 크게 증가하고 있다.

소비자는 획득자, 배분자, 구매자, 사용자, 처분자와 같은 소비의 전과정을 포함하는 소비자역할을 수행한다(이기춘, 1985). 이러한 다양한 소비자역할 중에서 소비자학에서 상대적으로 관심을 적게 받아왔던 획득자역할에 대한 관심이 증가하고 있다. 예를 들면 소비자간에 직접적으로 이루어지는 전자상거래인 C2C도 크게 증가하고 있다(김기옥, 황혜선, 2009). 통계청(2008; 2013; 2014)에 의하면 소비자간 전자상거래 규모는 2007년에는 2006년에 비하여 31.5%나 증가하였다. 소비자간 전자상거래액이 2012년에는 118,040억원으로 2011년에 비하여 20.6%가 증가하였고, 2013년에는 134,140억원으로 2012년에 비하여 11.7%가 증가하였다.

여성이자 엄마 CEO인 김서영(34) 대표는 자녀교육에 관심을 가지면서 아이를 위한 교육 콘텐츠를 찾았으나, 마음에 드는 것을 발견할 수 없었다. 김대표는 두뇌의 효율성을 극대화하기 위해 뇌과학에 기반한 교육콘텐츠를 제작하는 스타트업인 '스칸디에듀'를 설립했다. 이 회사는 6세 이전까지 우뇌 성장이 결정된다는 뇌과학 연구에 기반하여, 우뇌자극 플래시메소드 기법의 교육솔루션 '브레인나우(Brain-Now)'를 출시하여 스타트업 전문 벤처캐피탈 쿨리지코너인베스트먼트로부터 5억원의 투자를 유치했다.

'브레인나우'는 우뇌자극 교수법으로 유명한 글렌도만 박사의 플래시 메쏘드(Flash method), 신체적 움직임과 다감각을 활용한 티피알메쏘드(TPR method)를 접목해 만들었다고 밝혔다. 두뇌발달 곡선상 36개월 무렵까지 우뇌발달의 절정을 이룬다는 뇌과학의 이론에 따라, 우뇌우위의 사고가 정점인 유아들을 위한 교육 프로그램을 제공할 뿐만 아니라 기억력 강화를 위한 이미지 연상기법 및 패턴인식 프로그램을 교재 및 교구 뿐 아니라 App과 DVD로도 함께 제공한다. 지나친 입시위주의 교육열보다 아이의 정서발달과 놀이교육에 공감하는 신세대 젊은 엄마들이 이 교재에 큰 관심을 보이고 있다.

김대표는 교육학을 전공하지는 않았지만 서울대학교 소비자학과에서 소비자행태 분야로 박사과정을 수료하고 연구원으로 연구 활동하면서 서울대학교 생활과학대학 부속연구소인 소비트렌드분석 센터에서 해마다 출간하고 있는 「트렌드코리아」 시리즈에 공동저자로 참여했다. 김 대표는 주로 교육트렌드를 연구하면서 한국의 정체되어 있는 유아교육콘텐츠의 모습을 발견하고 본격적으로 교육 스타트업에 뛰어들게 되었다. 2013년 「트렌드코리아」가 제시해 화제가 됐던 '스칸디맘'이란 키워드를 만드는 데 참여했다. 김대표는 엄마니까 타깃 고객의 마음을 속속들이 잘 알 수 있었고, 직접 딸을 키우면서 경험적으로 알게 된 부분을 실제로 콘텐츠 개발에 많이 접목했다. 연구원 출신으로 소비자의 마음을 잘 안다는 것도 유리했다고 했다. 또 본인이 연구원 출신이라 연구하는 데 능숙하고, 요즘 젊은 엄마들이 선호하는 것이 뭔지 좀 더 많이 알아 창업에 많이 도움이 되었다고 한다(매일경제 2015년 12월 8일).

김서영대표처럼 여학생들이 다수인 소비자학전공자들은 결혼과 함께 육아를 포함한 다양한 생활을 하면서 일반인들이 미처 발견하지 못한 창업 아이템을 찾을 수 있고, 가정생활을 하면서 집에서 1인창업을 할 경우 초기 창업비용을 효율적으로 줄일 수 있고, 창업실패의 후유증도 최소화 할 수 있다는 장점이 있다.

사람뿐 아니라 사물과 데이터, 프로세스를 포괄하는 모든 것들이 네트워크화되는 초연결사회는 협력적 공유사회가 될 것이라고 Jeremy Rifkin이 자신의 저서 The Zero Marginal Society에서 주장하였다. 공유사회는 재화에 대한 배타적 소유권 대신에 사용권의 개념으로 다른 사람과 공유하거나 교환해서 가치를 창출하는 공유경제를 발전시키게 되었다. 특히 세계적인 경제위기로 소비자들은 구매력이 감소하게 되었고, 기술발전 속도가 빨라지고 첨단제품의 수명이 짧아지면서 소비자들은 소유에 대한 집착을 버리게 되었다.

현재 성공한 공유경제의 대표적인 예로는 우버택시와 에어비앤비를 들 수 있다. 2010년에 샌프란시스코에서 서비스를 시작한 우버는 스마트폰 앱을 이용해서 차량을 공유하는 플랫폼을 제공하는 서비스이다. 에어비앤비는 2008년 8월에 창립되어 캘리포니아 주 샌프란시스코에 본사를 두고 있으며, 온라인 및 모바일, 태블릿에서 전 세계의 독특한 숙소들을 올리고, 발견하고, 예약할 수 있는 커뮤니티 플랫폼이다. 하룻밤 지낼 아파트, 일주일 동안 지낼 수 있는 성, 한 달 동안 지낼 수 있는 빌라 등 다양한 가격대의 숙소가 세계 190개국 34,000개 도시에서 이용되고 있다.

우리나라 정부도 공유경제를 육성하기 위하여 관련 규제를 개선하고 있다. 정부는 현행법상 불법인 '에어비엔비' 등 숙박 공유 서비스를 앞으로 합법적인 제도권 영역으로 끌어들여 부산, 강원, 제주 등에 시범적으로 허용하기로 했고, '쏘카' '그린카'로 대표되는 차량공유 업체 차량이 공영 주차장을 이용할 수 있도록 관련 규제를 풀었다(헤럴드경제 2016년 2월 17일). 이처럼 공유경제를 활성화하기 위한 정부의 다양한 대책이 이루어지면 일반 소비자들이 쉽게 공유경제모델을 활용한 다양한 창업 플랫폼을 개발하고 이용할 수 있을 것이다. 특히 사물인터넷 플랫폼은 모든 소비자를 프로슈머로 변모시킬 수 있는 가능성이 매우 크다(김기옥, 김난도, 이승신, 황혜선, 2015).

우리나라의 경우 프로슈머 경제시대가 2015년부터 시작되어 2045년에는 완전하게 정착될 것이라는 전망이 대두되고 있다. 기존 대기업 구조보다 1인 직종이 대세가 되고, 모든 사물이 연결되면서 다양한 플랫폼에서 언제 어디서나 모든 것을 공유한다. 여행지에서 바로 기억과 추억을 방송하는 등, 실시간으로 모든 내용을 세계로 송출한다. 상당수는 특정 전문 업무를 수행하는 프리랜서다. 프로젝트 단위로 기업 업무에 협업 형식으로 참여해 업무를 본다. 업무는 회사보다는 집이나 카페, 야외 등 원하는 곳에서 수행해 사무실이 줄어든다. 사무실이 있어도 활용도는 크게 낮아지고, 일주일에 1-2회 출근하는 시대다(전자신문 2016년 3월 29일). 이렇게 프로슈머가 확대되면 지금까지 규정하고 있던 소비자역할이 크게 확장되고 변화될 것이고, 소비자학의 연구범위와 취업분야도 더 다양해질 것이다.

2. 프로슈머의 등장

Alvin Toffler가 1970년에 저술한 미래쇼크에서 처음으로 사용한 프로슈머는 1992년에 저술한 제3의 물결에서 용어의 의미가 보다 구체화되고 발전하게 되었다. 프로슈머는 제2의 물결사회인 산업사회의 양축인 생산자와 소비자의 경계가 무너지면서 생산자(producer)와 소비자(consumer)를 합성한 말이다. 산업통상자원부는 프로슈머-이웃간 전력거래를 현실화하는 일부개정안을 2016년 2월 29일에 고시했다. 이 개정안은 프로슈머가 생산한 전력을 일정 구역 내에서 이웃에게 판매하는 것을 허용하고 10kW 이상의 설비를 보유한 건물도 스스로 생산한 전력을 사용해 전기요금에서 차감할 수 있도록 상계 허용 용량을 확대하기 위한 것이다. 프로슈머는 전기를 소비하면서 동시에 태양광 등 분산형전원을 보유해 전기를 생산하는 사람(주택, 상가, 건물 등)을 말한다.

이번 개정안의 주요 내용은 다음과 같다. 전기판매사업자에게 제한적 중개 역할을 부여해 프로슈머가 생산해 사용하고 남는 전력을 이웃에게 공급하는 것을 매개할 수 있게 하였다. 일 변압기 구역을 벗어날 경우 전력량의 일부 손실이 발생해 프로슈머가 생산한 전력량과 이웃에 공급한 전력량 간 계량값의 차이가 발생할 수 있기 때문에 프로슈머의 다른 전기소비자에 대한 전력공급은 프로슈머와 동일배전망(배

전변압기 하단)을 사용하는 경우에만 가능하게 하였다. 전기판매사업자는 프로슈머로부터 다른 전기소비자에게 공급된 전력에 대해 전기요금에 반영해 정산이 가능하도록 한 것이다. 특히 상계에 의한 전력거래 허용범위 확대하여 학교, 병원 등 대형건물에서도 태양광 발전설비를 설치해 전기요금을 절감 받을 수 있도록 상계 허용범위를 50KW까지 확대하였다. 프로슈머의 발전전력량과 전기판매사업자로부터 공급받는 수전전력량을 동시에 계량할 수 있는 전기계기를 설치할 경우 필요한 비용을 프로슈머와 전기판매사업자가 분담이 가능하도록 하였다(투데이 에너지 2016년 3월 3일).

소비만 하는 수동적인 소비자를 넘어 직접 제품의 생산과정에 전반적으로 참여하는 것을 의미하는 프로슈머의 개념은 매우 다양하게 변용되어 사용되고 있다. 다양한 의미로 사용되고 있는 프로슈머의 개념과 용어를 분류하면 다음과 같다(백혜란, 이기춘, 2009).

1) 접두어인 Pro의 해석에 따른 분류

(1) 활동가적 생산소비자(Proactive + Consumer)

기업과 시장의 문제를 해결하기 위하여 특정 조치를 취하거나 미래에 발생할 수 있는 문제를 예상해서 대처하는 활동가로서의 소비자이다. 비윤리적 기업 활동이나 기업인을 징계하기 위하여 온라인과 오프라인을 활용하여 불매운동을 벌이는 활동을 예로 들 수 있다. 대한항공의 땅콩회항사건은 재벌기업의 부회장이자 오너의 딸을 구속까지 하게 하였다. 또한 자신이 소비할 물건을 직접 생산하는 자급자족 생산자를 의미하기도 한다. 환경문제를 해결하고 주류경제체제에서 벗어나기 위한 다양한 DIY 활동을 예로 들 수 있다.

충북대 철학과 교수를 지낸 윤구병 전 대표가 1995년 설립한 변산

공동체가 있다. 윤 전 대표는 스스로 사직 후 낙향해 농사, 젓갈 효소술 만들기 등으로 자급자족하는 공동체를 세웠다. 공동체에는 20가구 50여명이 살고 있다. 변산공동체학교는 1995년 전북 부안군 변산면에 터를 닦기 시작했고, 1998년부터 학생들을 가르쳤다. 설립 초기부터 가난한 아이도 형편이 넉넉한 아이도 모두가 똑같이 동등한 교육을 받아야 한다는 교육철학을 바탕으로 한결같이 무상교육을 펼쳐 왔다. 이곳 학생들이 공동체 기숙사에 살면서 먹고 자고 입고 공부하는 모든 것이 무상이다.

변산공동체학교에선 교사자격증이 없는 마을 사람들이 선생님이 되고, 학생들은 듣고 싶은 수업만 골라서 듣는다. '글쓰기, 산처럼 물처럼, 역사, 짚풀공예, 풍물, 연극, 미술, 도자기, 택견'처럼 몸과 마음을 함께 살찌우는 교육이다. 학생 스스로 공부해서 검정고시를 보는 일은 더러 있지만, 대학을 가기 위한 지식 교육은 따로 시키지 않는다. 변산공동체학교는 농사일을 통해 아이들 스스로 제 앞가림할 힘을 키운다. 모내기철이나 밭매기가 한창일 때는 하루 종일 일할 때도 있다.

게임 중독에 빠진 학생, 왕따 당하던 학생, 건강이 안 좋은 학생, 장애가 있는 학생, 편식이 심한 학생, 성격이 아주 예민한 학생, 자식을 농사꾼으로 만들겠다는 부모님을 둔 학생, 부모님과 사이가 좋지 않은 학생, 가정 형편이 어려운 학생, 다양한 학생들이 모인다. 이들은 자기와 조금 다르더라도 이해하고 받아들이려 애쓰는 속에서 어울려 살아가는 지혜를 배운다(민중의 소리 2015년 3월 1일).

(2) 전문가적 생산소비자 (Professional + Consumer)

일반 소비자들보다 더 많은 전문지식과 장비를 소유해서 새로운 제품에 열광하며 몰두하는 일종의 얼리 어답터와 유사한 형태의 소비자들이다. 이들은 상업용으로 제작한 음악, 게임, 영화 등과 같은 콘텐츠를 즐기는 동시에 자신이 스스로 전문가용 소프트웨어나 기기를 이용하여 콘텐츠를 제작하기도 한다. 처음에는 취미로 시작한 많은 사람들이 전문가 수준의 경지에 이르는 경우가 많다.

이런 유형의 프로슈머를 리서슈머(Researsumer)라고도 한다. '리서처(researcher)'와 '컨슈머(consumer)'의 합성어로 자신이 관심 있는 소비 분야에 대해서 지속적으로 연구하고 탐색하는 전문가적 소비자들을 의미한다. 초기에는 기존의 정보를 바탕으로 취미활동 혹은 기업의 서포터즈로 활동하면서 온라인의 여론을 조성하기 위해 시작하나 활동을 하면 할수록 많은 정보를 가진 전문가가 된다.

전문가적 지식을 공유하는 리서슈머는 제품이나 서비스의 기능 및 사용방법을 쉬운 용어로 설명해 주거나 숨겨진 장점을 찾아내 공유해 줌으로써 소비자에게 고급 정보를 제공해 주고, 해당 기업의 제품과 서비스를 홍보해 줌으로써 소비자와 기업이 서로 상생할 수 있도록 해준다. 특히 제품의 특성과 함께 기업이 보지 못하는 사용자의 니즈를 정확하게 파악하고 있기 때문에 고객이 원하는 혁신을 창조할 수 있다.

예를 들면 커피를 좋아하는 리서슈머는 다양한 커피원두를 구입하고 맛보며 상품에 따른 향과 산도 등에 대해 분석하여 합리적인 가격에 더 좋은 커피 원두를 구입합니다. 여기에서 멈추지 않고 자신이 알고 있는 커피 원두에 관한 전문적 지식을 전파, 공유하여 다른 일반 소비자들에게도 커피 원두에 대해 알려준다(시선뉴스 2015년 6월 8일).

취미로 요리를 시작한 백종원은 요식 업체 더본코리아의 대표로 한신포차, 새마을식당, 역전우동 등 총 25개 약 700개의 브랜드를 가지고 있는 요식업계의 대표로 성장했고, 전문쉐프가 아님에도 불구하고 요리경연대회의 심사위원도 했고, 집밥백선생, 백종원의 3대천왕 등과 같은 다양한 쿡방과 먹방의 선두주자로 요리와 관련된 예능프로그램에서 활발하게 활동하고 있다.

(3) 간여적 생산소비자(Provider + Consumer)

자신이 사려는 제품의 디자인을 하거나 고객 맞춤화를 하는데 도움을 주는 소비자로 제품평가를 통하여 생산과정에 의견을 반영하고 기업의 가치를 창조하는 활동에 능동적으로 참여해서 기업의 의사결정에 영향을 미친다. 신제품이 시장에 출시되기 전에 상품평가단 또는 베타 테스터라고 불리는 집단들이 미리 사용해보고 문제점이나 개선 사항 등을 기업에 피드백하거나 SNS를 활용하여 구전활동을 하기도 한다.

T커머스 서비스 K쇼핑은 공개적으로 모집한 고객평가단을 활용하여 고객의 생생한 소리를 듣는다. K쇼핑 TV방송, 인터넷몰, 스마트폰 앱을 이용하며 온라인 커뮤니티 활동에 관심 있는 고객은 누구나 K쇼핑 온라인 홈페이지를 통해 모집기간에 신청할 수 있다. K쇼핑 고객평가단은 TV방송 모니터링, 서비스 의견 제안, 신상품 품평회 참여, 설문조사 참여 등의 다양한 활동을 하게 된다. 고객평가단으로 활동하게 되면, KT그룹 임직원과 동일한 할인혜택과 모니터링 및 활동별 적립금을 추가로 받는 혜택이 주어진다.

2) 디지털 프로슈머

디지털 프로슈머는 정보의 수평이동을 통하여 주류 언론이 주도하는 여론형성과 정보생산의 흐름에서 벗어나 전 국민이 주체적으로 여론을 형성하고 정보를 생산하여 유포하는 것을 가능하게 한다(손대일, 2006). 과거 주류 언론이 주도했던 과정이 독점적이고 하향식이었다면 디지털 프로슈머가 활동하는 방식은 많은 사람들이 자발적으로 참여함으로써 민주적인 상향식의 성격을 띤다. 2013년 9월에 닐슨이 발표한 '광고 및 브랜드 메시지에 대한 글로벌 신뢰 조사'에서는 소비자들이 가장 신뢰하는 정보원천은 지인 추천으로 84%를 차지하였고, 온라인에 포스팅된 소비자 의견은 70%를 차지해서 두 번째로 신뢰하는 것으로 나타났다. 디지털 프로슈머는 다음과 같이 분류될 수 있다.

(1) 메이븐

Feick과 Price(1987)가 처음으로 사용한 마켓메이븐은 특정 제품이나 전문성을 근거로 하지 않으면서 시장에서 일반적으로 경험한 것이나 획득한 지식을 확산시킴으로써 다른 사람들에게 광범위한 영향을 미치는 전문가를 의미한다. 따라서 마켓메이븐의 의견은 보다 광범위하게 소비자의 의사결정에 영향을 미치게 된다. 마켓메이븐은 다른 소비자들에 비하여 혁신적이고 (Goldsmith, Flynn & Goldsmith, 2003), 일반 소비자들이 필요로 하는 유용한 정보를 제공하는 동시에 자신은 똑똑한 소비자라는 점에서(Slama, Nataraajan & Williams, 1992), 소비자집단에서 영향력을 가지며, 소비규범을 만들 수 있다 (Clark and Goldsmith, 2005).

마켓메이븐은 그들이 직접 구매하지 않은 제품에 대한 정보를 전달하고 획득하는 것을 중요하게 생각한다는 점에서 개인적 효용 극대화보다 다른 동기가 마켓메이븐의 행동을 유발한다. 얼리어답터나 오피니언 리더는 수동적일 가능성이 크지만 메이븐은 능동적으로 대화에 참여하고 정보를 전달하는 것을 좋아한다는 점에서 구별된다. 특히 마켓메이븐은 제품에 대한 정보를 획득하고, 다른 소비자들과 정보를 공유하기는 하지만 적극적으로 신제품을 구매한 소비자는 아니라는 점에서 오피니언 리더나 얼리어답터와는 상호관련성이 있기는 하지만 독립적인 개념이라고 할 수 있다(Walsh et al., 2004).

온라인 커뮤니케이션이 사회관계 유지의 핵심 채널로 부상하면서 나와 비슷한 생각이나 선호를 가진 사람과의 관계를 통해 효용을 극대화 시키거나 불특정 다수와 관계를 맺어 정보와 지식과 같은 무형자원이나 유형자원을 함께 공유하여 사회적 효용을 증대시키고 있다. 이러한 지식과 정보를 공유하는 과정에서 긍정적인 평가와 공감을 많이 얻는 소비자들은 사회적 허브로서의 영향력을 가지게 된다. 소비를 통해 사회적인 지위를 인정받고 나아가 자랑하고 싶어 하는 소비자들의 관계지향적 성향은 점점 강화될 것이다. 이러한 배경에서 개인의 경험과 정보를 공유함으로써 사회적 발언권을 강화시키는 웹메이븐이 등장하게 되었다(공재형, 성행남, 2014). Davidson과 Copulsky(2006)가 명명한 웹메이븐은 디지털 기술의 발달로 정확하고 매우 유용할 뿐 아니라 양도 풍부한 소비에 관한 지식과 정보를 인터넷을 통하여 거의 실시간으로 다른 소비자들과 대중에게 전파함으로써 다른 소비자들의 구매행동과 라이프스타일에 영향을 미치고 있다.

황혜선과 김기옥(2014)은 시장정보에 민감하고 능동적인 정보탐색자로서의 마켓메이븐 성향이 소비자 정보탐색활동과 어떠한 관계를 가지며, 소비생활의 질 향상에 대한 기여 정도를 분석하였다. 마켓메이븐 성향이 높은 집단에서 사용하는 정보원천의 수, 지속적 탐색 및 구매시 탐색수준, 원천별 탐색빈도의 수준이 높은 것으로 나타났다. 즉 소비생활에 필요한 다양한 종류의 정보에 민감하게 반응하는 마켓메이븐 성향이 높은 집단은 단순하게 많은 양의 정보를 획득하는 것이 아니라 활용하는 정보원천을 다각화함으로써 각 정보원천이 가지는 장점을 최대로 활용하고, 구매를 할 때 필요한 정보탐색 뿐만 아니라 평소에도 정보탐색을 활발하게 하고 있었다. 정보탐색의 중요성에 대한 태도는 적절한 정보탐색역량이 갖추어졌을 때 마켓메이븐 성향으로 이어지며, 그 결과 소비생활만족도가 높아졌다. 또한 마켓메이븐 성향과 정보탐색역량의 경로계수를 비교하였을 때 마켓메이븐 성향의 계수가 더 큰 것으로 나타났다. 그러므로 소비자가 정보탐색역량만을 갖추었을 때보다 다양한 정보를 지속적으로 탐색하고 이를 다른 사람에게 전달할 수 있을 정도로 정교화하여 가지려는 성향을 보일 때 소비생활에 긍정적인 영향이 더 크다고 볼 수 있다.

이용선과 박주영(2014)은 마켓메이븐을 외식 트렌드를 예측할 수 있는 트렌드세터라고 보고, 외식산업에 있어 마켓메이븐의 성향 및 행태를 파악하고, 영향력 행사자 위치에 있는 마켓메이븐, 얼리 어답터, 오피니언 리더들의 소셜 네트워크(SNS) 이용 동기에 어떠한 차이가 있는지 알아보았다. 마켓메이븐 성향이 높을수록 주변 사람들에게 더 자주 외식 정보를 제공하며, 더 다양한 외식 브랜드 및 외식 정보를 제공하는 것으로 나타났다. 이들은 더 다양한 정보원으로부터 정보를 얻으며 다른 사람들에게 정보를 제공받기보다는 정보를 제공하려는 성향이 강한 것으로 나타났다. SNS 이용 행태에서는 마켓 메이븐의 성향과 트렌드세터의 중요한 역할이라고 할 수 있는 전문가 검색속성과 콘텐츠 공유 속성에서 밀접한 연관이 있는 것으로 나타났다.

(2) 디지털 오피니언 리더

오피니언 리더는 대중매체 보다는 다른 사람들과의 빈번한 접촉과 상호작용을 통하여 다른 사람에게 대인적 영향을 미친다(Weimann, 1994). 디지털 오피니언 리더는 디지털매체를 활용하여 소비와 관련된 정보와 의견을 제공하는데, 대중매체가 주도하는 여론에 영향을 받기보다는 여론을 주체적으로 형성할 수 있다는 점에서 프로슈머라고 할 수 있다. 트위터, 페이스북, 인스타그램 등을 통하여 특정 분야의 사회적 이슈에 관하여 의견을 제시하고, 다른 사람의 의견에 댓글을 달아 실시간으로 여론을 만들어 가고 있기 때문이다.

(3) 얼리어답터

Rogers가 1957년에 쓴 'Diffusion of Innovation'에서 처음 사용한 얼리 어답터는 초기에는 다른 사람들보다 신제품을 빨리 사는 소비자의 의미로만 사용되었다. 디지털시대에 들어서면서 인터넷을 통해 미리 신제품의 출시 날짜를 확인하고, 출시와 동시에 제품을 구입해 꼼꼼히 성능을 확인한 후에 그 결과를 게시판에 올리는 소비자를 얼리어답터라고 부르게 되었다. 이 평가는 네티즌 사이에 빠르게 전파되기 때문에 제조 회사들도 관심을 가지지 않을 수 없게 된다.

이들은 특정 제품군을 대상으로 하는 마니아들과는 달리 디지털토이, 컨셉제품, 노트북, 가전제품 등 다양한 범주의 제품에 관심을 가지고 있다는 점에서 소비자와 제조 회사 사이의 중간자 역할을 한다. 소비자들에게는 더 나은 제품에 대한 소개와 함께 제품을 고르는 안목에 대해서도 자세히 알려줄 수 있고, 제조 회사에게는 더 좋은 제품을 만들 기회를 제공할 수도 있기 때문이다(두산백과).

얼리어답터 입소문 어플마케팅을 전문으로 하는 꽁돈어플이 어플 개발자와 운영자를 위한 앱광고 서비스를 실시하고 있다. 이 서비스는 꽁돈어플 유저의 상당수가 어플 얼리어답터이므로, 이들 얼리어답터가 광고주의 앱을 직접 설치해줌으로써 입소문 효과를 극대화 할 수 있다. 유저들의 클릭만을 유도하는 것을 넘어, 설치라는 액션이 동반되기 때문에 실질적인 다운로드 수가 증가하고, 구글 플레이 검색 순위도 높일 수가 있다. 어플을 설치한 유저들에게 포인트가 적립되며, 적립한 포인트는 문화상품권, 틴캐시, 기프티콘 등으로 교환할 수 있어 앱 이용자에게 경제적인 혜택도 제공된다(뉴스타운경제 2016년 2월 16일).

3. 프로슈머 창업정책

프로슈머의 영향력이 확대되면서 프로슈머 창업에 대한 관심이 증가하고 있다. 프로슈머 창업은 사용자 경험을 주축으로 시장에서 새로운 수요를 창출하고 가치를 만들어 냄으로써 다품종의 제품과 서비스를 제공할 수 있다. 인터넷 기반의 웹 창업과 모바일 앱 창업 등 ICT 융합기반의 창업 플랫폼을 활용하여 저비용으로 보다 손쉽게 개인이나 소수 사용자들의 아이디어를 사업화할 수 있는 기회가 확산되고 있다(이대호, 2013). ICT 기반의 프로슈머 창업은 다음과 같은 장점을 가지고 있다.

첫째, 시간과 업무 공간이 유연하기 때문에 재택근무 기반의 사업이 가능해서 일과 가사활동의 병행이 중요한 여성들의 일자리를 창출할 수 있다. 특히 결혼과 육아로 경력이 단절된 여성들에게 새로운 대안을 제시해 줄 수 있어서 국가경제발전과 더불어 출산도 장려할 수 있는 종합적인 가계복지대책이 될 수 있다.

둘째, 인터넷, 스마트폰, 3D 프린터 등 기술을 활용하여 자신의 창의적인 아이디어를 현실화하는 것으로, 소지본창업이 가능하기 때문에 소비자학 전공자 뿐 아니라 일반 소비자들도 생산자로 창업을 시작할 수 있다. 모바일과 웹 기반 창업에 대한 정부의 지원과 정책이 확대되면서, 아이디어를 가진 프로슈머들이 보다 저렴하고 쉽게 창업할 수 있게 되었다.

셋째, 사용자의 창의적 아이디어를 기반으로 하는 혁신형 프로슈머 창업은 생계형 창업에 비해 생존 비율이 높다. 미국에서는 창업 5년 이상 된 사용자 주도에 의한 창업이 모든 스타트업의 10.7%를 차지하며, 이 중에서도 혁신형 스타트업이 46.5%를 차지하고 있어, 수요자 니즈 중심으로 설립된 프로슈머 창업이 보다 안정적으로 지속가능한 성장 기반을 갖추고 있다(Kauffman Foundation, 2012).

이러한 장점 때문에 선진국들은 ICT 기반의 프로슈머 창업을 활성화하기 위한 다양한 정책을 시행하고 있다. 1990년대부터 프로슈머 창업생태계 조성에 앞장서 세계적인 창업형 국가로 발돋움한 핀란드, 웹 기반 혁신형 창업을 주도하고 있는 EU, 제조업 혁신의 일환으로 국가적으로 경제성장을 위한 신기술 기반의 프로슈머 창업에 가장 적합한 전략을 추진 중인 미국의 예를 살펴보기로 하자(김현정, 박선주, 2014).

1) 핀란드

1990년대 세계적인 강소국으로 부상했던 핀란드는 금융위기 이후 ICT산업의 환경 변화로 경제·사회적 위기를 맞이하게 되면서 국가 전체 산업의 생태계를 전환하게 되었다. 노키아는 천문학적인 돈을 R&D 투자에 쓰고, 과감한 혁신을 선도할 별도의 조직을 만들었고, 신기술과 관련된 기업을 인수하거나 다른 기업들과의 합작회사도 설립했다. 노키아는 스마트폰의 도래와 중요성을 가장 먼저 인식했고, 콘텐츠의 중요성도 인식하고 있었다. 2000년대 들어 휴대폰 시장이 하드웨어 중심에서 콘텐츠와 서비스 중심으로 변할 것이라고 확신했고, 전략적인 제휴와 인수합병을 통해 앱스토어 사업 역량도 강화했다.

그러나 노키아는 2010년 이후 불과 3년 만에 급격하게 몰락하였다. 노키아의 몰락은 혁신적인 산업에서 창조적 파괴가 도전 기업들에 의해 일어나고 기존의 지배적 사업자가 소멸하는 과정이었다. 창조적 파괴는 인식이나 전략의 실패 문제가 아니라 기득권을 가진 지배적인 사업자는 판을 뒤집는 단절적 혁신에 소극적으로 대처할 수밖에 없었기 때문이다. 노키아가 망했을 때 약 25,000명 정도가 대부분 연구직이나 관리직으로 근무했던 살로 지역만 실업률이 크게 높아지면서 사회문제가 됐다. 노키아는 브릿지 프로그램을 만들어 창업을 할 수 있는 교육을 시켰고, 자본금 4000만원 정도를 퇴직자들에게 나눠줘 창업자금으로 지원했다. 또한 노키아 특허를 공짜로 사용할 수 있도록 지원했고, 융자도 저리로 마련해줬다(박상인, 2016).

핀란드 정부는 노키아가 몰락하면서 불어 닥친 경제, 사회적 위기를 극복하기 위하여 노키아와 같은 대기업 의존적인 산업구조에서 벗어나기 위하여 범국가 차원의 혁신전략을 수립했다. 이 혁신전략 중에서 사용자 중심의 혁신은 똑똑한 사용자가 스스로 자신의 수요를 해결하고 비즈니스 부가가치를 생산하는 창업자로서 프로슈머 창업을 지향하고 있다. 이러한 사용자 혁신에는 개별 사용자는 물론, 사용자간 협업과 집단지성을 통한 창업, 나아가 사용자와 공급자(개발자)간 상호작용을 통한 수요창출형 비즈니스 혁신 등과 같은 포괄적인 개념이 포함되어 있다.

핀란드 정부는 사용자간 연계와 협업을 지원하고 사용자 혁신에 관한 지식과 연구 활동을 장려하며 사용자 창업이 활성화될 수 있도록 수요 분석 툴을 개발하였다. 핀란드의 기술혁신투자청(Tekes)은 대학생과 취업준비생, 소규모 벤처기업 등을 대상으로 R&D 분야의 사용자 혁신을 지원하고 있다. 프로슈머 창업을 위한 기술혁신투자청의 대표적인 프로그램인 '혁신공작소(Innovation Mill)'는 1인 혹은 소수의 사용자간 협업을 통해 새로운 아이디어를 비즈니스화하기 위해 자금보 조부터 기술지원 및 보육기관(테크노폴리스)까지 긴밀한 운영체계를 유지하고 있다. 핀란드는 SHOK 프로그램을 추진하여 사용자 수요에 민감한 산-학-연 참여자가 개발자인 동시에 사용자의 관점에서 세계적으로 경쟁력 있는 상품 개발과 서비스 창업이 가능하도록 돕고 있다. SHOK 프로그램은 산림, 생명공학, 금속·기계, 도시·환경, ICT산업, 에너지·환경 등 6개의 미래성장 분야로 구성되어, 최소 5년 이상의 장기적인 창업기반 조성과 인프라 등에 투자되도록 설계되어 있다.

핀란드는 '신대학법(New University Law)28)' 등 법제를 정비하여 교육체계를 개편하였고, 혁신적인 기업가정신과 신기술 전문지식 함양을 통한 벤처기업 등의 창업 활성화로 제2, 제3의 노키아를 꿈꾸도록 지원하고 있다. 신대학법에 따라, 2010년 헬싱키 공과대학, 미술디자인대학 등 3개의 국립대학이 통합된 Aalto University가 설립되면서 기술과 비즈니스, 디자인 분야의 다학제간 융합과정을 이수할 수 있는 사용자 창업자들이 양성되고 있다.

핀란드는 사용자 중심의 혁신적인 창업지원과 교육체계 운영 및 사회문화적 공감대의 확산으로 2012년 노르딕 국가 가운데 최고의 기업가정신 프레임워크를 가진 것으로 평가받았다. 핀란드는 고부가 지식창출과 확산, 창업자금 투자, 기업가 문화 부문에서 높은 점수를 획득했으며, 전체 점수에서 미국을 앞섰다.

2) 유럽연합

유럽연합은 2008년 세계적인 금융위기 이후, 2,500만 명 이상의 실업자가 발생하였고, 회원국의 중소기업 경기가 회복되지 않는 등 심각한 경제적 어려움을 경험하고 있다. 유럽집행위원회(European Commission; EC)는 지속가능한 경제성장을 위한 핵심전략의 하나로 혁신적인 창업가들이 더 많이 양산되어야 한다는 것을 강조한 '기업가정신 2020 액션 플랜(Entrepreneurship 2020 Action Plan)'을 발표하였다. 이 플랜에서는 양질의 새로운 분야를 개척할 수 있는 혁신적인 기업가정신을 육성하고, 이를 위한 핵심 추진과제로 사용자 창업을 지원하는 것이다. EU의 사용자 창업은 다양한 유망분야 중에서 웹 기반의 서비스 분야에 중점을 두고 있다. ICT기반의 인터넷 경제가 세계적으로 가속화될 것이라고 보고, EU 회원국들이 새로운 산업영역으로 웹기반의 애플리케이션과 서비스 시장을 선점하려는 정책을 선택했기 때문이다. EU의 웹 비즈니스를 통한 수익이 2020년까지 5배 이상 증가하여 약 1,000억 유로에 달할 것으로 전망되고 있다. 웹 비즈니스는 SW, 콘텐츠, 네트워크 기반의 서비스와 애플리케이션으로 이루어진 인터넷 산업과 시장을 포괄하며, 혁신적인 웹 기업가는 웹기반의 새로운 디지털 상품과 서비스를 제공하면서 경제사회적 가치를 창출할 것으로 기대된다.

EU는 웹 기업가를 통한 사용자 창업을 성공시키기 위해, 씨드, 초기성장 및 후기성장 등 3단계별 추진목표와 이슈, 전략 등을 분석하여 중장기 청사진을 마련하였다. 씨드단계에서는 창업 첫 해 40% 기업이 파산하는 실패율을 줄이는 것을 목표로 웹 비즈니스 허브 역할을 하는 엑셀러레이터를 중점 육성하고 있다. 두 번째 초기성장 단계에서는 웹에 특화된 유럽형 벤처 캐피탈을 중심으로 판매와 마케팅 등을 중심으로 투자전략을 구사하며, 마지막 후기성장 단계에서는 고용과 투자 확대를 통한 해외진출을 지원한다. EU는 웹 기업가를 위한 도전과 기회를 확대하기 위해, 범유럽 차원의 창업 네트워크는 물론, EU의 다양한 R&D와 ICT신기술 개발투자 및 교육 프로그램과 스타트업 유럽 등의 세부과제를 연계 추진하여 웹 기업가의 창업 생태계를 조성하고 있다.

EU는 사용자 창업가로서 웹 비즈니스 전문 인력의 육성 대상으로 여성, 고령자, 실업자, 특히, 청년 실업자 등을 선정하였다. 기존 ICT 부문 창업자 중에서 여성이 차지하는 비중이 20% 미만으로 적지만, 여성 벤처기업의 연간 수익이 12%로 높고, 생존율도 전체 평균보다 높다. EU는 다양한 연령대의 여성을 대상으로 ICT 활용 역량을 개발하기 위한 교육을 온라인으로 확대하고, 특히, 10대 여학생을 대상으로 과학기술 과목에 대한 흥미와 동기를 제고시키는 정책방안을 도입하고 있다.

지난 20년 간 50세 이상 고령인구가 EU 전체 인구의 32.1%에서 36.5%로 증가하여 고령화가 급격하게 진행되면서, 고령자 중에서 고등교육을 받아 전문성을 가진 은퇴자들도 웹 기업가의 소중한 인적자산으로 인식되고 있다. 은퇴한 기업가들은 풍부한 경험과 노하우를 바탕으로 웹 비즈니스에 대한 기술교육과 네트워크를 지원하고 있다. 젊은 실업가들을 위한 창업과정의 지원과 연계, 범유럽 차원의 공공구직서비스 제공, 웹 기술 전문교육과 창업 멘토 시스템 구축 등이 운영되고 있다. EU는 보다 체계적인 웹 비즈니스 성장과 사용자 중심의 창업가를 양성하기 위해 온라인 공개수업(Massive Open Online Course: MOOC)[1] 등을 활용한 기술교육과 'Tech All Stars' 등을 통한

1) MOOC는 2002년 교육자료 무상공개운동(Open Educational Resources)이 발전된 것이다. 스탠포드, MIT, 하버드 대학이 우수 강의를 무상으로 공개하고 양방향 학습 기능을 추가하면서 MOOC가 등장하였다. 미국의 MOOC는 기업과 연합하면서, 다양한 형태의 서비스로 진화중이며, 유료교육과정과 무료교육과정 등이 서비스되고 있다. 2015년 현재 미국의 MOOC 코스 누적 수는 약 2400여 개로 급속히 증가하고 있다.

MOOC의 높은 인기는 아시아와 유럽까지 MOOC를 확대시켰다. 또한 기존 MOOC가 컴퓨터과학이나 공학 과목 위주였다면 최근에는 외국어, 문화, 창업, 경영 등 다양한 주제

인재 발굴, 직·간접 투자 기반의 자본 접근성 향상 및 리더십 선도 등을 위한 중장기 추진전략을 실행할 예정이다.

3) 미국

미국은 2008년 금융위기 이후 경기침체를 극복하기 위한 방안으로 제조업 강국을 위한 다양한 정책을 추진해 오고 있다. 2014년 6월에 오바마 대통령은 'New steps to spur manufacturing, Innovation, and Entrepreneurship'을 발표하였다. 이 계획에서는 연령에 관계없이 일반

를 다루고 있다. 그리고 구글, 페이스북, 마이크로소프트 같은 기업도 자사의 제품이나 관련 기술들을 직접 MOOC 강의로 제작해 제공하고 있다. 또한 이론적인 교육에서 벗어나 컴퓨터 프로그램과 디자인 프로그래밍 등의 실습을 배울 수 있는 MOOC도 늘어나고 있다. 실시간 채팅을 지원하는 수업도 늘어나고 있다. 교수와 수강생들과 계속적인 상호작용이 가능하다는 것이 최대의 장점이다.

국내의 MOOC는 아직 시작단계로 일반인을 대상으로 콘텐츠 서비스를 실시하고 있으며, 교수학습이 매우 부족하고 학생의 요구에 의한 교육과정보다는 교수에 의한 일방향적 콘텐츠를 개발해 교육을 실시 중이다. 2015년 10월 14일에 출범한 K-MOOC는 2016년 2월 말까지 총 69만 건의 방문건수를 기록했다. 홈페이지(www.kmooc.kr)에 접속하면 누구나 강의를 들을 수 있다. K-MOOC는 현재 23개 강좌가 운영되고 있으며 수강을 신청해 강의를 들은 사람은 약 6만 6000명이고 강좌당 평균 2400명이다.

캠퍼스 없는 혁신 대학인 미네르바스쿨은 대학 컨소시엄인 'KGI'에 인가된 공식 대학으로 졸업하면 일반 학교처럼 학위를 받을 수 있다. 그리고 4년 내내 100% 온라인으로 수업을 받으나 모든 학생들은 기숙사 생활을 하며, 기숙사 위치를 1년마다 바꿔야 한다. 1학년은 미국 샌프란시스코에서, 2학년은 아르헨티나나 독일에서, 3학년은 인도나 한국에서, 4학년은 이스라엘과 영국에서 생활을 한다.

미네르바스쿨의 인터넷 강의는 영상회의 개념으로 모든 강의는 20명 이하로 진행되고 수업은 세미나 형식이고 교수는 통계기능을 통해서 학습의 발표횟수들을 자동으로 파악할 수 있어 학생들의 수업 참여를 조절할 수 있다. 또한 녹화된 강의와 통계자료는 교수와 학생이 일대일 면담을 할 때 좀 더 맞춤화된 상담을 가능하게 한다. 최근 입학원서를 받은 결과 50개국에서 총 1만6000명 이상이 지원해 합격률은 1.9%에 불과했다 (디지털타임스 2016년 4월 18일).

국민들이 자신의 아이디어를 사업화할 수 있도록 제작 도구와 기술에 대한 접근성을 높이기 위한 다양한 정책을 다음과 같이 제시하였다.

첫째, 13개 이상의 연방정부기관과 기업들이 협력하여 제조업 창업을 지원하기 위해 스타트업 자금의 접근성을 확대하고, 제조업자와 소매업자들의 네트워크를 긴밀하게 하고 제조업자들에게 멘토링을 해주고 훈련을 시키고 있다. Manufacturing Extension Partnership을 통해 사용자들이 만든 DIY가 미국산제품으로 상품화될 수 있도록 스타트업을 지원한다.

둘째, 미국 정부는 청년창업을 활성화하기 위해, 청년들이 직접 제조자로 자신의 아이디어를 시제품으로 만들고 완성품을 제작할 수 있는 인프라를 확대함으로써 사용자 주도적인 스타트업을 육성하고 있다. 교육부와 150개 이상의 대학, 130개 이상의 도서관 및 Intel, Autodesk, 3D Systems, MAKE 등 주요한 민간기업들도 참여한다. 지역의 소규모 공공도서관, 학교도서관과 국립도서관에 이르기까지 125개 이상의 도서관들이 DIY 제작을 위한 인프라를 구축하여 제조생태계를 조성함으로써 여성과 소수민족의 사회참여와 창업기회를 확대하였다.

셋째, 이러한 정책적 지원을 통해 제조업자들이 도전정신을 갖고 사회적으로 중요한 문제를 해결하는데 앞장서도록 한다. 예를 들면 전 세계에 있는 빈민계층을 위하여 저비용 기술을 개발하거나 항공우주 및 의료분야 등과 같은 신기술까지 지속적으로 개발하도록 지원한다. 이를 위하여 미국은 일반인들이 3D 프린터, 레이저 커터 등 신기술에 쉽게 접근할 수 있도록 노력하고 있다. 2012년에 제조업 부활 정책의 일환으로, 3D 프린팅을 통하여 제조업을 혁신하고 경쟁력을 제고시키기 위해 National Additive Manufacturing Innovation Institute (NAMII)를 설립하였다. 또한 연방정부가 3D 데이터를 포함한 모든 디지털 파

일을 공유함으로써 시민들이 누구나 자유롭고 편리하게 데이터를 이용할 수 있도록 개방하는 계획을 수립하도록 촉구하였다.

제조업 창업을 위한 기업가정신을 고취하기 위해 미국은 학교에서 학생들이 직접 물건을 만들어 보고 학습할 수 있는 환경을 제공하고 있다. 기업가정신 교과과정과 함께 민관협력을 통해 초중고등학교 교실에 3D 프린터를 공급하였다. 미국 방위고등연구계획국(DARPA)이 시작한 The Manufacturing Experimentation and Outreach는 2014년에서 2015년까지 미국의 1,000개 고등학교를 대상으로 제조업 체험지원 프로그램을 제공하였다. MIT 학생들이 설립한 스타트업인 NVBots 회사는 초중고등학교와 대학교에 매년 3천-5천 달러의 저렴한 비용으로 학생들도 쉽게 사용할 수 있는 3D 프린터를 임대해 주고 있다.

··· 제 2 장 ···

창업과 기업가정신

오늘날 세계적으로 많은 사람들이 동경하고 있고, 또 그렇게 되고 싶은 사람으로 손꼽히고 있는 사람들이 있다. 그중에서 고등학교 다닐 때부터 컴퓨터와 컴퓨터 프로그래밍에 많은 시간을 투자해서 1975년에 다니던 하버드 대학교를 그만두고 Paul Allen과 함께 Microsoft를 창업하여 세계적인 갑부가 된 Bill Gates(William H. Gates III)가 가장 주목받고 있다. Bill Gates는 레이크사이드고등학교를 다닐 때부터 컴퓨터 프로그래밍에 심취했었고, 그러한 Bill Gates를 부모님은 추가적인 자금을 마련하여 아이들이 자기들이 좋아하는 프로그램에 몰두할 수 있도록 적극적으로 지원하였다. 심지어 하버드대학 1학년을 마치고 학교를 그만둘 때에도 부모님들은 말린 적이 없었다. Bill Gates는 사업성공 이후에 부인인 멜린다를 통하여 자선사업을 하고 있어 더 큰 존경을 받고 있다.

Warren Buffett은 고등학교를 졸업하기 전에 이미 창업과 실패를 경험한 적이 있다고 했다. 성공하기 위해서는 실패를 먼저 경험해야 한다는 조언도 많이 한다. 실리콘벨리에서도 실패한 사업가는 적지 않은 것으로 알려져 있다. 성공한 사업가들도 실패한 기업가들에게서 많은 것을 배울 수 있어 성공한 사람을 한번 찾아가면 실패한 사람을 열 번 찾아가라는 기업가들도 있다고 한다. 불확실성과 위험에 도전해서 새로운 가치를 창출하고자 하는 도전정신과 열정이 사라진 사회에 과연 미래가 있을까 걱정하는 사람들도 있다 (한정화, 2008).

Warren Buffett은 창업을 하려면 위기의식을 극복할 수 있는 열정이 있어야 한다고 주장했으며 도전정신을 가진 젊은 사람들이 거대한 자산과 같다고 했다. 반면에 나이든 사람들은 보수적인 사고방식 때문에 위험을 회피하려는 사람들이 많기 때문에 같이 일하기가 쉽지 않고 나이든 사람들은 고용하기도 쉽지 않다고 하였다. 창업이나 기업경영을 하겠다는 사람들은 여러 어려움들에 대한 인식을 하고 모든 문제들을 오히려 즐기겠다는 자세가 필요함을 강조했다. 창업에서 역경은 박진감 있는 도전의 일부로 인식했다(하규수, 2014).

중국의 인터넷 상거래 업체인 Alibaba는 미국 증권시장에 상장되어 단번에 시가총액 200조원이 넘는 기업이 되었다. 이 기업을 1999년에 창업한 사람은 중국의 한 대학에서 영문학을 전공하고 한 때는 영어선생이었던 마윈이다. 페이스북의 창시자인 Mark Elliot Zuckerberg는 하버드대학교 재학생 시절에 말썽 많은 문제아처럼 보였다. 그가 하버드대학을 그만두고 창업을 시작하게 한 원동력이 바로 기업가정신이다.

중소기업청과 한국청년기업가정신재단은 기업가정신 관련 국내외 정보를 한 곳에서 볼 수 있는 기업가정신 포털사이트(www.eship-.or.kr) 를 구축하고 2016년 3월 3일부터 본격 서비스에 들어갔다. 기업가정신 포털사이트는 학생, 연구자, 일반인, 기업인 등 전 국민이 기업가정신을 쉽게 접하고 즐겁게 체험할 수 있도록 구축됐다. 분야별·대상별·주제별로 콘텐츠를 제공하기 위해 한국학술정보(KISS), 교보문고

(e북), 국내외 기업가정신관련 학회 등과 협력해 기업가정신 함양과 창업교육에 필요한 다양한 콘텐츠를 확보하고 이용자에게 무상으로 제공한다.

일반적으로 창업기업에 대한 연구의 중요한 논의 중의 하나가 실패와 성공의 영향요인에 관한 것이다. 기업가정신에 관한 선행연구에서는 기업가정신을 가진 창업가가 창업기업의 성공과 실패를 가늠하는 핵심 요소라고 보고, 이러한 창업가의 기업가정신이 미치는 영향력과 그것의 효과를 검증하기 위하여 창업가의 개인적 특성, 환경적 특성, 창업경험 등의 영향요인과 어떠한 관계를 맺는가에 주목하였다.

기업가정신에 관한 초기 연구에서는 기업가정신의 핵심 역할을 제품혁신, 생산 공정혁신, 시장혁신, 생산요소혁신, 조직혁신 등 다양한 혁신에 대해 책임을 다하는 것으로 보았다. 후기 연구에서는 기업가정신을 개인수준, 집단수준, 전체 조직수준에 모두 적용할 수 있는 개념으로 보고 기존 기업에서도 기업가정신을 발휘할 필요가 있음을 강조하였다. 본 연구에서는 선행연구를 통해 기업가정신의 기본 속성을 어떻게 정의하고 있는지 알아보고 기업가정신의 속성이 창업기업의 성과에 미치는 영향을 알아보고자 한다.

1. 기업가정신의 개념

지금까지 창업과 관련된 현상을 이해하기 위해서 가장 폭넓게 사용된 개념은 기업가정신이다. Knight(1921)는 기업가정신을 지배와 책임의 개념과 동일하게 보고, 불확실성과 위험부담으로부터 생기는 이윤을 추구하는 행위라고 정의하였다. 그는 지배는 책임부담과 분리되지 않는 것으로 보았고, 지배개념은 기업가적 기민성과 같은 것으로 해석하였다. Schumpeter(1934)는 '경제발전의 이론'에서 기업가는 일상적인 순환을 멈추고 새로운 기회를 창출하는 창조적 파괴자로, 창조적 파괴를 통해 기업을 성공적으로 경영하고 그 대가를 받는 존재로 보았다(박영호, 2012). Miser(1949)는 기업가정신이 알려지지 않은 수단으로 자신이 느끼는 불편함을 제거하려는 미래 지향적 행동으로 규정하였다(이웅희, 1999).

Cole(1959)은 새로운 결합을 수행하는 혁신성에 이윤 지향적 사업을 시작하고 관리하기 위해서 뚜렷한 목적을 가진 활동이라는 관리적 측면을 강조하였다. 그는 기업가정신에서 혁신성과 관리, 그리고 외부 환경을 조정하는 활동영역으로 기업가정신을 확대하여 해석하였다. 기업가정신은 창업가 또는 기업가뿐만 아니라 최고 경영자, 경영진, 조직 구성원들도 기업가정신을 수행할 수 있어야 한다는 것이다.

McClelland(1965)는 개인의 적절한 위험 도전 성향, Leibenstein (1968)은 조직의 비효율성을 제거하고 엔트로피를 역전시키는 과정이나 활동이라고 정의하였다. Kirzner(1973)는 시장은 본질적으로 경쟁적이며 이러한 기업가들의 경쟁의식은 자유시장경제의 중요한 원동력이 될 수 있다고 보았다. 그는 또한 시장기회를 창출하는 것이 아니라 시장기회를 포착하려는 깨어있는 정신, 시장기회를 통해서 스스로 배울 수 있는 이러한 특성을 기업가정신이라고 정의하였다(이성순, 1997).

Casson(1982)은 희소자원을 조정하는 의사결정 활동과 과정, Burgelman(1983)은 사내벤처를 창출하는 과정, Ronstadt(1984)은 점진적인 부를 창조하는 역동적 과정, Gartner(1985)는 새로운 조직을 창조하는 과정이나 활동, Drucker(1985)는 새로운 부를 창출할 수 있도록 기존 자원을 할당하는 것을 포함한 혁신활동이라고 정의하였다

(안선영, 김희진, 김태령, 2011).

Stevenson & Grumpert(1985)는 기업가정신을 통제할 수 있는 자원에 구애받지 않고 기회를 추구하는 것으로 정의하였다(배종태·차민석, 2002). 이는 다양한 영역에서 증가하는 기회를 발견하고 추구하는 기업가정신의 실천적 핵심을 잘 표현하고 있다. 배종태와 차민석(2002)은 Stevenson & Gumpert(1985)의 개념을 확장하여 기업가정신을 보편적 경제 및 사회분야로 널리 적용하고자 하였다. 말하자면 그들은 중·소·벤처기업에서부터 대기업 그리고 대학과 사회적 기업에 이르는 다양한 조직에 기업가정신을 적용하고자 하였으며, 기업가정신을 현재 보유하고 있는 자원이나 능력에 구애받지 않고 기회를 포착하고 추구하는 사고방식 및 행동양식으로 정의하였다. 그것은 기업가정신이 단순히 사고방식만을 지칭하는 것이 아니라 행동을 수반하는 활동이라는 것을 강조한 것이다.

Hisrich와 Brush(1984)는 또 다른 기회를 창조하는 과정, Schuler(1986)는 사내기업가들의 혁신적, 위험감수적 활동, Stevenson과 Jarillo(1990)은 기회를 개발하기 위해 자원을 결합함으로써 가치를 창조하는 과정, McMillan and Long(1990)은 새로운 성장기업을 구축하는 과정 또는 활동, Amit, Glosten and Muller(1993)은 불확실하고 모호한 환경 하에서 새롭고, 독특하고, 가치 있는 자원의 조합으로부터 수익을 창출하는 과정이라고 정의하였다(안선영, 김희진, 김태령, 2011).

Timmons와 Spinelli(1994)는 '기회에 초점을 두고 총체적 접근방법과 균형 잡힌 리더십을 바탕으로 하는 사고·추론·행동방식'으로 정의함으로써 기업가정신이 접근법이나 사고방식일 뿐만 아니라 구체적인 행동을 수반하는 방식을 강조하였다. 기업가정신은 기회를 포착해 새로운 가치를 창출하고자 하는 창업가의 혁신적, 진취적, 위험감수성에 따른 사고방식과 행동을 포괄한다. 그러므로 기업가정신이라는 정신과 행동이 기업성과로 귀결되는 전체 과정 혹은 현상이 중요한 의미를 갖는다(Morria & Lewis, 1995).

Kao(1993)는 부가가치를 창출하는 과정, Lumpkin and Dess(1996)는 조직을 새롭게 진입시키는 과정, Sexton and Smilor(1986)은 지속적인 성장을 위해 새로운 사업기회를 추구하는 행위, Hitt와 Ireland (2000)는 파악한 기회의 이점을 살리기 위해 자원을 수집하고 통합하는 것이라고 정의하였다(안선영, 김희진, 김태령, 2011).

기업가정신은 중소기업이나 대기업, 그리고 신생기업뿐만 아니라 기존의 기업에도 광범위 하게 적용되는 개념이라고 할 수 있다(이정호, 2005; 송재길, 2010). 기업가정신의 정의는 다양하지만, 최근의 연구들에서는 위의 두 가지 관점이 함께 적용된 '새로운 사업을 만드는 것'으로 합의가 이루어지고 있다.

2. 기업가정신의 속성과 기업성과

기업가정신의 개념을 정확히 이해하기 위해서는 기업가정신의 기본 속성을 이해하는 것이 매우 중요하다. 기본 속성을 이해하는 것은 창업을 이끌어 가는 과정과 관행, 의사결정 등을 전체적으로 포함하는 개념으로서, 이는 창업의 성공과 실패를 가늠하는데 영향을 미치는 주요 요인이 될 수 있다(Gartner, 1990).

기업가정신의 기본속성에 대한 개념은 학자마다 차이가 있는데, 기본적으로 기업가정신이 다차원 속성을 갖는 것으로 보고 있다. Knight(1921)는 기업가적 기민성(민첩성)과 위험 감수성을 주요 속성으로 보았으며, Schumpeter(1934)는 혁신성을 강하게 강조하면서 기업을 성공적으로 경영할 수 있는 능력을 갖추기 위해 새로운 조직과 자원의 결합을 강조하였다. Kirzner(1973)는 시장기회를 통해 스스로 배울 수 있는 것이 기업가정신이라며 시장기회를 포착하려는 깨어 있는 정신이며 경각심과 기민성, 민첩성(사전 대응성)을 기업가정신의 중요한 속성으로 보았다.

기업가정신과 관련한 많은 선행연구에서는 기업가정신을 구성하는 속성으로 혁신성, 진취성(적극성), 위험 감수성, 민첩성(사전 대응성), 새로운 조직과 자원의 결합, 자율성 등 6가지를 주요 속성으로 보았다. 선행연구를 통해 기업가정신을 구성하는 6가지 속성이 기업성과에 미치는 영향을 <표 2-1>과 같이 정리해 보았다. 구체적으로 기업가정신의 6가지 기본 속성의 개념과 기본 속성이 기업성과에 미치는 영향은 다음과 같다.

1) 혁신성

혁신성은 Schumpeter(1934)가 처음 도입한 개념으로서 그 이후에 기업가정신의 대표적 속성으로 공인되고 있다. 고도의 경쟁 속에서 운영 프로세스를 개선하고 신상품을 개발하여 고객을 만족시켜야 하는 창업가에게 요구되는 중요한 속성이다. 혁신성은 새로운 아이디어, 신제품, 실험 등 창조적 과정을 수행하며, 이를 도와줌으로써 기존의 실행체계나 기술에서 벗어나려는 경향을 말하며, 기업가정신의 심장(heart)으로 비유되기도 한다. 기업가정신에서 혁신성은 그 자체로 멈춰있는 경향이 아니라 조직 활동에 영향을 주는 동적요인이다(조연성, 2012a).

Bill Gates는 한 네티즌이 앞으로 20년 안에 인간이 성취할 수 있는 것은 무엇이고, 어떤 것이 가장 기대되는가를 묻자 다음과 같이 세 가지를 제시하였다.

첫 번째로, Bill Gates는 온실가스를 제거하고 비용을 줄이는 에너지 혁명을 인간이 달성할 수 있다고 말했다. 그러나 그는 이것이 당연한 것이 아니기 때문에 이를 위해 사회적 그리고 개인적인 비용을 치러야 한다고 덧붙였다. 평소 환경과 에너지 문제에 관심이 많은 게이츠는 지난해 여름 기후변화를 막고 친환경 에너지 기술을 개발하기 위해 향후 5년 동안 개인 자산 20억 달러를 쓰겠다고 약속한 바 있다.

두 번째로 그는 질병, 특히 감염성 질환이 해결될 것으로 내다봤다. Bill Gates는 소아마비나 말라리아, 에이즈, 결핵 등 감염성 질환은 제로에 가깝게 없애야 한다고 말했다. 이를 현실화할 수 있는 놀라운 과학기술이 있다고 말했다.

마지막으로 그는 더 좋은 교육을 만드는 방법이 나올 것으로 기대했다. 교사에게 더 나은 교수법을 배울 수 있도록 돕고, 학생들에게는 왜 배워야 하는지 이해시키고 자신감을 북돋워 주는 방법이다(ZDNet Korea 2016년 3월 9일).

혁신성은 Leibenstein(1978)의 연구에서만 기업가정신의 기본속성으로 간주 되지 않았다. 그 외의 연구에서는 모두 기업가정신의 핵심적인 기본 속성으로 간주 되어 기업성과에 영향을 미치는 것으로 나타났다. 특히 오늘날에는 혁신성이 가지는 의미가 더욱 크게 부각되고 있다.

혁신성은 기업가의 능력을 향상 시키고(Miller, 1983; Shook et al., 2003), 기업의 시장 지향성을 높이고(김정포, 2009; 최낙환 외, 2011), 기업·경영성과를 높인다(김영수·김지연, 2013; 박기용, 2009; 반성식 외, 2009; 윤대혁·박민생, 2007; 최동주·정우진, 2012). 뿐만 아니라 기업의 크기(종업원의 수를 기준으로)를 확장 시켰으며(Caruana et al., 1998;

Lumpkin & Dess, 1996), 벤처환경을 호전 시키고(Lumpkin & Dess, 1996), 수출성과를 높이고(조연성·원동환, 2010; 조연성, 2012a; 조연성, 2012b), 신상품개발 성과를 향상시키며(최동주, 2011), 기술경쟁력과 기술 우수성, 혁신제품 매출 비중을 높이며(서리빈 외, 2012), 전반적인 재무성과를 높이고 체계적 위험을 줄이는 것(Zahra, 1991)으로 나타났다.

LG전자는 스페인 바르셀로나에서 열린 'MWC 2016'에서 부스 방문객에게 'LG 프렌즈' 제품 중 가장 구매하고 싶은 제품에 대한 설문조사를 했다. 설문은 현장에서 1000여 명의 관람객이 직접 참여해 3개를 중복 투표하는 방식으로 진행됐다. '뱅앤올룹슨(B&O)'과 협업해 공개한 '하이파이 플러스 with B&O PLAY'가 29%로 소비자 선호도 1위를 차지했다. '하이파이 플러스'는 32비트 '포터블 하이파이 DAC(Digital to Analog Converter)' 모듈로 G5와 결합해 사용할 수 있다.

구매 선호도 2위는 '360 VR'로 설문 참여자 중 20%의 표를 받았다. 부스체험 공간에서 '360 VR'로 롤러코스터를 타는 듯한 가상현실을 경험한 관람객이 118g의 가벼운 휴대성과 콘텐츠에 대한 몰입을 높게 평가했다. '360 캠', '캠 플러스'가 공동으로 구매 선호도 3위(17%), '롤링봇'이 5위(16%)를 차지했다. LG전자는 이번 전시에서 LG 프렌즈의 디바이스끼리 결합할 수 있는 '모듈 방식'의 혁신성에 대해 업계에서도 호평을 받았다. 'LG G5와 프렌즈(Friends)'로 전시 참가기업 중 가장 많은 32개의 어워드를 수상하였다(글로벌 이코노믹 2016년 2월 25일).

2) 진취성(적극성)

진취성(적극성)은 경쟁자들보다 한발 앞서 시장 변화에 참여하는 적극적 행동 또는 적극적으로 새로운 시장 수요에 부응하려는 경영활동으로 정의할 수 있다. 진취성(적극성)은 기업이 새로운 시장에서 시장 기회와 어떻게 적합할 수 있는가 라는 적극성의 관점과 기존 시장의 요구와 경쟁적 상황에 어떻게 반응할 것인가라는 경쟁적인 공격성의 관점에서 접근할 수 있다. 적극성은 새로운 기회를 발견하고 추구하는 것을 주도하며 새롭게 부각되는 시장에 적극적으로 참여할 수 있도록 목표와 비전을 제시하고 도전하는 행동을 의미한다. 경쟁적 공격성은 산업 내 경쟁자들보다 능력이 뛰어나고자 노력하는 기업 성향이며, 경쟁자들의 활동에 강력히 대응하고 투지가 왕성한 자세를 보이는 특징을 말한다(Lumpkin & Dess, 2001).

스탠포드 대학교 동기인 William Hewlett과 David Packard가 캘리포니아 주 Palo Alto의 한 차고에서 음향 발진기(Audio Oscillator)를 출시하면서 실리콘밸리 1세대 벤처 기업인 HP의 역사가 시작되었다. 이 둘은 스탠포드 대학교에서 기계공학을 전공하면서 1934년 처음 만나고 친구가 된다. 데이비드 팩커드는 졸업 후 뉴욕에 있는 GE (General Electric)에서 잠깐 일하지만, 1938년 다시 스탠포드로 돌아와서 그의 교수였던 프레드릭 터먼의 권유로 벤처 기업에 도전하게 된다. 당시 실리콘밸리(실리콘밸리라는 명칭은 이후에 생겼다) 주변에는 변변한 일자리가 없었기 때문에 대학을 졸업한 인재들이 지역을 떠나는 사례가 많았다. 프레드릭 터먼은 이런 상황의 심각성을 인식하고 학교 주변에 연구단지를 조성했고, 자신이 직접 지도한 William Hewlett과 David Packard에게 창업을 권유한다.

1938년 이들은 팔로알토 에디슨 거리의 한 차고에서 창업을 하였다. 당시 Packard는 신혼으로, 부부가 함께 살 집을 찾던 중 월 45달러의 조건으로 괜찮은 집을 마련했고, 이집에 딸린 차고가 HP의 첫 공장이자 사무실이 됐다. 자본금은 교수에게 빌린 538달러가 전부였으며,

그들의 장비는 Packard가 사용하던 중고 드릴프레스(수직으로 구멍을 뚫는 공구) 정도가 전부였다. 터먼교수도 그들의 작업과 연구에 지원을 아끼지 않았다. 이들은 팔로알토 의료 센터에 필요한 의료기기를 납품해 돈을 모았고, 이 기간에 Packard의 부인은 스탠포드 대학교 교무처에 근무하면서 고정적인 수입이 있었다.

1938년 회사를 세우고 처음으로 개발한 제품은 200A라는 이름의 오디오 발진기(특정 음역의 주파수를 생성하는 테스트 장비)이다. 휴렛은 회로를 단순화하는 방법을 통해 성능을 개선하고 가격도 500달러 정도로 비교적 저렴하게 내놓을 수 있었다. 디즈니 스튜디오의 사운드 엔지니어가 HP 200A에 관심을 보이자, Hewlett과 Packard는 기존 200A를 개량해 200B를 출시했고, 월트 디즈니는 1940년에 제작한 영화 환타지아의 사운드 모니터링에 이 장비를 사용했다.

그들은 이름을 공정하고 보편적인 방법인 동전 던지기로 결정했다. 후문에 따르면 Packard가 이겨서 Packard-Hewlett이 돼야 했지만, Packard는 Hewlett-Packard가 더 마음에 들어 HP로 결정했다고 한다.

캘리포니아 주는 1989년에 HP가 탄생한 에디슨가 367번지의 허름한 차고를 '실리콘밸리의 발상지'로 명명하며 사적으로 등록했다. 이 작은 공간에서 시작한 기업으로 말미암아 과수원이 가득하던 산타클라라 계곡(캘리포니아를 가로지르는 거대한 계곡으로, 실리콘밸리는 규소와 산타클라라 계곡의 합성어다)이 IT 업계의 중심지로 탈바꿈할 수 있었다(IT동아 2015년 8월 13일).

진취성(적극성)은 조연성·원동환(2010), 조연성(2012b), Shook et al. (2003)의 연구에서는 기본 속성으로 간주하지 않았으며, 위의 세 연구를 제외한 나머지 선행 연구에서는 기업가정신의 기본속성으로 간주되어 기업성과에 영향을 미치는 것으로 나타났다. 김정포(2009)의 연

<표 2-1> 기업가 정신의 속성과 기업성과

<table>
<tr><th rowspan="2">학자</th><th colspan="7">기업가 정신의 속성과 기업성과</th></tr>
<tr><th>혁신성</th><th>진취성 (적극성)</th><th>위험 감수성</th><th>민첩성 (사전 대응성)</th><th>새로운 조직과 자원의 결합</th><th>자율성</th><th>기업성과</th></tr>
<tr><td>Leibenstein (1978)</td><td></td><td>●(+)</td><td></td><td></td><td></td><td></td><td>기업가 능력</td></tr>
<tr><td>Miller (1983)</td><td colspan="3">●(+)</td><td></td><td></td><td></td><td>기업가 능력</td></tr>
<tr><td>Zahra (1991)</td><td colspan="3">●(+)</td><td></td><td></td><td></td><td>재무성과,
체계적위험</td></tr>
<tr><td>Lumpkin & Dess (1996)</td><td colspan="6">●(+)</td><td>벤처환경,
회사의 크기</td></tr>
<tr><td>Caruana et al. (1998)</td><td colspan="4">●(+)</td><td></td><td></td><td>회사의 크기
(고용자의 수)</td></tr>
<tr><td>Shook et al. (2003)</td><td>●(+)</td><td></td><td></td><td></td><td></td><td></td><td>기업가 능력</td></tr>
<tr><td>윤대혁, 박민생 (2007)</td><td colspan="2">● (+)</td><td></td><td></td><td></td><td></td><td>기업성장</td></tr>
<tr><td>김정포(2009)</td><td>●(+)</td><td>●(△)</td><td>●(×)</td><td></td><td></td><td></td><td>시장지향성</td></tr>
<tr><td>박기용 (2009)</td><td>●(+)</td><td>●(×)</td><td>●(×)</td><td>●(+)</td><td></td><td></td><td>기업성과</td></tr>
<tr><td>반성식, 박재현, 서상구 (2009)</td><td colspan="3">●(+)</td><td></td><td></td><td></td><td>기업성과</td></tr>
<tr><td>조연성,원동환 (2010)</td><td>●(+)</td><td></td><td>●(×)</td><td></td><td></td><td></td><td>수출성과</td></tr>
<tr><td>최낙환, 변철섭, 이용균(2011)</td><td colspan="2">●(+)</td><td></td><td></td><td></td><td></td><td>시장지향성</td></tr>
<tr><td>최동주 (2011)</td><td colspan="3">●(+)</td><td></td><td></td><td></td><td>신상품개발성과</td></tr>
<tr><td>조연성 (2012a)</td><td colspan="3">●(+)</td><td></td><td>●(×)</td><td></td><td>수출성과</td></tr>
<tr><td>조연성 (2012b)</td><td>●(+)</td><td></td><td>●(+)</td><td></td><td></td><td></td><td>수출성과
기업가능력</td></tr>
<tr><td>최동주, 정우진 (2012)</td><td colspan="2">●(+)</td><td>●(+)</td><td></td><td></td><td></td><td>경영성과</td></tr>
<tr><td>서리빈, 성종수, 윤현덕 (2012)</td><td>●(+)</td><td>●(+)</td><td>●(+)</td><td></td><td></td><td></td><td>기술경쟁력,
기술우수성,
혁신제품매출비중</td></tr>
<tr><td>김영수, 김지연 (2013)</td><td colspan="3">●(+)</td><td></td><td></td><td></td><td>기업성과</td></tr>
</table>

출처: 연구자가 선행연구를 바탕으로 구성함(+: 효과 있음, △: 일부 효과만 있음, ×: 효과 없음)

구에서는 시장 지향성을 높이는데 일부 조절 효과만이 존재하는 것으로 나타났다. 진취성은 기업가의 능력을 향상시키고(Leibenstein, 1978; Miller, 1983), 기업의 크기(종업원의 수를 기준으로)를 확장시켰으며(Caruana et al., 1998; Lumpkin & Dess, 1996), 벤처환경을 호전시키고(Lumpkin & Dess, 1996), 시장 지향성을 높이며(최낙환 외, 2011), 기업성과를 높이고(김영수·김지연, 2013; 박기용, 2009; 반성식 외, 2009), 경영성과를 높이고(최동주·정우진; 2012), 수출성과를 높이는(조연성, 2012a)것으로 나타났으며, 신상품개발성과를 향상시켰으며(최동주, 2011), 기술경쟁력과 기술 우수성, 혁신제품 매출 비중을 높이는(서리빈 외, 2012) 것으로 나타났다. 진취성도 재무성과를 높이고 체계적 위험을 줄이는 것(Zahra, 1991)으로 나타났다.

3) 위험 감수성

대기업 임원출신으로 구성된 전경련 창조 아이디어 멘토단이 젊은 창업자들의 창조 아이디어 사업화에 마중물 역할을 하면서 창업 아이디어가 실제 사업화로 이어지고 있다. 전경련 멘토단은 창조경제타운과 함께 175개 우수 인큐베이팅 아이디어 보유자를 대상으로 일대일 집중멘토링을 실시했고 이중 특허 98건, 시제품제작 7건, 기술개발 6건 등 약 120건이 정부와 민간이 운영하는 창업지원사업과 연계됐다고 2015년 10월 13일에 밝혔다.

성과의 예로 ㈜크리에이드의 아이디어 사업화가 있다. 2015년 1월 한국전자통신연구원의 창업입주기업으로 설립된 ㈜크리에이드는 현재 모바일 SNS와 연동 가능한 차량 모니터링 서비스 개발을 진행하고 있다. 법인 설립 후 개발인력 확보와 서비스 환경 구축을 위한 추가적인 자금 확보가 필요했으나 항상 최종면접에서 탈락했던 ㈜크리에이드는 여러 전문가의 멘토링 서비스와 사업화 연계지원을 받고자 창조경제타운의 문을 두드렸다. 이 회사를 맡은 전경련 창조 아이디어 멘토단 박성백 멘토는 LG에서 27여년간 연구개발분야에서 개발전략뿐만 아니라, 신제품 개발 및 사업화에 경험이 많은 기술경영혁신 전문가였다.

박 멘토는 가장 먼저 차량모니터링 서비스의 핵심기술을 명확하게 정의하고, ㈜크리에이드의 핵심역량을 바탕으로 한 비즈니스 모델을 구체적이고 명확하게 만드는 일부터 시작했다. 4주간의 집중멘토링 동안 기초적인 사업계획서를 완성하는데 중점을 두었고, 종료 후에도 전경련 장기 경영자문 프로그램으로 연결하여 지속적으로 사업계획서를 보완하고, 프리젠테이션 스킬을 지도했다.

이렇게 한 결과 이 회사는 멘토링 후 중소기업청의 창업선도대학 육성사업과 스마트벤처창업학교에 모두 합격, 3500만원의 사업비 지원, 사무공간, 교육 등의 혜택을 누리게 됐다. 박 멘토는 쉽지 않은 사업계획서 수정과정을 창업에 대한 열정과 성실함으로 임한 김 대표의 혁신성, 진취성, 위험감수성이 무엇보다도 돋보였다고 말했다(매일일보 2015년 10월 13일).

위험 감수성은 가장 오래전부터 기업가정신의 핵심적 속성 중의 하나로 간주되어 왔다. 위험 감수성은 잘 모르는 새로운 시장에 대한 모험적인 진입이나 불확실한 결과에 대하여 막대한 자원을 투자하거나 과중한 차입과 같은 무모한 행동을 하는 성향이다. 위험 감수성은 실패로 인한 비용이 큰 사업에 대해서도 기꺼이 보다 많은 자원을 투입할 수 있는 것을 말한다(Miller & Frisen, 1983).

위험은 현재 시점에서 활용가능한 모든 수단을 통해 예측할 수 있는 인지된 위험으로 보았고, 위험 감수성은 낮은 위험의 프로젝트보다 높은 위험의 프로젝트를 선호하는 경향으로, 적극적으로 기회를 모색하고 추구하고자 하는 의욕이라고 보았다(Covin & Slevin, 1991).

위험 감수성은 윤대혁·박민생(2007), 최낙환 외(2011), Leibenstein (1978), Shook et al. (2003)의 연구를 제외한 다른 선행연구에서 기본 속성으로 정의되었다. 위험 감수성은 일부 선행연구에서는 시장 지향성(김정포, 2009; 최낙환 외, 2011), 기업성과(박기용, 2009), 수출성과(조연성·원동환, 2010)에 영향을 미치지 못하는 것으로 나타났다. 위험 감수성은 기업가 능력을 향상시키고(Miller, 1993), 기업·경영 성과를 높이고(김영수·김지연, 2013; 반성식 외, 2009; 최동주·정우진, 2012), 수출성과를 높이고(조연성, 2012a; 조연성, 2012b), 신상품개발 성과를 향상시켰으며(최동주, 2011), 기술 경쟁력과 기술 우수성, 혁신 제품의 매출비중을 높이는(서리빈 외, 2012) 것으로 나타났다. 기업의 크기를 확장시켰으며(Caruana et al., 1998; Lumpkin & Dess, 1996), 벤처환경을 호전시키고(Lumpkin & Dess, 1996), 재무성과를 높이고 체계적 위험을 줄이는 것(Zahra, 1991)으로 나타났다.

4) 민첩성(사전 대응성)

민첩성(사전 대응성)은 창업가가 기업의 존속, 유지 발전을 위해 환경에 대한 인지력과 적응력이 뛰어나야 하는데 기업가정신은 이렇게 적응하는 행동력이며, 적극적으로 새로운 시장 수요에 부응하려는 경영활동을 말한다(김종관, 1994). Kirzner(1973)는 기업가를 혁신의 주체로 보지 않았다. 다만 이미 존재하고 있지만 인지되기를 기다리는 제반 기회에 기민하게 반응하는 사람으로 보았고, 기업가정신은 이윤기회를 창조하는 것이 아니라 기회에 반응을 보이고 기회를 포착하는 주체로 인식하면서 기업가정신에 있어서 민첩성(사전 대응성)의 중요성을 강조하였다. 민첩성은 박기용(2009), Caruana et al. (2003), Lumpkin & Dess(1996)의 연구에서만 기업가정신의 기본 속성으로 정의하였는데, 기업성과를 제고시키는데(박기용, 2009) 유의한 영향을 미치는 것으로 나타났다. 기업의 크기를 확장시켰고(Caruana et al., 1998; Lumpkin & Dess, 1996), 벤처 환경을 호전시키는(Lumpkin & Dess, 1996) 것으로 나타났다.

5) 새로운 조직과 자원의 결합

새로운 조직과 자원의 결합은 개인적 차원으로 조직을 설계하고 변화에 대처하는 방법을 말하는 것이다. 즉, 기업이 전반적으로 기업가적인 행동을 하는 것을 의미하며, 조직의 경쟁력 향상이나 내부적 효율성 개선을 위해 사업 영역을 새롭게 정의하고 불필요한 사업을 제거하는 등의 활동을 말한다(장수덕, 2011). 조직적 차원으로 조직의 위험감수, 혁신과 진취성에 대한 의사 결정을 지원하는 팀 차원의 개념, 기업 전체의 수준에 관한 개념으로 이해할 수 있다.

조연성(2012a)의 연구에서는 혁신성, 진취성(적극성), 위험 감수성과 새로운 조직과 자원의 결합을 기본속성으로 정의하였지만, 수출성과를 제고시키는 데 영향을 미치지 못하는 것으로 나타났다.

6) 자율성

자율성은 개인이나 팀이 아이디어와 비전을 제시하기 위해 독립적으로 수행하는 기업가적 감각으로, 조직의 관료주의를 탈피하여 새로운 아이디어를 요구하는 기업가적 독립성을 말한다(Dess & Lumpkin, 2005; Covin & Slevin, 1991; Lumpkin & Dess, 2006). 자율성을 기업가정신의 중요속성으로 간주한 연구는 Lumpkin & Dess(1996)의 연구가 유일하다. 자율성은 벤처 환경을 호전시켰으며, 회사를 크기를 확장시키는 데 영향을 미치는 것으로 나타났다.

3. 기업가정신이 창업에 미치는 영향

Crant(1996)는 불확실한 창업환경에서는 도전적 진취성이 창업의지에 긍정적인 영향을 미친다고 하였다. 창업의지에 관한 초기 연구에서는 창업자의 창업의지 결정요인을 개인특성요인, 심리특성요인, 환경요인 등에 두었으나 점차 동기부여, 기술력, 비전과 목표 등으로 확대되어 창업교육이 미치는 영향으로까지 확대되고 있다고 하였다. 창업이 바람직하다고 느끼는 정도는 창업을 통해 기대되는 결과가 좋을 것이라는 학습과 확신이 있을 때 높아지며, 스스로의 학습과 교육 및 경험을 통해 인지된 자신감이 높아짐에 따라 창업성공의 가능성을 높게 인지한다(김성순, 2009).

유봉호(2015)는 창업의지에 영향을 주는 요인들을 찾아내고 이들 간의 인과관계를 밝히기 위하여 창업동기의 매개역할을 중심으로 성취욕구 및 창업가정신이 창업의지에 미치는 영향관계를 고찰하였다. 분석결과, 첫째, 성취욕구와 창업가정신이 창업동기에 긍정적인 영향을 미침으로써, 이 두 변수가 창업동기의 선행변수인 것으로 나타났다. 둘째, 창업동기가 창업의지에 유의적인 영향을 줌으로써, 이 두 변수의 선 후행관계가 명확히 밝혀졌다. 셋째, 본 연구의 핵심이라 할 수 있는 성취욕구 및 창업가정신과 창업의지 간에 창업동기의 매개효과를 보였다. 다시 말해서, 창업동기가 성취욕구 및 창업가정신으로 하여금 창업의지를 더욱 강화시켜 줄 수 있는 매개역할을 하는 것으로 나타났다.

윤남수(2012)는 잠재적 창업자의 창업동기 요인이 기업가정신 및 창업의지에 미치는 영향을 분석하였다. 창업동기 요인 중 성취욕구와 인적 네트워크가 기업가정신에 유의한 영향을 미치므로 강한 성취 및 성공욕구가 기업가정신을 형성하는데 매우 중요한 요소로 작용했다. 그러나 창업교육 및 사회적 인식은 기업가정신에 영향을 미치지 않는 것으로 나타났다. 창업교육이 기업가정신에 유의적인 영향력을 보이지 못하는 이유는 우리나라의 경우 창업이나 기업가정신과 관련된 교육이 상당히 부족하고(최종열과 정해주, 2008), 기업가에 대한 부정적 인식이 기업가정신을 약화시키는 원인(Gnyawali and Fogel, 1994)으로 작용하기 때문이라고 해석했다. 기업가정신은 창업의지에 유의한 영향을 미치는 것으로 나타났다. 기업가 정신이 창업동기 요인과 창업의지의 관계에서 매개역할을 한다고 하였다.

윤남수(2013)은 사이버대학과 일반대학의 학습자들을 대상으로 창업동기, 기업가정신 및 창업의지에 대한 인식 차이가 있는지, 그리고 창업동기와 기업가정신이 창업의지에 미치는 영향력을 비교하였다. 학습자간의 창업동기는 창업교육, 성취욕구, 인적 네트워크, 자존의 욕구 등은 사이버대학이 일반대학에 비하여 높은 것으로 나타났다. 기업가정신의 구성요소인 위험감수성, 사전대응성, 혁신성 모두 사이버대학과 일반대학 학습자 간에 의미있는 차이를 보이지 않았다. 창업의지는 사이버대학과 일반대학 학습자 간에 의미있는 차이를 보였고, 사이버대학 학습자의 평균값이 더 높았다. 창업동기와 기업가정신이 창업의지에 미치는 영향력에 대해 두 집단을 비교한 결과, 사이버대학 학습자의 경우 창업교육, 성취욕구, 위험감수성의 순으로, 그리고 일반대학 학습자는 성취욕구, 창업교육, 위험감수성의 순으로 창업의지에 영향을 미치는 것으로 나타났다.

한정희와 김정호(2013)은 기업가정신을 통하여 습득한 목표지향성이 강할수록 자신감과 성취욕구가 강하다고 하였다. 그러나 현재 기업가정신 교육에서 강조되고 있는 시장의 기회포착능력은 창업에 대한 자신감과 성취욕구에 영향을 미치지 않았다. 기업가정신 교육형태는 창업에 대한 성취욕구에 영향을 주지 않았으나, 성취동기는 창업의사결정에 영향을 미쳤다.

남정민(2015)는 세계적으로 주목받고 있는 창업교육방식인 해커톤 교육의 효과성을 검증하고, 기업가정신이 실제 창업의지 및 창업팀몰입에 미치는 영향과 기업가정신과 성과간의 관계에서 변혁적 리더십의 조절효과를 분석하였다. 기업가정신은 교육이후 개인의 창업의지에 긍정적인 영향을 미치고 있으나 통계적으로 유의한 결과가 나타나지 않았다. 그러나 기업가정신과 창업의지간의 관계에서 변혁적 리더십의 조절효과가 검증됨으로써, 개인의 기업가정신은 리더의 변혁적 리더십과 상호보완적 관계를 통해 개인의 창업의지에 긍정적인 영향을 미칠 수 있다는 결과를 도출하였다. 개인의 기업가정신은 교육이후 개인의 창업팀몰입에 긍정적인 영향을 미치고 있으며, 통계적으로 유의하지 않으나 변혁적 리더십은 개인의 기업가정신과 상호작용효과를 통해 창업팀몰입에 영향을 미칠 수 있음을 예측할 수 있었다. 해커톤 교육 종료이후 13개 팀 중, 팀 해체를 선언한 1개 팀을 제외한 12개 팀이 지속적으로 사업화를 진행 중에 있으며, 2개 팀은 사업자등록을 마쳤으며 4개 팀은 사업자등록을 예정 중에 있다고 답변하였다.

김성환, 복경수, 박재춘(2015)는 예비창업자인 대학생의 자기결정성, 기업가정신 및 창업의지 간의 관계와 창업교육의 조절효과를 검증하였다. 예비창업자는 자율성과 유능감 같은 자기결정성이 높을수록 창업의지와 기업가정신도 강한 것으로 나타났다. 예비창업자의 기업가정신은 창업의지에 긍정적인 영향을 주었다. 기업가정신은 자기결정성의 하위차원인 자율성과 유능감과 창업의지의 관계에서 완전한 매개역할을 수행하였다. 마지막으로, 자기결정성의 하위차원인 유능감과 창업의지의 긍정적인 관계는 창업교육을 수강한 집단이 그렇지 않은 집단에 비해, 더욱 높게 나타냈다.

그러므로 예비창업자인 대학생의 창업의지를 향상시키기 위해서는 대학교육 현장에서 대학생들의 자기결정성을 통한 내재적 동기부여를 강화할 필요가 있다. 창업의지의 고취는 예비창업가의 자기결정성을 향상시키는 노력과 동시에 창업교육을 통한 기업가정신을 향상시키기 위한 노력이 병행되어야 한다. 보다 구체적으로 제시하면 예비창업자의 개인의 심리적 특성을 함양하기 위한 창업교육, 내재적 동기부여 강화를 위한 자기주도적 성인교육기법의 적용, 창업교육전문가의 육성을 통한 창업교육의 전문화, 직업교육 또는 진로교육으로서의 창업의 일상화 및 지원제도가 대학교육에서도 마련되어야 할 것이다.

김현성(2014)는 일본 창업환경의 변화를 검토하고 창업과 관련한 일본의 주요 데이터인 신규개업조사 중에서 창업 5년 이내 기업을 대상으로 한 조사자료를 가공하여, 창업 성패의 요인을 분석하였다. 1980년대 이후 일본에서 폐업율이 개업율을 역전시킨 현상은 기업가정신의 약화 원인으로써 경기 요인 이외에도 경제발전 단계에 따른 경로의존적 요인도 중요함을 말해준다. 둘째, 창업 성패의 요인을 분석한 결과, 창업자의 인적 자본보다는 제품의 신규성과 품질 경쟁력과 같은 창업 내용이 이후의 성장성에 보다 중요하게 작용하고 있음을 밝히고 있다. 이는 일본과 같은 성숙기 경제에 있어서 창업 이후의 성장을 위해서는 기존 연구에서 강조되던 창업자의 인적 자본의 특성에 주목한 창업정책보다는 신규성과 제품 경쟁력과 같은 창업 내용에 입각한 정책이 필요함을 의미한다.

이호숙(2015)는 여성의 창업활동에 대한 연구를 통해 기업가정신과 젠더전략을 분석하였다. 연구참여자들은 여성이 사업을 하는데 호의적이지 않은 사회구조속에서 자신의 불리한 조건을 극복하기 위한 여러 가지 전략을 사용하고 있었다. 재정적 자원이 부족한 연구 참여자들은 사업규모를 최소화하여 창업을 했고 정보통신기술, 정부의 지원금, 창업보육센터 시설 등을 적극적으로 이용하여 비용을 절감하고 있었다. 연구 참여자들은 소비자에게 직접 접근할 수 있는 박람회나 진입장벽이 낮은 온라인 등 공정한 기업관행을 만들어갈 수 있는 영업수단을 활용하고 있었다. 또한 일과 가정을 양립하기 위해 일하는 시간이나 장소 등 근무환경을 조정하거나 가사와 양육에 대한 역할을 공유, 축소하는 방법을 사용하고 있었다. 연구 참여자들은 여성의 일자리 창출과 여성 친화적 기업문화 창출 등 사회발전을 위해 필요한 기업가적 행위를 하고 있으며, 경영상의 장애요인을 극복해가는 과정에서 기업가정신을 발휘하면서 대안적인 기업문화를 만들어 가고 있었다.

양준환(2014)는 기업가정신교육이 대학생들의 창업의도 형성에 영향을 미치는가를 확인해보았다. 또한 기업가정신교육이 대학생들의 창업동기와 자기효능감의 형성에 어떠한 영향을 주는지 그리고 나아가 기업가정신교육이 궁극적으로 청년 대학생들의 창업의도 형성에 유의미한 역할을 수행하는가를 살펴보았다. 연구결과를 요약하면 다음과 같다. 첫째, 기업가정신교육은 대학생들의 창업의도에 유의한 정의 영향을 미치는 것으로 나타났다. 둘째, 기업가정신교육은 대학생들의 자기효능감과 창업동기에 유의한 정의 관계가 있는 것을 알 수 있었다. 셋째, 자기효능감과 창업동기는 대학생들의 창업의도에 유의한 정의 영향을 주는 것으로 나타났다. 넷째, 자기효능감과 창업동기는 기업가정신교육과 창업의도 사이에 유의한 부분매개역할을 하는 것을 확인할 수 있었다.

이병권과 전인오(2014)는 창업정책수혜를 받고 있는 예비창업자와 기창업자를 대상으로 창업동기요인을 규명하고, 창업동기요인이 기업가정신과 창업의지(예비창업자) 및 기업성과(기창업자)에 미치는 영향을 분석하였다. 기술통계와 신뢰도분석을 실시하였으며, 타당도 검증을 위해 요인분석을 실시하였고, 상호상관성을 보기위해 상호관계를 분석하였으며, 최종 회귀분석을 통한 검증으로 요인들 간의 영향력을 분석하였다. 예비창업자의 경우, 총 202명을 대상으로 분석하였으며, 그 결과 자기효능감, 인적네트워크, 경제적요인, 정부정책은 기업가정신에 영향을 미치는 것으로 나타났다. 또한, 자기효능감, 창업교육, 경제적요인, 정부정책은 창업의지에 정의 영향을 미치는 것으로 나타났다. 기창업자는 총 212명을 대상으로 분석하였으며, 자기효능감, 인적네트워크, 경제적요인이 기업가정신에 영향을 미치는 것으로 나타났다. 그리고 자기효능감은 재무적성과와 비재무적성과에, 창업교육은 재무적성과와 기술적성과에 인적네트워크는 비재무적성과에, 경제적요인은 재무적성과와 비재무적성과에, 정부정책은 재무적성과와 기술적성과에 각각 정의 영향을 미치는 것으로 나타났다.

오재우, 고복수, 강진규(2015)는 멘토링 프로그램이 창업교육 중 하나로 운영되고 있으며 이 프로그램은 창업자들이 새로운 것에 대한 도전과 창업으로 인해 겪을 수 있는 실패에 대한 두려움과 불안감을 극복하고 창업에 대한 패러다임을 긍정적으로 변화시키는 효율성이 인정되어 비중과 프로그램의 내용이 강화되고 있다고 보고, 멘토링기능이 청년창업자의 기업가정신 향상에 미치는 영향을 분석하고, 멘토링기능과 기업가정신 사이에 창업준비기간의 조절효과 검증을 통하여 멘토링기능과 기업가정신 사이에 창업준비기간의 상호작용효과를 분석하였다. 멘토링기능은 기업가정신의 진취성과 위험감수성에 정의 영향을 미치고, 혁신성에는 부의 영향을 미쳤고, 창업준비기간은 멘토링기능과 진취성, 위험감수성 사이에 조절효과를 보였다. 멘토링기능은 창업자의 진취성과 위험감수성 향상에는 효율적이지만 혁신성 향상에는 효율적이지 않으며, 창업준비기간에 따라 분류하여 창업 멘토링 프로그램을 적용하면 창업자의 기업가정신 중 진취성과 위험감수성 향상이 증가하는 상호작용효과가 있는 것을 알 수 있었다.

강재학과 하규수(2015)는 창업 CEO에게 반드시 필요한 리더십 역량 가운데에서도 최근 관심이 높아지고 있는 셀프리더십이 기업가정신의 매개 효과를 통해 창업기회인식과 창업의지에 미치는 영향에 관하여 분석하였다. 정부주도의 창업장려분위기에 따라 대학 교과과정에서도 창업에 대한 다양한 교육 및 행사와 함께 기업가정신에 대한 교육이 활발히 행하여지고 있고, 학계에서도 기업가정신과 창업기회인식 혹은 기업가정신과 창업의지 등에 대한 연구는 활발히 진행되고 있는 반면, 셀프리더십과 창업기회인식 및 창업의지의 연관성에 관한 연구는 거의 없다시피 한 실정이다. 셀프리더십이 기업가정신에 부분적으로 유의한 영향을 미치고, 기업가정신이 창업기회인식 및 창업의지에 부분적으로 유의한 영향을 미치는 것으로 나타났다. 셀프리더십은 창업기회인식과 창업의지에 부분적으로 유의한 영향을 미쳤다. 셀프리더십과 창업기회인식 그리고 셀프리더십과 창업의지 간에 기업가정신의 매개효과가 입증되었다.

이범국, 남정민, 김주섭(2015)는 창업교육 프로그램 중 하나인 해커톤방식 창업교육의 효과를 규명하고자 한다. 이를 위해 창업동기, 기업가정신, 팀 문화 등 세 가지 변수에 따라 해커톤 창업교육이전과 창업교육이후 창업의지의 변화를 살펴보았다. 해커톤 교육은 참여자들의 창업의지(참여 전·후의 창업의지 비교)에 긍정적인 영향을 미치고 있는 것으로 나타났다. 또한 창업동기와 팀문화는 교육이전의 창업의지와 교육이후의 창업의지간의 관계에서 정(+)의 영향을 미치는 조절변수로 검증되었다.

배병윤과 이주헌(2015)는 창업에 관심이 있는 대학생들을 대상으로 개인의 조절초점성향과 기업가정신 및 창업의도 간의 관계를 실증연구를 통해 살펴보았다. 본 연구를 통해 확인한 내용은 다음과 같다. 첫째, 이익에 민감하고 위험추구와 새로운 것을 좋아하는 촉진초점성향을 보이는 사람들은 기업가정신 추구와 창업의도를 보일 것이라고 가설을 설정했고 실증연구를 통해 이를 확인했다. 둘째, 손실에 대해 민감한 방어초점성향을 보이는 사람들과 기업가정신 및 창업의도 간에 부(-)에 관계가 있을 것이라고 가설을 세웠지만 가설이 모두 기각되었다. 즉, 손실에 민감한 방어초점성향을 지닌 사람들이 일반인에 비해 기업가정신과 창업의도에 있어 더욱 부정적인 것은 아니라는 것으로 해석될 수 있을 것이다. 셋째, 무수한 선행연구들과 마찬가지로 기업가정신은 창업의도에 유의한 영향을 미친다는 것을 확인할 수 있었다.

이주헌과 변광학(2011)은 대학생들의 기업가정신이 창업의지에 미치는 영향을 실증적으로 분석하였다. 선행연구의 정의에 따라 기업가정신은 위험감수성, 혁신성, 진취성으로 구성되었는데, 대학생들의 위험감수성은 창업의지에 정의 영향을 미치지만 혁신성과 진취성은 창업의지에 영향을 미치지 않는 것으로 나타났다.

박재환, 안승권, 윤인철(2011)은 대학생들을 대상으로 창업의지에 영향을 미치는 여러 가지 요인을 살펴봄으로써 어떠한 요인들이 창업의지에 영향을 미치는가를 분석하였다. 주요 연구결과를 보면, 첫째,

가정환경은 경력지향성에 유의한 양(+)의 영향을 미치는 것으로 나타났다. 둘째, 가정환경이 창업의지에 미치는 영향이 통계적으로 유의하지는 않으나, 경력지향성을 통한 간접효과는 유의한 것으로 나타났다. 셋째, 창업교육만족도는 경력지향성에 유의한 양(+)의 영향을 미치는 것으로 나타났다. 넷째, 창업교육만족도가 창업의지에 미치는 영향이 통계적으로 유의하지는 않으나, 경력지향성을 통한 간접효과는 유의한 것으로 나타났다. 마지막으로 경력지향성은 창업의지에 통계적으로 유의한 양(+)의 영향을 미치는 것으로 나타났다. 이 연구의 시사점은 기존 창업의지에 미치는 영향요인 분석과는 차별화하여 가정환경과 창업교육의 만족도, 경력지향성 요인에 대하여 구조방정식을 적용하여 분석한 결과 창업교육만족도와 가정환경은 창업의지에 직접적인 효과가 없는 것으로 나타났으며, 창업교육만족도와 가정환경은 경력지향성을 매개로 하여 창업의지에 간접효과를 미치고 있는 것으로 나타났다. 이는 창업의지가 단순 가정환경, 또는 창업교육의 만족도에 의해 좌우되는 것이 아니라, 가정환경과 창업교육 만족도가 개인의 특성인 경력지향에 영향을 주어 창업의지를 높이는 것으로 보인다.

이신남(2014)는 중국과 한국의 상호 경제의존도가 날로 커져가는 시점에 미래 기업가로 성장할 양국 대학생들을 대상으로 기업가정신과 자기효능감이 창업의도에 미치는 영향을 검증해 보았다. 또한 창업활동에 영향을 미치는 요소인 자기효능감의 매개역할도 함께 살펴보았다. 한국과 중국 대학생들의 기업가정신은 창업의도와 자기효능감에 각각 유의한 정의 관계를 보이는 것으로 나타났다. 그러나 중국 대학생들의 기업가정신은 한국 대학생들에 비해 창업의도와 자기효능감에 더 큰 영향을 미치는 것을 알 수 있었다. 한국과 중국 대학생들의 자기효능감은 창업의도에 유의한 정의 영향을 미치고 있으며 기업가정신과 창업의도 사이에 유의한 부분 매개효과도 가지고 있는 것으로 나타났다. 또한 한국과 중국 남녀 대학생들 간에 기업가정신은 창업의도와 자기효능감에 미치는 영향에 유의한 차이를 보이고 있음을 알 수 있었다.

신혜성과 안윤영(2015)는 외식창업교육을 수강한 예비창업자들을 대상으로 외식창업교육이 기업가정신 및 창업의지에 미치는 영향 및 외식창업교육이 창업의지에 미치는 영향관계에 있어서 기업가정신의 매개효과가 존재하는지를 실증적으로 분석하였다. 외식창업교육은 기업가정신 및 창업의지에 유의한 양(+)의 회귀계수를 보고하였다. 이는 외식창업교육이 기업가정신 함양 및 창업의지 제고에 공헌하고 있음을 의미한다. 둘째, 외식창업교육이 창업의지에 미치는 영향관계에 있어서 기업가정신은 매개효과를 보고하였다. 이는 외식창업교육 효과로 발현된 기업가정신이 예비창업가들의 창업의지를 제고하는 촉매제로서의 기능을 수행하고 있음을 의미한다.

우봉호와 김수현(2015)는 창업자의 특성 가운데 어떠한 요인이 창업성공 가능성을 높일 수 있을는지에 대한 관점에서 청년창업자의 셀프리더십과 창업성공 가능성 간에 나타나는 기업가정신의 매개역할을 살펴보았다. 분석결과, 첫째, 셀프리더십이 기업가정신의 선행변수로 나타났다. 이는 청년창업자의 셀프리더십이 기업가정신에 긍정적인 영향을 미칠 수 있음을 의미한다. 둘째, 기업가정신이 창업성공 가능성에 긍정적인 영향을 주었다. 이 결과는 기업가정신이 창업성공 가능성을 높일 수 있는 요인임을 시사한다. 셋째, 셀프리더십과 창업성공 가능성 간에 기업가정신의 매개효과가 나타났다.

최주철(2015)는 창조융합 기반의 제도적 창업 지원 체계 및 창업교육을 통해 배양된 창의성, 도전정신 등을 다양한 통상영역에 능동적으로 적용하고 활용할 수 있는 데에는 시간적 공간적인 제약이 따르기 때문에 시간과 장소에 제약 없이 창업교육을 할 수 있는 온라인 창업교육이 창업에 가장 중요한 요소인 기업가정신에 미치는 영향을 분석하였다. 온라인 교육 환경이 창업 교육프로그램에 긍정적인 영향을 미칠 뿐만 아니라, 창업교육에서 프로그램과 온라인 교육 환경은 기업가정신에 긍적적인 영향을 미쳤다.

이인숙, 나영아(2014)는 조리와 외식을 전공하는 대학생들을 대상으로 대학 내의 창업 지원요인이 대학생 기업가정신과 외식창업 의도에 미치는 영향을 검증하였다. 창업지원 요인 중에서, 인적네트워크, 교육프로그램, 정보지원 순으로 대학생의 기업가정신에 정의 영향력을 미쳤으며, 대학생 기업가정신은 창업의도에 정의 영향을 미치는 것으로 밝혀졌다.

정지호(2014)는 창업자들을 대상으로 직접 설문조사를 실시하여 창업기업의 비재무적 성과와 재무적 성과를 결정하는 창업교육프로그램의 적정성을 연구하였다. 사업계획서 작성 교육은 도전정신과 창조적 사고에 유의한 영향을 미치는 것으로 나타났다. 마케팅 교육은 도전정신, 창조적 사고, 아이디어 수용능력, 위기극복 능력에 모두 긍정적인 영향을 미치는 것으로 나타났다. 기술 교육은 사회적 책임에 긍정적인 영향을 미치는 것으로 나타났으며, 자금과 멘토링 교육은 모두 유의한 영향이 없는 것으로 나타났다.

도전정신은 기술확보 성과에 유의한 영향을 미치는 것으로 나타났다. 또한 창조적 사고는 기술확보 성과와 시장확보 성과에 긍정적인 영향을 미치는 것으로 나타났다. 기술 교육은 사회적 책임에 긍정적인 영향을 미치는 것으로 나타났다. 아이디어 수용능력은 자금운영 성과에 위기극복 능력은 인적자원 성과에 유의한 영향을 미치는 것으로 나타났다. 시장확보 성과가 비재무성과에 유의한 영향을 미치는 것으로 나타났다. 또한 인작자원 성과도 비재무성과에 유의한 영향을 미치는 것으로 나타났다.

그러므로 기업가정신과 기업의 재무적 성과에 가장 큰 영향을 미치는 마케팅 교육을 보다 강화할 필요가 있다. 기업가정신과 기업의 성과에 긍정적인 영향을 미치지 못하고 있는 멘토링 교육과 자금 교육을 수정해야 한다. 기업의 비재무적 성과에는 창업교육이 긍정적인 영향을 미치지 못하고 있으므로 이 부분에 대한 교육 개선이 필요하다.

··제 3 장··

창업경험과 창업에 대한 인식

"나는 안정보다 기회를 택한다. 나는 계산된 위험을 단행할 것이고 꿈꾸는 것을 실천하고 건설하며 또 실패하고 성공하기를 원한다. 나는 보장된 삶보다 도전을 선택한다. 나는 유토피아의 생기없는 고요함이 아니라 성취의 전율을 원한다."고 미국 기업가협회는 기업가신조(송영수, 2010에서 재인용)에서 밝히고 있다.

네이버에서는 지역 사업자 160여만명, 오프라인 매장의 온라인 가맹점 8만 5천여개, 순수 온라인 매장 5천여개, 웹툰 작가 400여명, 일러스트레이터 1만여명, 예비 작곡가·가수 3300여명이 활동하고 있다. 매일 2600여만명이 방문해 3억번 이상 검색을 하고, 1800만번 이상 동영상 시청을 하고 있다. 네이버의 김상헌 대표는 꽃 프로젝트를 통하여 소상공인과 콘텐츠 창작자들로 하여금 자신감을 갖게 하겠다고 하였다.

꽃 프로젝트는 파트너스퀘어란 오프라인 공간에서 창업 교육을 하면서 창업 노하우를 공유하고, 결제와 예약 등의 도구로 사업화를 지원하며, 네이버 첫 화면 및 검색 노출로도 지원하는 것이다. 또 창작 지원

장르를 일러스트레이터 중심에서 자동차·가구 디자인, 요리, 플라워, 패션 스타일, 사진, 회화로 확대하고, 공모전과 크라우드펀딩 등으로 신에 창작자 발굴과 창작 생태계 구축을 추진하며, 해외 전시회 출품이나 글로벌 판권 계약도 지원하기로 했다(한겨레신문 2016년 4월 26일).

현재 우리나라의 청년 창업은 대부분 독창적인 사업 아이템이나 기술 없이 무계획적으로 창업에 나서는 청년들이 많고, 이에 전문가들은 현 시대에 있어 청년 창업의 중요한 키 포인트는 기업가정신과 그에 상응하는 도전정신이며 준비된 창업만이 성공의 시작점이라고 지적하고 있다. 교육과학기술부는 청소년기부터 준비된 창업인재를 강조하고 있다. 준비된 창업인재의 답은 기업가정신을 갖춘 인재 육성으로서 기업가정신을 제대로 인식하고 있는 사회적 분위기를 조성하고, 창업을 희망하는 청년층에 보다 전문성 있고, 준비된 창업 교육의 틀을 제공함으로 많은 청소년들이 자신의 진로에 창업을 생각할 수 있도록 체계적 교육이 필요하다(홍윤경, 2014).

이 장에서는 한국청소년정책연구원에서 2011년에 한국과 핀란드의 15세부터 29세의 청소년을 대상으로 하여 창업, 기업가정신 및 기업의 사회적 책임에 대한 인식을 조사한 자료(안선영, 김희진, 김태령, 2011)를 사용하여 창업에 대한 인식을 알아보았다.

1. 창업의 경험과 성과

창업 경험은 좋은 성과를 얻게 하는데 중요한 자원이 될 수 있다. 경기도농업기술원은 경기도농산물가공연구회원 및 향토음식연구회원과 창업 3년 이내 농가 15쌍을 대상으로 멘토·멘티 결연식인 '창업 전 부자전 멘토링'을 열었다. 이결연식은 농산물 가공이나 식당 창업

초기 농가에게 선배 창업농업인이 본인의 창업경험과 지식을 알려줘 사업성과를 높이기 위한 것이다. 멘토로 활동할 경기도 농산물가공연구회원은 농사를 짓다가 농산물 가공 창업 경력 5-20년이 된 선배 창업농업인으로 구성됐으며 앞으로 장류와 한과, 김치류, 장아찌 등 농식품 가공창업 사업장을 운영한 경험을 신규 창업 농업인에게 전수할 예정이다. 지역 향토음식의 발전을 위해 활동하는 시·군 대표로 구성된 경기도향토음식연구회원은 농가 맛집을 창업한 농업인에게 메뉴개발과 음식 질 향상, 고객 관리 등에 대해 도움을 줄 예정이다(중부일보 2016년 3월 30일).

<표 3-1> 독립적 사업체 소유 및 본인 설립 여부

단위 : %(빈도)

구분		독립적 사업체 소유 여부	사업체의 본인 설립 여부	
한국 (N=1016)	예	1.9(19)	예	79.2(15)
			아니오	20.8(4)
	아니오	98.1(997)		
핀란드 (N=1058)	예	2.6(28)	예	82.1(23)
			아니오	17.9(5)
	아니오	97.4(1030)		

※ 앞서 응답자 특성에서는 핀란드청소년들의 창업자빈도는 14명으로 나타나 있는데, 이는 창업자이면서, 학생이거나 주부 등 복수직업을 가진 경우, 창업자가 아닌 다른 항목을 선택한 결과로 보인다.

<표 3-1>에서 사업체 소유 여부를 조사한 결과, 한국은 19명, 핀란드는 28명으로 매우 적었다. 핀란드가 한국보다 약간 더 많은 이유는 조사대상자의 연령대가 상대적으로 높았기 때문이다. 이 사업체의 본인 설립여부를 보면 한국청소년은 79.2%인 15명이 본인이 설립했다고 응답하였으며, 핀란드청소년은 82.1%가 본인이 사업체를 설립한 것으로 나타났다.

<표 3-2> 현재 고용하고 있는 종업원의 수

단위 : %(빈도)

구분	전체	0명	1~5명	6~9명	10~19명
한국	100(19)	26.5(5)	57.2(11)	0.0(0)	16.3(3)
핀란드	100(28)	53.6(15)	42.8(12)	3.6(1)	0.0(0)

<표 3-2>에서 현재 고용하고 있는 종업원 수를 보면, 1-5명이 한국과 핀란드에서 각각 57.2%, 42.9%로 가장 많았고, 종업원이 전혀 없는 경우도 한국조사에서는 26.5%, 핀란드는 53.6%로 나타나, 양국의 조사대상 청소년들은 대부분 작은 규모의 사업체를 갖고 있음을 알 수 있었다.

이와 같이 청년사업자의 수가 매우 적은 상황을 타개하기 위하여 우리나라는 다양한 정책을 개발하여 시행하고 있다. 2009년에 '1인 창조기업 활성화 방안'이 시행된 이후 1인 창조기업 수와 이에 대한 국민의 인식이 높아진 것으로 나타났다(헤럴드경제, 2011년 2월 9일자). 정부는 성장가능성과 부가가치 창출이 가능한 사업 아이디어를 엄선하여 이에 대한 집중적인 투자를 하고 초기 인큐베이팅을 함으로써 1인창조기업 육성의 질적인 수준을 높여야 한다. 엄선된 1인창조기업에 대해서는 자금지원을 할 때 행정절차를 간소화하고 1인 기업의 특성에 적합한 신뢰평가와 보증제도를 도입하고, 판로를 개척하는 데에도 지원해야 한다. 예를 들어 1인창조기업이 작은 규모나 이전 실적의 부족으로 입찰에 참여할 수 없는 경우도 있기 때문에 이에 대한 제도적 장치를 보완할 필요가 있으며, 전망있는 1인창조기업의 상품에 대해 수출 규제를 완화하여 판로를 개척할 수 있는 문을 넓혀줄 필요가 있다(김경환, 2009).

2016년에 대통령직속 청년위원회는 청년 창업 규제 발굴 프로젝트를 시작했다. 이 프로젝트는 좋은 아이디어를 가진 청년들이 창업과정에서 직면한 불합리한 규제를 발굴하고 제도개선을 추진함으로써 청년들이 맘껏 창업할 수 있는 환경을 조성하기 위한 것이다. 청년 창업가들과의 릴레이 간담회, 연구조사, 온라인 의견수렴의 세 트랙으로 동시에 진행된다. 청년 창업가 릴레이 간담회에서는 청년위원장이 청년 창업가들을 만나 창업과 관련된 규제로 인한 애로사항과 건의사항을 청취하며, 성장 단계별 릴레이 간담회로 최소 4회 개최될 예정이다. 대학생 창업 동아리 등 청년 창업가 대상 설문조사와 심층 인터뷰로 구성되며 창업 추진과정에서 직면하고 있는 규제와 건의사항을 구제적으로 조사할 예정이다. 청년 창업가 대상 온라인 의견수렴은 청년포털(www.young.go.kr)과 청년위원회 페이스북을 통해 이루어지며 예비창업가, 창업가, 재창업가 청년이라면 누구든지 참여할 수 있다.

<표 3-3>에는 사업체 종류가 제시되어 있다. 한국청소년조사에서는 '도매 및 소매업'이 가장 많았고(6명), 그 다음으로 '예술·스포츠 및 여가관련 서비스업'(3명) '제조업 및 전기·가스·건설업'(3명) 순으로 나타났다. 핀란드청소년조사에서는 '예술, 스포츠 및 여가관련 서비스업'(7명)과 교육 및 보건·사회복지 서비스업'(7명)이 가장 많았고, '농업, 어업, 임업'(4명), '건설업'(3명), '숙박 및 음식점업'(3명)의 순으로 나타났다.

도시와 농촌을 '잇다'는 의미를 가진 '잇수다'는 단순한 농산물 유통이 아니라 보다 문화적으로 두 공간을 잇겠다는 의지도 담고 있다. 농촌은 급격한 고령화로 인력난에 시달리는 반면 도시는 모든 자원이 포화상태가 되면서 젊은 사람들이 농촌에 관심을 갖고 귀농을 하는 사례가 늘었다. '잇수다'는 '청년들이 농촌에서 생계를 이어갈 수 있을까?'라는 도전 의식을 갖고 경상북도 청송에 자리를 잡았다. 청송은

지자체와의 협동으로 '청송창조지역사업단'을 만들어 운영 중이다. 지역의 자원을 사람과 연결하고 청년들이 생활할 수 있는 기반을 잡는 것을 목표로 시작해 현재 다양한 활동을 전개 중이다.

'잇수다'의 벤치마크 모델인 일본의 '에카오츠나게테(이하 에가오)'는 비영리 활동법인으로 다양한 지역 활성화 사업을 추진한다. 에가오는 '도농교류' 일환으로 기업과 농촌을 연계한 기업 농장을 운영하고 있는데, 정부정책의 방향을 바꿀 정도로 영향력을 행사하고 있다. 에가오는 기업, 자원봉사자 등을 모집해 경작 포기지를 개간(기업농장)하고 논을 재생시킨다. 동시에 유기농 재배를 통해 다양한 농산물을 생산하고, 그 농산물을 가공 유통한다. 자연스럽게 지역공생형 시민 네트워크가 구축되는 것이다. 기업농장에는 현재 15개의 기업이 함께한다. 부동산, 광고사, 출판사, IT회사, 제약회사에 이르기까지 다양하다. 또 고령화

<표 3-3> 사업체의 업종

업종 구분	한국	핀란드
농업, 어업, 임업	0	4
제조업, 전기 · 가스 · 증기 · 건설업	3	3
도매 및 소매업	6	0
운수업	0	1
숙박 및 음식점업	0	3
출판, 영상, 방송통신, 및 정보서비스업	2	0
금융 및 보험업	1	1
부동산업 및 임대업	0	2
전문, 과학 및 기술 서비스업	2	0
교육 서비스업, 보건업 및 사회복지 서비스업	1	7
예술, 스포츠 및 여가관련 서비스업	3	7
협회 및 단체, 수리 및 기타 개인 서비스업	1	0
총계	19	28

로 인구가 감소한 농촌 마을에 많은 사람들이 찾아와 지역 활성화에 도움을 주고 있다. 설립 14년째인 에가오가 성공적으로 안착해 일본 사회를 바꾸고 있는 셈이다(머니투데이 2014년 12월 19일).

고양이용품 온라인몰 '고양이에게 손 내밀다'를 운영하는 부산의 지역업체 고손컴퍼니는 레드오션으로 분류된 반려동물용품 시장에서 성공했다. 김영욱대표는 2012년에 대부분 업체가 고양이보다 강아지용품에 주력하고 있던 상황에서 안정적 수익 기반인 애견용품을 포기하고, 고양이용품만 전담하는 회사를 설립했다. 창업 당시 3천만 원가량이었던 매출은 불과 3년 만에 30억 원까지 뛰었다. 쏟아지는 주문을 소화하기 위하여 대규모 오프라인 매장도 열었다.

빌딩관리 전문업체 로텍스부산의 김종우대표도 틈새시장을 공략해 회사를 반석에 올려놨다. 빌딩운영 종합대행서비스라는 개념조차 생소하던 2012년에 부산에서 야심차게 도전장을 던진 김 대표는 해당 건물의 초기 설계부터 현재까지의 문제점을 보고서로 만드는 등 치밀한 준비로 건물주들을 끈질기게 설득했다. 그런 노력으로 해운대, 서면 등 부산지역 주요 상권의 상업시설과 오피스텔 등 총 637개실의 건물 관리를 따냈다. 1인 기업에서 28명의 직원을 둔 강소업체로 성장한 이 회사는 3년 만에 80억 원의 누적 매출을 올렸다(부산일보 2016년 1월 27일).

<표 3-4> 지난해 연간 매출액

구분	전체	1000만원 미만	1000~5000만원 미만	5000~1억원 미만	1억원 이상
한국	100(19)	20.8(4)	36.1(7)	16.7(3)	26.4(5)
구분	전체	$10000 이하	$1000000~249000	$250000~499000	$1~1.9 million
핀란드	100(28)	75.0(21)	17.9(5)	3.6(1)	3.6(1)

<표 3-4>에서 2010년 연간 매출액을 보면, 한국의 경우 1000-5000만원 미만이 36.1%로 가장 많았고, 그 다음으로 1억원 이상이 26.4%, 1000만원 미만이 20.8%순으로 나타났다. 반면 핀란드의 경우 응답자의 75%가 $100000 미만으로 나타났고, ＄100000-249000라고 응답한 청소년은 17.9%로 한국보다는 매출액이 컸다.

<표 3-5> 독립적 사업자로서의 역할 인식

단위 : %(빈도)

국가	전체	매우 부정적이다	부정적인 편이다	그저 그렇다	긍정적인 편이다	매우 긍정적이다
한국	100(19)	0.0(0)	5.2(1)	15.5(3)	63.7(12)	15.6(3)
핀란드	100(28)	3.6(1)	14.3(4)	28.6(8)	39.3(11)	14.3(4)

<표 3-5>에서 사업체 소유자들을 대상으로, 독립적인 사업자로서 자신의 역할을 어떻게 인식하고 있는지를 조사한 결과, 한국청소년들은 '긍정적인 편이다'가 63.7%로 가장 많았고, '매우 긍정적이다'도 15.6%, '그저 그렇다'는 15.3%, '매우 부정적이다'는 한명도 없었고, '부정적인 편이다'도 5.2%에 불과하였다. 이에 비하여 핀란드청소년들은 '긍정적인 편이다'가 39.3%로 가장 많았으나 한국에 비해서는 매우 적었고, '매우 긍정적이다'도 14.3%, '그저 그렇다'는 28.6%로 한국보다 많았고, '매우 부정적이다'는 3.6%, '부정적인 편이다'도 14.3%로 한국에 비하여 많았다.

<표 3-6>에서 지난 5년 동안 사업성과에 대한 만족도를 보면, 한국 청소년들은 27.6%만이 만족한다고 응답하여 매우 낮았고, '만족하지 못한다'('전혀 만족하지 못한다'와 '만족하지 못하는 편이다')가 35%, '그저 그렇다'가 37.4%로 나타나, 사업성과에 대해서 매우 부정적으로 생각하고 있었다. 지난 5년의 성과에 대한 긍정적인 응답 비율은 핀란

드청소년들이 훨씬 높았는데, ‘만족하는 편이다’와 ‘매우 만족한다’는 응답이 58%로 나타나 한국보다 2배가량 높았고, ‘그저 그렇다’는 19.2%, 부정적인 응답은 23%에 불과했다.

<표 3-6> 사업성과에 대한 만족도

단위 :% (빈도)

국가	전체	전혀 만족하지 못한다	만족하지 못하는 편이다	그저 그렇다	만족하는 편이다	매우 만족이다
한국	100(19)	5.3(1)	31.6(6)	36.8(7)	26.3(5)	0.0(0)
핀란드	100(26)	15.4(4)	7.7(2)	19.2(5)	38.5(10)	19.2(5)

실제로 창업한 청소년이 경영 성과를 발표하고 평가 받는 세이지 월드컵은 전세계 청소년들에게 창업 의식을 고취시키기 위해 매년 개최되는 글로벌 창업대회다. 미국 비영리법인인 세이지 글로벌(SAGE Global)이 2002년부터 매년 주최하고 있다. 2015에 처음으로 한국에서 개최된 대회에서는 한국·미국·캐나다·중국 등 18개국에서 200여명이 참여했다. 세이지 월드컵은 사회적 기업(SEB)과 순수 창업(SRB) 등 두 부문 나눠어 각각 우승팀을 뽑고, 각 부문 1위는 상금 2000달러(약 234만원), 2위는 1000달러(약 117만원), 3위는 500달러(약 58만원)와 함께 트로피가 수여됐다.

나이지리아 청소년팀은 폐기름을 재활용해 연료로 만든 '칼-바이오 연료'(CAL-BIOFUEL)을 선보여 사회적 기업 부문에서 1위를 차지했다. 순수 창업 부문에서 1등을 차지한 필리핀팀은 버려지는 쌀눈으로 만든 커피 '사라-사라 오가닉 브라운 쌀 커피'(Sara-Sara Organic Brown Rice Coffee)를 만들었다(머니투데이 2015년 8월 9일).

<표 3-7>에는 지난 5년간 사업성과에 영향을 미친 요인에 대한 청

<표3-7> 사업성과에 영향을 미친 요인

요인	나 자신		경제적 상황		우연적 요소		주변환경	
	한국	핀란드	한국	핀란드	한국	핀란드	한국	핀란드
M	3.94	4.04	3.64	3.44	3.58	3.12	3.79	3.37
SD	.847	1.160	1.055	.974	.911	.833	.945	.884

소년의 인식을 조사한 결과가 제시되어 있다. 한국청소년들의 경우 사업성과에 영향을 미친 요인이 '나 자신'이라는 응답의 평균값(M=3.94)이 가장 높았는데, 핀란드청소년도 마찬가지로 가장 높은 평균값을 보였다(M=4.04). 그 다음으로 높은 평균값을 보인 항목은 한국청소년조사에서는 '주변 환경'(M=3.79)이었으나, 핀란드의 경우는 '경제적 상황'(M=3.44)으로 나타났다. 양국 청소년 모두 '우연적 요소'에 대해서는 사업성과에 영향을 미친 요인으로 인식한 정도가 가장 낮았다.

조현복 부천대학교 교수는 창업자는 창업의 주체로서 기획자이며 주도자로 컨트롤 능력을 갖추어야 성공한다고 하였다. 창업단계에서 기업의 성과는 다른 창업요소보다 창업자의 능력과 자질이 창업의 성패요인이 된다. 창업자로서의 태도와 준비가 되어있는지, 창업적성검사를 통해 본인의 성격이 긍정적이고 행동적인 성격인지, 도전의식을 가지고 있는지, 재무지식을 갖고 있는지 등을 자신에게 묻고 객관적으로 답해 보고 창업을 선택해야 실패할 확률을 줄일 수 있다(아시아

<표 3-8> 향후 5년내 사업의 성공가능성

단위 : %(빈도)

국가	전체	매우 부정적이다	부정적인 편이다	그저 그렇다	긍정적인 편이다	매우 긍정적이다
한국	100(19)	0.0(0)	10.5(2)	42.1(8)	36.8(7)	10.5(2)
핀란드	100(25)	0.0(0)	12.0(3)	20.0(5)	44.0(11)	24.0(6)

투데이 2015년 4월 29일).

<표 3-8>에서 보는 바와 같이 향후 5년 내 사업의 성공가능성에 대해서는 대체로 긍정적인 반응을 보였다. 한국청소년의 37.0%가 '긍정적인 편이다'라고 응답했고, 10.5%가 '매우 긍정적이다'로 응답함으로써 긍정적인 응답이 절반보다 약간 적은 것으로 나타났다. 그러나 핀란드청소년은 44.0%가 '긍정적인 편이다'라고 응답했고, 24.0%가 '매우 긍정적이다'로 응답함으로써 68%가 사업의 성공가능성을 긍정적으로 보고 있었다. 핀란드청소년들이 향후 사업의 성공가능성을 한국청소년들에 비하여 더 긍정적으로 보고 있음을 알 수 있었다.

2. 창업에 대한 인식

전문계 고등학교 창업교육이 창업인식과 창업교육 성과에 미치는 효과를 연구한 천수경과 정화영(2009)에 의하면, 창업교육은 창업지식과 창업인식에 영향을 주고, 창업지식도 창업인식에 영향을 미치고 있다. 또한 창업지식과 창업에 대한 인식은 창업을 하고자 하는 의도에 영향을 미치고 있어 창업교육성과가 있는 것으로 나타났다. 조절변수인 개인의 심리적 특성에 따라 창업인식이 창업의도에 양(+)의 영향을 미칠 것이라는 가설을 검증한 결과, 위험감수성향과 모호함에 대한 인내력은 영향을 주지만 성취 욕구는 조절변수 역할을 하지 못하는 것으로 나타났다.

1) 향후 5년 내 새로운 사업 시작 및 확장 가능성

한국과 핀란드의 청소년들에게 향후 5년 내에 새로운 사업을 시작할 가능성이 있는지, 이미 사업을 시작했다면 확장가능성이 있는지를 조사한 결과가 <표 3-9>에서 보는 바와 같이 한국의 청소년들은 평균적으로 '그저 그렇다'에 가까운 응답을 보인 반면, 핀란드의 청소년들은 평균적으로 '거의 가능성이 없다'는 응답을 한 것으로 나타나, 핀란드청소년이 한국청소년보다 창업이나 사업확장 가능성을 더 낮게 보고 있음을 알 수 있었다. 한국청소년들의 경우 여자청소년(M=2.82)보다 남자청소년(M=3.02)들이, 그리고 경제수준이 높은 청소년들(M=3.27)이 낮은 청소년보다(중간층평균값=2.95, 낮은계층 평균값=2.81) 창업 또는 사업 확장 가능성을 더 높게 보는 것으로 나타났다. 그러나 핀란드의 경우 이러한 배경변인별로 유의미한 차이를 보이지 않았다.

<표 3-9> 향후 5년내 창업 · 사업확장 가능성(한국과 핀란드청소년 전체값, 배경변인별 비교)

구분	한국						핀란드					
	전체	성별		경제수준			전체	성별		경제수준		
		남	여	상	중	하		남	여	상	중	하
M (SD)	2.92 (1.167)	3.02 (1.164)	2.82 (1.162)	3.27 (1.165)	2.95 (1.144)	2.81 (1.177)	1.83 (1.117)	1.87 (1.095)	1.80 (1.132)	1.86 (1.192)	1.80 (1.080)	1.86 (1.140)
t/F (scheffe)		2.627**		6.519** (상〉중〉하)				0.964		0.361 (상〉하〉중)		

*p<.05 **p<.01 ***p<.001

2) 창업에 대한 태도

한국청소년과 핀란드청소년의 창업에 대한 태도를 조사한 결과는 <표 3-10>에 제시되어 있다. 한국 청소년들이 가장 많이 동의한 문항은 '우리나라에서는 대중매체에서 창업에 성공한 사람들 이야기를 자주 접할 수 있다'(M=3.70)였으며, 이에 대해 여자청소년(M=3.81)들이 남자청소년(M=3.61)보다 더 많이 동의하였다. 두 번째는 '대부분의 우리나라 사람들은 모든 사람이 비슷한 생활수준을 누리길 바란다' 였는데(M=3.36), 성별에 따라 통계적으로 의미있는 차이를 보여, 여자청소년(M=3.50)이 남자청소년(M=3.23)보다 동의하는 정도가 더 높은 것으로 나타났다. 또 '우리나라에서 창업에 성공한 사람들은 높은 지위와 명성을 얻는다'(M=3.26)는 항목은 세 번째로 높았는데, 남자청소년이(M=3.34) 여자청소년보다(M=3.18) 더 높았다. 네 번째로 높게 동의한 '실패의 두려움 때문에 사업을 시작하지 못한다' (M=3.20)는 여자청소년이(M=3.30) 남자청소년보다(M=3.10) 더 높게 동의하였다. '나는 새로운 사업을 시작하는데 필요한 지식, 기술, 경험을 가지고 있다'(M=2.94)는 성별에 따라 의미있는 차이가 없었으나, '창업은 실업을 막을 수 있는 유일한 해결책이다.'(M=2.21)는 남자청소년이(M=2.32) 여자청소년보다(M=2.09) 더 동의하였다. '우리나라 사람들은 창업을 괜찮은 직업선택이라고 생각한다'(M=2.90)는 문항은 성별에 따라 차이가 나지 않았다.

핀란드청소년조사에서는 '실패의 두려움 때문에 나는 사업을 시작하지 못한다.'(M=3.43)는 문항에 대하여 가장 많이 동의했고, 여자청소년들이(M=3.52) 남자청소년보다(M=3.29) 더 많이 동의했고, 한국청소년보다 더 많이 동의했다. 두 번째로 많이 동의한 문항은 '우리나라에서 창업에 성공한 사람들은 높은 지위와 명성을 얻는다.' (M= 3.04)였는데, 성별에 따라 차이는 나지 않았다.

세 번째는 '우리나라에서는 대중매체에서 창업에 성공한 사람들 이야기를 자주 접할 수 있다'(M=3.02)는 문항인데 여자청소년들이(M=3.11) 남자청소년들보다(M=2.89) 더 많이 동의하였다. '우리사회에서는 창업을 권장한다'(M=2.64)는 문항은 한국은 성별에 따라 차이가 나지 않았으나, 핀란드만 성별에 따라 차이가 나타났는데, 여자청소년들이(M=2.72) 남자청소년들보다(M=2.52) 더 많이 동의하였다. '나는 새로운 사업을 시작하는데 필요한 지식, 기술, 그리고 경험을 가지고 있다'(M=2.48) 에 대해서는 한국청소년들의 응답과 마찬가지로 남자청소년들이(M=2.61) 여자청소년들보다(M=2.39) 더 많이 동의하였다.

'대부분의 우리나라 사람들은 창업을 괜찮은 직업선택이라고 생각한다'(M=2.41)에 대해서는 여자청소년들이(M=2.50) 남자청소년들보다(M=2.29) 더 많이 동의하였다. '창업은 실업을 막을 수 있는 유일

<표 3-10> 창업에 대한 인식

구분		한국			핀란드		
		전체	남	여	전체	남	여
나는 새로운 사업을 시작하는데 필요한 지식, 기술, 그리고 경험을 가지고 있다	M (SD)	2.94 (1.071)	3.04 (1.078)	2.83 (1.052)	2.48 (1.298)	2.61 (1.270)	2.39 (1.311)
	t		3.318**			2.587*	
실패의 두려움 때문에 나는 사업을 시작하지 못한다	M (SD)	3.20 (1.180)	3.10 (1.201)	3.30 (1.148)	3.43 (1.231)	3.29 (1.221)	3.52 (1.229)
	t		-2.736**			-3.013**	
대부분의 우리나라 사람들은 모든 사람이 비슷한 생활수준을 누리길 바란다	M (SD)	3.36 (1.132)	3.23 (1.178)	3.50 (1.062)	2.84 (1.151)	2.79 (1.213)	3.87 (1.105)
	t		-3.786***			-1.006	
대부분의 우리나라 사람들은 창업을 괜찮은 직업선택이라고 생각한다	M (SD)	2.90 (1.020)	2.95 (1.075)	2.85 (.952)	2.41 (.966)	2.29 (.968)	2.50 (.956)
	t		1.522			-3.355**	
우리나라에서 창업에 성공한 사람들은 높은 지위와 명성을 얻는다	M (SD)	3.26 (1.065)	3.34 (1.105)	3.18 (1.013)	3.04 (1.091)	3.09 (1.089)	3.00 (1.091)
	t		2.384*			1.304	
우리나라에서는 대중매체에서 창업에 성공한 사람들 이야기를 자주 접할 수 있다	M (SD)	3.70 (.982)	3.61 (1.009)	3.81 (.941)	3.02 (1.036)	2.89 (1.083)	3.11 (.990)
	t		-3.269**			-3.243**	
우리사회에서는 창업을 권장한다	M (SD)	2.90 (1.024)	2.86 (1.078)	2.95 (.958)	2.64 (1.021)	2.52 (1.065)	2.72 (.980)
	t		-1.320			-2.954**	
창업은 실업을 막을 수 있는 유일한 해결책이다	M (SD)	2.21 (1.037)	2.32 (1.128)	2.09 (.912)	2.24 (1.089)	2.32 (1.170)	2.18 (1.022)
	t		3.618***			1.999***	

*p<.05 **p<.01 ***p<.001

한 해결책이다'(M=2.24)는 상대적으로 적게 동의하였는데, 남자청소년들이(M=2.32) 여자청소년들보다(M=2.18) 더 많이 동의하였다.

전반적으로 양국의 청소년 모두 창업에 대해 부정적인 인식을 갖고 있는 것으로 나타났으며, 한국청소년보다 핀란드청소년들이 창업에 대해 더 부정적인 태도를 갖고 있는 것으로 나타났다. 또한 양국 모두 남자청소년들이 여자청소년들보다는 창업에 대해 더 긍정적으로 느끼는 것으로 나타났다.

창업에 대한 이러한 부정적인 인식은 크게 바뀌지 않고 있는 것으로 나타났다. 통계청의 조사에 의하면 학생 창업기업 수는 2014년 기준 637개(734명)로 전체 졸업생(약 56만 명)대비 0.13% 수준에 불과하다. 정부가 청년 창업 지원사업의 일환으로 전국 단위의 창업경진대회, 창업공모전, 창업캠프 등 다양한 프로그램을 추진하는 데 막대한 예산을 퍼붓고 있다. 하지만 창업을 단지 취업 스펙으로 활용하거나 지원금과 수상금만 챙기는 '먹튀'식 창업이 문제가 되고 있다. 청년들의 창업을 장려하기 위한 창업공모전이 본래 취지에서 벗어나 취업 또는 경력 관리의 일환으로 변질, 이로 인해 정작 창업을 목표로 하는 청년 창업가들은 피해를 본다.

2015년 10월에 한국무역협회의 '한중일 대학(원)생 창업인식 조사'에서도 한국 청년들의 졸업 후 희망 진로는 취업 78.8%, 학업 15.1%로 1, 2위를 차지했으며 창업은 6.1%로 가장 낮았다. 특히 대학생의 70%가 창업을 생각해본 적이 없다고 답했으며, 38%는 실패에 대한 위험부담을 주요 창업 장애 요인으로 꼽았다. 대학생들은 위험을 감수해야 하는 창업보다는 대기업·공기업 등 안정된 직장 취업을 선호하고 있다(머니투데이 2016년 2월 26일).

경제수준에 따라 한국과 핀란드의 청소년들이 창업에 대하여 어떻게 인식하고 있는지를 조사한 결과가 <표 3-11>에 제시되어 있다. 한국청소년의 경우 '새로운 사업을 시작하는데 필요한 지식, 기술, 경험을 가지고 있다'는 문항은 경제수준이 높을수록 동의하는 정도가 높았고, '우리나라 사람들은 모든 사람이 비슷한 생활수준을 누리길 바란다'는 문항은 경제수준이 높을수록 동의하는 정도가 낮은 것으로 나타났다. 핀란드조사에서는 '실패의 두려움 때문에 나는 사업을 시작하지

<표 3-11> 창업에 대한 생각

구분		한국			핀란드		
		전체	남	여	전체	남	여
나는 새로운 사업을 시작하는데 필요한 지식, 기술, 그리고 경험을 가지고 있다	M (SD)	3.28 (.936)	2.93 (1.044)	2.86 (1.117)	2.61 (1.399)	2.56 (1.302)	2.37 (1.265)
	F(scheffe)	6.503**(상>중>하)			2.934(상>중>하)		
실패의 두려움 때문에 나는 사업을 시작하지 못한다	M (SD)	3.03 (1.157)	3.15 (1.173)	3.29 (1.188)	3.12 (1.192)	3.43 (1.250)	3.48 (1.212)
	F(scheffe)	2.632(하>중>상)			3.413*(하>중>상)		
대부분의 우리나라 사람들은 모든 사람이 비슷한 생활수준을 누리길 바란다	M (SD)	2.83 (1.169)	3.30 (1.077)	3.55 (1.139)	2.81 (1.163)	2.81 (1.129)	2.87 (1.173)
	F(scheffe)	17.989***(하>중>상)			0.370(하>중>상)		
대부분의 우리나라 사람들은 창업을 괜찮은 직업선택이라고 생각한다	M (SD)	2.86 (1.097)	2.93 (.988)	2.88 (1.039)	2.42 (1.004)	2.43 (.979)	2.40 (.946)
	F(scheffe)	0.327(중>하>상)			0.152(중>상>하)		
우리나라에서 창업에 성공한 사람들은 높은 지위와 명성을 얻는다	M (SD)	3.17 (1.099)	3.28 (1.062)	3.26 (1.061)	2.99 (1.162)	2.97 (1.074)	3.12 (1.089)
	F(scheffe)	0.422(중>하>상)			2.273(하>상>중)		
우리나라에서는 대중매체에서 창업에 성공한 사람들 이야기를 자주 접할 수 있다	M (SD)	3.76 (.877)	3.71 (1.014)	3.68 (.969)	3.04 (1.077)	3.01 (1.012)	3.02 (1.055)
	F(scheffe)	0.278(상>중>하)			0.033(상>하>중)		
우리사회에서는 창업을 권장한다	M (SD)	2.88 (1.014)	2.94 (.997)	2.87 (1.057)	2.75 (1.069)	2.65 (.978)	2.60 (1.055)
	F(scheffe)	0.599(중>상>하)			0.917(상>중>하)		
창업은 실업을 막을 수 있는 유일한 해결책이다	M (SD)	2.33 (1.157)	2.18 (1.003)	2.21 (1.046)	2.19 (1.146)	2.24 (1.079)	2.25 (1.088)
	F(scheffe)	0.788(상>하>중)			0.108(중>하>상)		

*p<.05 **p<.01 ***p<.001

못한다'는 문항만 경제수준에 따라 의미있는 차이를 보였는데, 경제수준이 낮을수록 더 동의하는 정도가 높았다. 나머지 문항들은 모두 경제수준에 따라 의미있는 차이가 나지 않았다.

3) 개인적 성향

개인적 성향은 기업가정신과 창업활동에 영향을 미치는데(Leffel, 2008, 배종태, 2009에서 재인용), 창업과 관련되어 의미있는 영향을 미치는 개인의 성향은 위험, 낯선 사람과의 대화, 타인의 시선에 대한 의식, 삶의 방식의 변화 등으로 밝혀졌다. '때때로 위험을 즐긴다' 는 핀란드청소년(M=3.51)이 한국청소년(M=3.09) 보다 더 높았고, 한국과 핀란드 모두 성별차이는 나타나지 않았다. '낯선 사람과 쉽게 이야기를 시작한다'는 한국청소년들이(M=3.15) 핀란드청소년(M=2.90) 보다 더 높았고, 한국은 성별에 따라 차이가 나지 않았으나, 핀란드는 여자청소년이(M=3.02) 남자청소년보다(M=2.72) 높았다.

'나는 다른 사람이 나를 어떻게 보는지에 대해 별로 신경을 안쓴다' 는 한국청소년들이(M=2.56) 핀란드청소년(M=3.23) 보다 더 낮게 나타나, 한국청소년들이 타인의 시선을 의식하는 성향이 더 강한 것을 알 수 있었다. 이 문항은 양국 청소년 모두 유의미한 수준의 성별차이를 보였는데, 남자청소년들이 여자청소년들보다 타인을 의식하는 정도가 낮은 것으로 나타났다. '나는 모든 것이 평소대로 돌아가는 것이 가장 좋다'는 문항은 새로운 시도나 도전보다는 보다 안정적인 것을 추구하는 성격을 나타낸다고 할 수 있는데, 이에 대해서는 한국과 핀란드청소년이 비슷하게 인식하고 있었고, 성별차이도 나타나지 않았다.

2013년 8월 정부가 관계부처 합동으로 수립하여 발표한 창조경제를 견인할 창의인재 육성 방안에 따르면, 창조경제를 견인할 창의인재

<표 3-12> 개인의 성격과 창업

구분		한국			핀란드		
		전체	남	여	전체	남	여
나는 때때로 위험을 즐긴다	M (SD)	3.09 (1.051)	3.15 (1.063)	3.04 (1.036)	3.51 (1.049)	3.55 (1.075)	3.48 (1.030)
	t		1.673			1.102	
나는 낯선 사람과 쉽게 이야기를 시작한다	M (SD)	3.15 (1.089)	3.16 (1.081)	3.14 (1.098)	2.90 (1.190)	2.72 (1.200)	3.02 (1.169)
	t		0.209			-4.043**	
나는 다른 사람이 나를 어떻게 보는지에 대해 별로 신경을 안쓴다	M (SD)	2.56 (1.139)	2.67 (1.172)	2.45 (1.091)	3.23 (1.138)	3.45 (1.125)	3.08 (1.125)
	t		3.056**			5.123***	
나는 모든 것이 평소대로 돌아가는 것이 가장 좋다	M (SD)	3.43 (.963)	3.39 (.974)	3.47 (.949)	3.36 (.960)	3.40 (.945)	3.33 (.971)
	t		-1.348			1.110	

*p<.05 **p<.01 ***p<.001

상은 다음과 같은 특성을 가지고 있다(장석영, 2014).

첫째, 자기 끼를 발견하고 꿈을 키우는 미래 인재,

둘째, 자기 분야의 전문성을 가지고 다양한 분야를 섭렵하는 융합 인재,

셋째, 실패를 두려워하지 않는 도전 인재,

넷째, 소통능력을 가지고 세계무대로 진출하는 글로벌 인재,

다섯째, 끊임없이 자기를 계발하는 평생학습 인재이다.

이러한 특성을 지닌 창의인재를 양성하기 위한 다음과 같이 6가지 실천전략을 발표하였다.

첫째, 개개인의 꿈과 끼를 키우는 교육 확대,

둘째, 통섭적 강화를 위한 융합교육의 활성화,

셋째, 창업친화형 교육·연구 생태계 조성,

넷째, 글로벌 창의·도전 역량 제고,

다섯째, 끊임없이 도전하는 평생학습 기반 마련,

여섯째, 창의성을 장려하고 존중하는 열린 문화 조성이다.

4) 창업 동기에 대한 인식

창업동기는 매우 다양하며 기업과 개인의 목적을 달성하기 위한 기회가 된다(윤남수, 2012). 창업동기는 행동을 유발시키며 방향을 부여하는 역할을 할 뿐 아니라 창업행동으로 옮기게 하는 중요한 단서가 된다(Alan & Malin, 2011; Perwin, 2003). 창업동기는 여성과 남성의 창업동기로 구분되기도 하는데 전반적으로 남성의 창업동기는 독자적 일의 추구, 자신의 하는 일에 대한 통제성, 재정적 성취 등을 위해서 창업을 하는 것으로 나타났다(Shane, Kolvereid, & Westhead, 1991). Buttner and Moore(1997)는 직장에서의 승진기회의 제한, 직장생활의 불안전성 등 부정적 창업동기 보다는 독립심, 자아실현 등 긍정적 동기요인이 창업에 더 큰 영향을 미친다고 주장하였다(김성환과 이종훈, 2014). 창업동기에는 긍정적 창업동기인 유인 요인(pull)과 부정적 창업동기인 추진 요인(push)으로 구분될 수 있다(Alan & Malin, 2011; Taormina & Sammi, 2006; Segal 등, 2005). Shane et al.(2003)은 창업동기와 인지적 요인이 창업기회 인지, 아이디어 개발 그리고 실행으로 연결되는 창업과정에 관한 연구 모형을 제안하였다.

창업동기 요인에는 일반적인 창업동기(성취욕구, 통제위치, 비전, 독립을 위한 욕망, 열정, 추진력)와 과업적 창업동기(목표 설정, 자기효능감)로 분류하였다. 추진요인은 배고픔, 두려움, 불안을 회피하기 위한 자신의 욕구이며, 직무 불만족, 퇴직, 낮은 임금, 어려운 고용현실, 부적절한 근무스케줄과 관련된 부정적인 외적 영향력 (Curran & Blackburn,

2001; Buttner & Moore, 1997; Roffey 등, 1996)이다. 유인 요인은 성취 욕구, 야망, 독립심, 부와 관련된 욕구 및 자아실현 등에 영향을 주는 긍정적인 내적 영향력이라 할 수 있다(Orhan & Scott, 2001; Kleeble 등, 1992).

강영욱(2012)은 소상공인 창업실행의지에 영향을 미치는 요인으로 창업자의 특성, 창업자의 심리적 특성, 창업동기, 창업환경 등을 고려하여 연구하였다. 나이가 젊을수록 창업의지 및 성공의지가 높은 것으로 나타났고, 학력이 높을수록 성공확신이 낮은 것으로 나타났으며, 직업경력이 있는 사람이 없는 사람보다 창업의지가 높은 것으로 나타났다. 그리고 창업동기(독립성, 자아실현, 생계형)가 창업의지에 유의한 영향을 미치는 것으로 나타났으며, 창업자의 심리적 특성(성취욕구, 통제위치, 위험감수성향)은 성공의지에 유의한 영향을 미치는 것으로 나타났다.

이성진(2006)은 기업가 특성이 벤처 기업의 창업의지와 창업에 대한 자심감에 미치는 영향에 관해 연구하였다. 기업가 특성이 높은 학생집단이 그렇지 않은 학생집단 보다 창업의지와 창업에 대한 자신감이 높게 나타났고, 성취동기, 위험감수성, 혁신추구성이 창업의지와 창업에 대한 자신감에 유의한 영향을 미치는 것을 검증하였다. 배익건(2012)은 기업가정신(혁신성, 위험감수성), 사업환경이 창업동기 및 창업의지에 영향을 미치는 요인에 대해 검증하였다. 분석한 결과, 개인발명가의 혁신성, 위험감수성 및 사업환경이 창업동기에 정의 영향을 미치는 것으로 나타났고, 개인발명가의 창업동기가 창업의지에 정의 영향을 미치는 것으로 나타났다.

반성식, 배근우, 장성희(2013)는 개인발명가의 창업동기와 창업의지에 영향을 미치는 요인을 개인발명가의 특성과 환경적 특성으로 분류하였고, 개인발명가의 특성은 혁신성, 위험감수성, 환경적 특성은 사업환경과 정부지원으로 설정하였다. 개인발명가의 혁신성과 위험감수성은 창업동기에 정의 영향을 미치는 것으로 나타났지만, 창업의지에는 유의한 영향을 미치지 않는 것으로 나타났다. 환경적 특성으로 사업환경은 창업동기에 정의 영향을 미치는 것으로 나타났지만, 창업의지에는 유의한 영향을 미치지 않는 것으로 나타났고, 정부지원은 창업동기에 유의한 영향을 미치지 않는 것으로 나타났지만, 창업의지에는 정의 영향을 미치는 것으로 나타났다. 창업동기도 창업의지에 정의 영향을 미치는 것으로 나타났다.

김성환과 이종훈(2014)은 공공부문에서 직원의 자기효능감, 창업동기, 창업의지간의 관계를 분석하여 다음과 같은 결과를 얻었다. 첫째, 공기업에서 직원들의 자기효능감은 창업동기에 직접효과가 있는 것으로 나타났다. 둘째, 공기업에서 직원들의 자기효능감은 창업의지에 직접효과가 나타나지 않았다. 셋째 공기업에서 직원들의 자기효능감은 창업동기를 매개로 하여 창업의지에 간접영향을 미치는 것으로 나타났다. 넷째, 공기업에서 직원들의 창업동기는 창업의지에 직접적인 영향을 미치는 것으로 나타났다.

양재정과 남중헌(2015)는 경상남도 외식 창업교육을 수료한 수료생을 대상으로 창업동기와 창업교육 만족이 창업준비행동과 자기효능감을 거쳐 외식 창업 의도에 미치는 관계를 검증하였다. 분석결과 창업동기는 자기 효능감에 영향을 미치고, 그런 자기효능감이 궁극적으로 창업준비 및 외식 창업의도에 영향을 미치는 변수로 밝혀졌다. 구체적으로 창업동기는 창업준비행동과 자기효능감에 영향을 미치는 것으로 나타났으며, 창업교육 만족은 창업준비행동과 자기효능감에 영향을 미치는 것으로 나타났다. 또한 자기효능감은 창업준비행동에 영향을 미치는 것으로 나타났다. 마지막으로 창업준비행동과 자기효능감은 외식 창업의도에 영향을 미치는 것으로 나타났다. 즉, 창업 준비 행동과 자기효능감은 창업동기와 창업교육 만족에 의해 형성되며 창업준비행동보다 자기효능감이 창업의도에 더 큰 영향을 미치는 것으로 나타났다. 자기효능감이 높은 사람은 당면한 과제에 지속적으로 집중하여 성취수준을 높일 수 있기 때문이다.

권영국과 윤혜현(2013)은 창업동기가 창업의도에 미치는 영향관계를 검증한 결과, 창업동기 5개요인 중에서 성취욕구와 자아실현 요인이 의미있는 영향을 미치는 것으로 나타났다. 성취욕구가 창업의도에 가장 큰 영향을 미치는 것으로 나타났고, 경제성, 자율성, 취업의 대안과 같은 창업동기는 창업의도에 유의한 영향을 미치지 않는 것으로 나타났다. 성취욕구가 강한 사람이 창업의 여러 가지 어려움을 잘 극복하고 창업을 해서 성공할 수 있다는 강한 믿음 때문에 창업을 하려는 의도가 강하다고 해석할 수 있다.

<표 3-13>에는 창업을 하게 하는 동기가 제시되어 있다. 창업동기는 한국조사에서는 '창업을 하면 나의 창의력을 발휘할 수 있다'(M=3.64)가, 핀란드조사에서는 '내 사업을 하면 내가 하고 싶은 대로 할 수 있다'(M=3.96)가 가장 강한 것으로 나타났다. '창업을 하면 잠재력이나 창의력을 발휘할 수 있다'와 '창업을 하면 나의 창의력을 발휘할 수 있다.'는 문항은 성별에 따라 한국청소년들은 차이가 나지 않았으나, 핀란드청소년은 여자청소년이 남자청소년보다 더 많이 동의하였다. '내 사업을 하면 내가 하고 싶은 대로 할 수 있다'는 양국 모두 성별에 따라 차이가 나지 않았다. '불안정한 소득과 자본손실의 위험에도 불구하고 창업은 할 만하다.' '우리 가족은 내가 창업을 하기 원한다.'는 문항은 한국과 핀란드에서 모두 성별에 따라 유의미한 차

<표 3-13> 창업을 하는 동기

구분		한국 전체	한국 성별 남	한국 성별 여	핀란드 전체	핀란드 성별 남	핀란드 성별 여
창업을 하면 나의 잠재력을 발휘할 수 있다	M (SD)	3.54 (.961)	3.55 (.997)	3.53 (.921)	3.84 (.872)	3.76 (.910)	3.91 (.840)
	t		0.291			-2.571*	
창업을 하면 나의 창의력을 발휘할 수 있다	M (SD)	3.64 (.964)	3.67 (.990)	3.60 (.935)	3.89 (.832)	3.78 (.869)	3.97 (.797)
	t		1.088			-3.390**	
내 사업을 하면 내가 하고 싶은 대로 할 수 있다	M (SD)	3.29 (1.083)	3.25 (1.131)	3.35 (1.027)	3.96 (.959)	3.89 (1.042)	4.01 (.889)
	t		-1.427			-1.945	
불안정한 소득과 자본 손실의 위험에도 불구하고 창업을 할만하다	M (SD)	2.85 (1.051)	2.98 (1.111)	2.70 (.961)	2.64 (.970)	2.75 (1.042)	2.55 (.901)
	t		4.218***			2.967**	
우리가족은 내가 창업을 하기 원한다	M (SD)	2.19 (1.060)	2.31 (1.085)	2.05 (1.016)	1.66 (.962)	1.76 (.990)	1.59 (.938)
	t		3.878***			2.674**	

*p<.05 **p<.01 ***p<.001

이를 보였는데, 양국 모두 남자청소년이 여자청소년보다 더 긍정적으로 평가하였다.

5) 창업의 조건 및 창업에 예상되는 어려움

창업을 하는데 있어 필요한 조건과 예상되는 어려움에 대해 한국과 핀란드청소년들의 인식을 조사한 결과가 <표 3-14>에 제시되어 있다. 한국의 청소년들은 '창업을 하려면 인맥이 좋아야 한다'(M=4.33)에 가장 많이 동의하고 있는 것으로 나타났으며, 그 다음으로 '창업을 하려면 돈이 많이 든다'(M=3.97)에 동의하는 정도가 높게 나타났다. 핀란드의 청소년들은 '사업을 해서 부자가 될 수 있다'(M=3.89)에 가장 많이 동의하고 있었고, '창업을 하려면 인맥이 좋아야 한다'(M=3.86)

에 두 번째로 많이 동의하고 있었다. 이외에도 한국의 청소년들은 창업과 관련하여 '창업을 하려면 관료적인 행정절차를 거쳐야 한다'(M=3.89), '재정적 지원이 충분하다면 나는 창업을 할 것이다'(M=3.73), '나는 창업을 어떻게 하는지 모른다'(M=3.57)에 대해 핀란드 청소년보다 더 많이 동의하고 있었다.

<표 3-14> 창업의 조건 및 창업에 예상되는 어려움에 대해 동의 정도

구분	한국		핀란드	
	순위	M(SD)	순위	M(SD)
창업을 하려면 인맥이 좋아야 한다	1	4.33(.799)	2	3.86(.925)
창업을 하려면 돈이 많이 든다	2	3.97(.932)	4	3.47(1.107)
창업을 하려면 관료적인 행정절차를 거쳐야 한다	3	3.89(.887)	3	3.48(.993)
재정적 지원이 충분하다면 나는 창업을 할 것이다	4	3.73(1.146)	9	2.98(1.278)
나는 창업을 어떻게 하는지 모른다	5	3.57(1.079)	10	2.64(1.237)
사업을 해서 부자가 될 수 있다	6	3.49(.955)	1	3.89(.913)
사람들 간의 시기나 질투가 창업을 저해 한다	7	3.23(1.007)	7	3.11(1.156)
청년들이 하는 사업은 진정한 의미의 사업으로 간주되지 않을 때도 있다	8	3.16(1.049)	5	3.41(1.028)
사업가는 자유시간이나 휴가를 갖지 못한다	9	2.89(1.065)	6	3.38(1.118)
정보가 충분하다면 나는 창업을 할 것이다	10	2.84(1.045)	8	3.01(1.259)
괜찮은 일자리에 취업하지 못한 사람이 창업을 한다	11	2.38(1.063)	11	1.61(.822)

한국과 핀란드청소년의 성별에 따라 창업할 때 예상되는 어려움이 차이를 보이는지를 살펴본 결과가 <표 3-15>에 제시되어 있다. '창업시 인맥의 중요성'에 대해서는 한국과 핀란드청소년 모두 성별로 유의미한 차이를 보였다. 한국과 핀란드 여자청소년들은 남자청소년보다 '창업을 하려면 인맥이 좋아야 한다'는 인식을 더 강하게 갖고 있으며, 이러한 성별 차이는 '창업을 하려면 돈이 많이 든다'는 항목에서도 동일하게 나타났다. 이 항목들 외에는 유의미한 수준에서의 성별차이

를 보인 항목은 국가 간 다르게 나타났다. 한국에서는 '창업을 하려면 관료적인 행정절차를 거쳐야 한다', '나는 창업을 어떻게 하는지 모른다' 항목에서, 그리고 핀란드에서는 '사업가는 자유시간이나 휴가를 갖지 못한다'는 항목에서 여자청소년들의 동의 수준이 더 높은 것으

<표 3-15> 창업에 있어 예상되는 어려움

구분		한국		핀란드	
		남	여	남	여
창업을 하려면 인맥이 좋아야 한다	M(SD)	4.23(.899)	4.43(.660)	3.74(1.017)	3.94(.847)
	t	-3.929***		-3.348**	
창업을 하려면 돈이 많이 든다	M(SD)	3.82(1.011)	4.14(.805)	3.28(1.145)	3.60(1.061)
	t	-5.584***		-4.423***	
창업을 하려면 관료적인 행정절차를 거쳐야 한다	M(SD)	3.76(.976)	4.03(.752)	3.44(1.067)	3.50(.931)
	t	-4.824***		-0.914	
재정적 지원이 충분하다면 나는 창업을 할 것이다	M(SD)	3.75(1.151)	3.70(1.142)	3.02(1.227)	2.95(1.313)
	t	0.685		0.808	
나는 창업을 어떻게 하는지 모른다	M(SD)	3.45(1.138)	3.70(.994)	2.58(1.232)	2.69(1.239)
	t	-3.775***		-1.393	
사업을 해서 부자가 될 수 있다	M(SD)	3.50(.975)	3.47(.933)	3.99(.948)	3.82(.882)
	t	0.459		3.046**	
사람들 간의 시기나 질투가 창업을 저해 한다	M(SD)	3.27(1.014)	3.18(.997)	3.19(1.204)	3.04(1.114)
	t	1.429		1.917	
청년들이 하는 사업은 진정한 의미의 사업으로 간주되지 않을 때도 있다	M(SD)	3.13(1.084)	3.18(1.009)	3.36(1.048)	3.44(1.014)
	t	-0.730		-1.196	
사업가는 자유시간이나 휴가를 갖지 못한다	M(SD)	2.87(1058)	2.92(1.073)	3.21(1.160)	3.50(1.073)
	f	-0.612		-4.055***	
정보가 충분하다면 나는 창업을 할 것이다	M(SD)	3.87(1.034)	3.80(1.056)	3.05(1.232)	2.99(1.278)
	f	1.080		0.749	
괜찮은 일자리에 취업하지 못한 사람이 창업을 한다	M(SD)	2.44(1.128)	2.31(.983)	1.67(.870)	1.57(.785)
	f	1.930		1.793	

*p<.05 **p<.01 ***p<.001

로 나타났다. 이 밖에도 핀란드 조사에서 '사업을 해서 부자가 될 수 있다'는 항목의 경우 남자청소년의 동의 정도가 여자청소년 보다 더 높게 나타났다.

창업을 시작하여 도약하는 단계는 자금 뿐 아니라 다양한 인맥과 시장 상황, 멘토 등에서 필요한 부분이 많다. 와이브릿지(Y.Bridge)는 이러한 문제들을 해결할 수 있도록 도와주기 위한 비즈니스 SNS이다. 성장한 기업과 창업 준비단계인 개인이나 스타트업이 함께 정보를 공유하여 세미나 참석, 시장 상황, 인맥 등을 쌓을 수 있는 스마트워크 SNS이다. '와이브릿지'는 개인과 스타트업이 여러 가지 정보를 골라서 구독할 수 있도록 시스템화 되어 있다. 관심 있는 교육 정보, 세미나 일정, 컨퍼런스, 공모전 등 다양한 내용들을 확인할 수 있으며 정부 지원, 청년 창업 지원과 같은 프로그램들도 살펴 볼 수 있다. 업무 스케줄 관리, 멘토들과 함께 할 수 있는 체크리스트와 같은 기능도 함께 지원되고 있어 효율적인 일정 관리가 가능하다. 또한 업무 제휴나 협업이 필요한 스타트업은 '와이브릿지'를 통해 다양한 인맥을 쌓을 수 있고 인맥과 정보를 공유할 수 있을 뿐 아니라 상호 간 여러가지 제안을 할 수 있다는 점이 가장 큰 장점이다(데일리시큐 2015년 12월 18일).

2012년 말 국내에서 온라인 화장품 유통업체 Sokoglam을 창업한 교포 2세 샬럿 조와 데이비드 조 부부는 한국보다 미국이 벤처를 창업해 키워나갈 환경이 더 좋다고 판단했기 때문에, 창업 6개월 만에 미국 뉴욕으로 회사를 옮겼다. 남편 데이비드가 다녔던 컬럼비아대 경영대학원은 학생들의 창업을 돕기 위해 각종 창업 실무 수업과 유명 벤처인 초청 강좌를 수시로 열었다. 학생 창업자들이 저렴하게 이용할 수 있는 사무실과 무료 상담 서비스도 알선해줬다. 특히 '멘토 교수'가 따로 있어 월 2회씩 학생들의 창업 과정을 살펴보고 조언도 해줬다. 창업자금을 구하기도 쉬웠다. 한국에서는 인맥이 없으면 만나기 힘들었던 엔젤 투자자를 미국에서는 사무실만 찾아가면 쉽게 만날 수 있었다.

창업을 바라보는 시선과 문화가 달랐다. 데이비드와 샬럿 부부는 "한국에서 대기업에 다니다 창업을 한다고 하니까 주변에서 '제정신이냐'라고 말렸지만, 미국에서는 '축하한다. 내가 뭘 도와줄까'라고 했다"고 말했다. 소코글램은 2015년에 300만달러(약 34억원)의 매출을 올리며 160억원의 시장 가치를 인정받는 기업으로 성장했다. 미국이 여전히 세계경제를 주도하는 산업 강국으로서 지위를 유지하는 데에는 이처럼 벤처 창업을 북돋고 키워주는 창업 생태계가 큰 역할을 하고 있다. 반면 한국에는 창업 생태계가 제대로 자리 잡지 못해 창업을 기회가 아닌 위험으로만 본다(조선일보 2016년 4월 23일).

한국과 핀란드의 청소년들이 경제수준에 따라 창업 시 예상되는 어려움에 대해 어떻게 생각하고 있는지에 대해 조사한 결과는 <표 3-16>에 제시되어 있다. 양국 청소년 모두, 경제수준이 낮을수록 '창업을 하려면 돈이 많이 든다'는 항목에 대해 동의하는 정도가 더 높았다. '창업을 하려면 인맥이 좋아야 한다'에 대해서도 한국청소년들은 경제수준별로 차이를 보였는데, 중간계층의 청소년들이 이에 동의하는 정도가 가장 높았다. '창업을 하려면 관료적인 행정절차를 거쳐야 한다'에 대해 핀란드청소년은 경제수준별로 인식 차이를 보였는데, 경제수준이 낮을수록 이에 동의하는 정도가 더 높게 나타났다.

또한 핀란드청소년들은 경제수준이 낮을수록 '재정적 지원이 충분하다면 창업을 할 것이다'에 대해서 동의 수준이 더 높은 것으로 나타났다. 또한 '사람들 간의 시기나 질투가 창업을 저해한다'와 '정보가 충분하다면 창업을 할 것이다'에 대해서도 경제수준이 낮을수록 동의 수준이 더 높은 것으로 나타났다.

<표3-16> 창업에 있어 예상되는 어려움

구분		한국			핀란드		
		상	중	하	상	중	하
창업을 하려면 인맥이 좋아야 한다	M (SD)	4.20 (.876)	4.39 (.720)	4.28 (.861)	3.76 (1.060)	3.83 (.933)	3.92 (.883)
	F(scheffe)	3.699*(중〉하〉상)			1.743(하〉중〉상)		
창업을 하려면 돈이 많이 든다	M (SD)	3.67 (.941)	3.98 (.909)	4.05 (.944)	3.16 (1.146)	3.42 (1.114)	3.58 (1.077)
	F(scheffe)	6.767**(하〉중〉상)			6.327**(하〉중〉상)		
창업을 하려면 관료적인 행정절차를 거쳐야 한다	M (SD)	3.88 (.973)	3.90 (.843)	3.87 (.917)	3.24 (1.063)	3.45 (1.011)	3.55 (.949)
	F(scheffe)	0.091(중〉상〉하)			3.648*(하〉중〉상)		
재정적 지원이 충분하다면 나는 창업을 할 것이다	M (SD)	3.63 (1.121)	3.71 (1.121)	3.77 (1.183)	2.78 (1.365)	2.91 (1.226)	3.10 (1.305)
	F(scheffe)	0.614(하〉중〉상)			3.698*(하〉중〉상)		
나는 창업을 어떻게 하는지 모른다	M (SD)	3.40 (1.166)	3.52 (1.039)	3.66 (1.096)	2.57 (1.303)	2.59 (1.233)	2.71 (1.226)
	F(scheffe)	3.322*(하〉중〉상)			1.348(하〉중〉상)		
사업을 해서 부자가 될 수 있다	M (SD)	3.49 (.932)	3.51 (.920)	3.46 (1.003)	4.31 (.758)	3.88 (.926)	3.81 (.908)
	F(scheffe)	0.216(중〉상〉하)			12.741***(상〉중〉하)		
사람들 간의 시기나 질투가 창업을 저해 한다	M (SD)	3.34 (1.062)	3.21 (.990)	3.23 (1.013)	2.81 (1.237)	3.09 (1.134)	3.19 (1.150)
	F(scheffe)	0.722(상〉하〉중)			4.080*(하〉중〉상)		
청년들이 하는 사업은 진정한 의미의 사업으로 간주되지 않을 때도 있다	M (SD)	3.32 (1.086)	3.15 (1.035)	3.12 (1.055)	3.42 (1.126)	3.34 (1.029)	3.48 (1.003)
	F(scheffe)	1.446(상〉중〉하)			2.040(하〉상〉중)		
사업가는 자유시간이나 휴가를 갖지 못한다	M (SD)	2.99 (1.062)	2.92 (1.082)	2.83 (1.046)	3.18 (1.170)	3.36 (1.128)	3.44 (1.092)
	F(scheffe)	1.240(상〉중〉하)			2.343(하〉중〉상)		
정보가 충분하다면 나는 창업을 할 것이다	M (SD)	3.79 (1.045)	3.84 (1.023)	3.86 (1.072)	2.86 (1.340)	2.92 (1.220)	3.15 (1.272)
	F(scheffe)	0.184(하〉중〉상)			4.516*(하〉중〉상)		
괜찮은 일자리에 취업하지 못한 사람이 창업을 한다	M (SD)	2.49 (1.110)	2.34 (1.030)	2.40 (1.090)	1.68 (.935)	1.56 (.782)	1.65 (.835)
	F(scheffe)	0.961(상〉하〉중)			1.625(상〉하〉중)		

*p<.05 **p<.01 ***p<.001

6) 창업의 위험요소에 대한 인식

<표 3-17> 창업의 위험요소에 대한 인식

구분		한국			핀란드		
		전체	성별		전체	성별	
			남	여		남	여
기업가는 위기관리가 가장 중요한 일중 하나다	M (SD)	4.13 (.853)	4.08 (.943)	4.20 (.738)	4.04 (.694)	4.05 (.719)	4.04 (.676)
	t		-2.197*			0.137	
기업가 자신이 사업에 위험요인이 될 수 있다	M (SD)	3.92 (.802)	3.89 (.838)	3.95 (.762)	3.42 (.932)	3.49 (.931)	3.37 (.930)
	t		-1.190			1.817	
직원들의 불성실은 사업에 위험요인이 될 수 있다	M (SD)	4.20 (.785)	4.11 (.837)	4.29 (.714)	3.93 (.853)	3.84 (.916)	3.99 (.798)
	t		-3.595***			-2.762**	
직원을 잘못 채용하면 사업에 위험요인이 될 수 있다	M (SD)	4.15 (.794)	4.06 (.841)	4.26 (.726)	4.10 (.733)	4.09 (.758)	4.11 (.714)
	t		-4.060***			-0.544	
의욕적인 직원이 기업의 수익성을 높이고 이윤을 극대화 한다	M (SD)	4.02 (.890)	3.96 (.925)	4.09 (.846)	4.52 (.644)	4.51 (.638)	4.52 (.649)
	t		-2.262*			-0.243	
사업을 할 때 위험을 감수하는 것은 당연하다	M (SD)	3.99 (.807)	3.96 (.868)	4.04 (.733)	4.21 (.698)	4.20 (.708)	4.21 (.691)
	t		-1.549			-0.335	
사업을 할 때 위험부담과 이윤창출이 균형을 이루어야 한다	M (SD)	3.95 (.843)	3.94 (.871)	3.97 (.812)	3.87 (.768)	3.81 (.782)	3.91 (.755)
	t		-0.560			-1.907	
정직하게 부도를 낸 사업가는 처벌하지 말고 새로 시작할 수 있도록 지원해야 한다	M (SD)	3.64 (.980)	3.60 (1.001)	3.69 (.955)	3.96 (.910)	3.96 (.961)	3.96 (.870)
	t		-1.455			-0.150	
부도로 인해 발생하는 부정적인 영향을 줄여야 한다	M (SD)	3.96 (.825)	3.93 (.897)	3.99 (.738)	3.72 (.971)	3.63 (1.051)	3.79 (.901)
	t		-1.284			-2.371*	

*p<.05 **p<.01 ***p<.001

<표 3-17>에는 창업의 위험요소들에 대하여 한국과 핀란드청소년들이 어떻게 인식하고 있고, 성별에 따라 인식이 차이가 있는가를 분석한 자료가 제시되어 있다. 한국청소년들은 직원들의 불성실, 잘못된

직원채용, 기업가의 위기관리 능력 등이 가장 중요한 위험요소라고 인식하고 있었다. 핀란드청소년들은 기업의 수익성과 이윤 극대화를 위해 노력하는 의욕적인 직원을 사업의 성패에 가장 중요한 요인으로 보았으며, 사업을 할 때에는 위험을 감수하는 것이 당연하다는 인식을 강하게 갖고 있는 것으로 나타났다. 한국의 경우, 창업의 위험요소와 관련된 설문항목 모두에 대해 여자청소년이 남자청소년보다 높은 평균값을 보였다. 핀란드의 경우도 전반적으로 여자청소년의 평균값이 더 높았다.

·· 제 4 장 ··

우리나라의 창업지원사업

우리나라는 1986년에 제정된 중소기업창업지원법에 의한 민간 창업투자회사가 설립되어 기술집약형 중소기업의 육성을 지원하고 있다. 창업지원정책으로는 조세 지원, 금융 지원, 기술 지원, 경영 지원, 창업 인프라 지원 등이 있다. 창업 중소기업에 대한 조세지원제도는 투자를 유도하여 창업을 활성화하고 경쟁력을 높이기 위하여 실시되고 있으며, 금융지원제도는 사업 규모가 영세하고 경영 자원이 취약한 중소기업의 자금 조달을 돕기 위해서 지원하고 있다. 창업 기업의 기술력 제고를 위하여 아이디어에 대한 타당성 평가에서부터 사업화까지 전 분야에서 기술지원제도를 실시하고 있다.

경영지원제도는 창업자가 사업의 초기계획을 수립하고 경영자원을 배분하고 투입하여 재화의 생산 또는 용역의 제공을 통해 수익을 창출할 수 있도록 지원하는 제도이고, 창업 인프라 지원제도는 창업에 필요한 공간, 창업 절차의 간소화, 창업에 따르는 각종 규제의 완화, 창업 정보의 제공, 창업 지원인력의 양성 및 공급, 연구기자재 지원 등과 같이 총체적인 창업 기반을 지원한다. 기업지원서비스는 금융, 인력,

입지, 교육 및 훈련, 기술, 마케팅, 창업 등을 지원하여 창업기업이 핵심 역량을 구축하게 한다(Song, 2010).

특히 청년창업을 지원하기 위하여 고용부의 청년창업 역량 강화, 교육과학기술부의 산학 협력을 통한 대학생의 창업 역량 강화, 중소기업청의 청년창업 활성화 사업 등이 이루어지고 있다. 그러나 청년창업 활성화 정책은 시작된 지 얼마 되지 않았지만 효과에 대한 논란이 제기되고 있다. 즉 자영업 청년창업의 증가, 치열한 경쟁으로 인한 낮은 자영업 생존율, 청년창업자 가계 중심의 자금 조달 등으로 인하여 부실 가능성이 높은 창업이 창출되고 있다(Yang et al., 2012).

이 장에서는 양현봉, 조현상, 조덕희, 한창용, 박종복(2013)이 다부처관련 정책 현황을 조사한 자료를 바탕으로 하여 최근에 변화한 부분을 보완하고, 시행되고 있는 구체적인 사례를 첨가하여 우리나라 창업지원정책의 추진실태를 분석하였다.

1. 창업교육사업

1) 창업아카데미

중소기업청은 대학 등에서 자율적으로 창업분위기를 조성할 수 있도록 창업교육기관으로 지정하고 창업교육 지원수단(창업 강좌와 창업동아리)을 일괄 지원 한다. 지정된 교육기관에서는 대학생을 대상으로 창업 강좌를 개설하여 창업교육을 실시하고 창업동아리 활동을 지원하는 한편, 일반인을 대상으로 실전창업 교육을 실시한다. 대학생 창업교육에서는 실습·체험 중심의 창업 강좌를 5개 이상 개설하며, 개설된 강좌의 운영비를 지원한다. 또한 창업을 준비 중인 창업동아리에 대해서 사업계획 수립 등에 대한 컨설팅비 및 시제품 제작비 등을 지원하여 원활한 창업이 이루어지도록 지원한다. 일반인 창업교육에서는 일반인 예비창업자를 30명 이상 모집하여 실전창업교육을 100시간 이상 교육하도록 하고 있으며, 이에 소요되는 교육비를 지원한다. 동 사업의 지원·수혜대상은 대학생 창업 강좌 수강생, 창업동아리, 일반인 예비창업자 및 창업 후 1년 이내의 기업이며, 2013년 예산규모는 69억 5,000만원이다.

경기도와 경기중소기업종합지원센터는 안산 상록시민홀에서 '2016년 경기도 소상공인 창업아카데미를 성황리에 진행하였다. 예비창업자들에게 성공적인 창업을 지원하기 위한 교육에 250여명이 참여했다. 교육은 소상공인 창업전략, 소점포 마케팅 전략, CEO가 알아야 할 소셜 마케팅, 소상공인 세무관리, 상권 및 점포 입지 분석, 창업 필수 노무 기초 과정 등 총 12시간으로 구성되어 있다(한국경제 2016년 3월 8일).

2) 청소년비즈쿨

중소기업청은 "학교 교육과정에서 비즈니스를 배운다"는 의미의 청소년 비즈쿨(Business와 School의 합성어) 사업으로 청소년 대상의 창업교육을 실시한다. 청소년비즈쿨 사업은 기업가정신 함양, 창업인재 발굴 및 창업 저변 확대를 통한 미래의 글로벌 CEO 양성을 목표로 하며, 초·중·고등학교 학생을 대상으로 경제 및 창업교육을 실시한다.

동 사업은 초·중·고등학교를 청소년비즈쿨 교육기관으로 지정하고, 정규 교육 과정, 창의활동, 방과후 시간 및 방학 등을 활용하여 비즈니스 교육을 실시하는 한편, 학교 내 창업동아리에 대한 교육 지원, 창업 행사 개최 등을 지원한다. 특히 기업인·금융인·교수 등 전문 분야의 외부 특강 등을 지원하여, 이론·실무 및 체험이 연계된 비즈니스 교육을 실시하도록 지원한다. 동 사업의 지원·수혜대상은 초등교육법 제2조에 의한 초·중·고등학교 학생이며, 해마다 50-60억원의 예산을 투입하고 있다.

중소기업청은 2002년부터 1774개 학교 약 102만명에게 비즈쿨교육을 지원했으며, 비즈쿨캠프를 136회 개최하고 창업 동아리 7834개를 지원해왔다. 선정된 학교는 학교 현황에 따라 도전, 도약, 선도 등 세 가지 등급으로 나뉘며 500만원에서 최대 3500만원을 지원받을 수 있다.

중기청과 중앙대학교에 따르면 청소년 비즈쿨 교육 이후 '청소년 기업가정신 실태조사 및 개선 방안 연구' 조사 결과 혁신성, 위험 감수성, 진취성, 자율성, 성취 욕구, 진로 인식 등에서 비즈쿨 수료 학생의 지수가 비수료 학생 대비 1점 이상 높은 것으로 나타났다. 비수료 학생 대부분은 항목에서 평균 3점에 그친 반면 수료 학생들은 평균 4점대를 넘어서는 것으로 조사됐다.

비즈쿨이 성공하기 위해서는 다음과 같은 문제들이 개선되어야 한다(이금택, 2014). 첫째, 미래 사회의 책임자이자 구성원인 초 · 중 · 고 학생들에게 기업가 정신 함양 및 경제 마인드 함양, 미래 CEO 양성을 위한 프로그램을 정규 교육과정에 도입하도록 한다. 초등학교, 중학교, 고등학교 프로그램의 단계별 로드맵이 구성된 교육과정에서는 체계적이고 효율적인 비즈쿨교육 즉 창의적이고 실천적 경제교육을 몸소 체험할 수 있도록 한다.

둘째, 비즈쿨 학교를 효율적으로 운영하기 위해서는 체계적인 시스템을 갖춘 기관이 필요하다. 프로그램 진행에 필요한 예산과 인력을 보강하여, 학습 교재와 프로그램 개발, 각 행사의 프로그램 진행에 원활한 활동을 위해 적극적인 지원이 필요하다는 것이다.

셋째, 2002년 도입된 비즈쿨 운영은 중소기업청 사업이지만 시도교육청의 협조를 얻어 비즈쿨 운영학교와 시범학교로 구분되어 시행하였다. 운영학교는 일반 운영학교로서 공사립학교를 불문하고 교사에게 승진 가산점수 부여가 없다. 그러나 비즈쿨 시범학교는 공립학교 교사에게 승진 가산점수가 부여되어 인센티브를 부여하였다. 그러나 몇 년 지속된 시범학교 시스템은 없어지고 공사립 모두 비즈쿨 교사에 대한 인센티브는 없어졌다. 학생들에게 열정어린 꿈과 희망을 키워주고 도전정신과 인내력을 통한 비즈쿨 활동의 지도교사에게도 보람은 있지만, 과중한 업무 중에도 꿋꿋이 활동할 수 있도록 힘과 용기를 줄 수 있는 인센티브가 필요하다.

모바일 애플리케이션(앱) 기업 'S&H 코어' 대표 김이삭씨는 비즈쿨 활동을 통해 창업에 성공했다. 그는 경기모바일고 재학 시절 청소년 비즈쿨의 일환인 모바일로봇동아리(RKID) 활동 등을 통해 얻게 된 아이디어와 지식을 토대로 '차량 위치 경보기' 앱을 개발해 특허를 출원했다. 2011년 12월 창업해 2013년에는 매출 2400만원을 올렸으며 이듬해부터 가파른 상승세를 이어오고 있다(매일경제 2016년 1월 21일).

3) 창업대학원 운영 지원

중소기업청은 기업가정신 및 창업에 필요한 실무지식 등을 체계적·전문적으로 교육하여 창업전문가를 양성하는 창업대학원을 지원한다. 권역별 5개 대학원을 창업대학원으로 지정하고 창업전문가 양성을 위한 교육은 물론 창업교육 콘텐츠 개발을 목표로 대학원 운영을 지원하며, 2013년 현재 호서대, 중앙대, 한밭대, 예원예술대 그리고 진주산업대가 창업대학원으로 지정되어 있다. 지정 대학원에서는 창업분야의 전문 인력 양성을 위한 석사 학위과정 운영 및 창업교육 콘텐츠 개발을 실시하게 되며, 동 사업에서는 강사비, 교육개발비, 장학금, 일반운영비 등 지정 대학원 운영비의 70%를 지원한다. 동 사업의 지원·수혜 대상은 지정 대학원 재학생으로 각 대학원 신입생 입학요강에 의거하여 선발하며, 동 사업의 2013년 예산규모는 9억원이다.

박재환(2009)은 5개 창업대학원의 창업교육 현황 및 운영 실태를 조사하여 다음과 같이 개선점을 제안하였다. 첫째, 창업대학원 학습자의 특성이 매우 다르기 때문에 학습자를 창업경험여부 및 창업교육 수강경험 유, 무에 따라 분리하여 만족도 및 교육 효과를 높여 줄 수 있는 방안을 마련해야 한다. 둘째, 현재 창업을 하고 있는 학습자에게 만족스러운 교육 효과를 거두지 못하는 것으로 나타나 창업대학원만의 차별화된 경쟁력을 갖추고 창업대학원의 교육방향을 정립하는 것이 매우 시급하다. 셋째, 창업대학원 교육 프로그램의 적정 수강인원, 교육시간, 강의방식 및 개설희망과목 등에 대한 학습자들의 요구사항과 의견을 정리하고 분석해 본 결과 창업교육 및 창업경험 유 · 무에 따라 강의방식, 개설희망과목 등에 있어서도 차이를 보여 창업교육방법, 내용, 방식, 과목 등에 있어서도 이러한 점을 충분히 고려하여야 한다.

서천군은 연세대학교 정경·창업대학원과 창업활성화와 입주기업 지원을 위한 업무협약을 체결하고 상호협력을 약속했다. 서천군과 연세대학교는 유기적인 업무 협력체계를 구축하고 서천군 창업자 육성지원을 통해 대학의 사회적 공헌에 대한 책임을 다하고자 하는 내용의 업무협약에 조인했다. 협약의 주요내용은 창업자 중심의 맞춤형 진단과 솔루션 및 멘토링 제공, 서천군 창업분위기 확산 및 예비창업자 육성 지원, 서천군 기 창업자에 대한 경영컨설팅 제공, 서천군 창업보육매니저 사업 지원 등이다. 서천군은 2016년 3월부터 예비창업자를 모집해 본격적인 창업매니저 지원 사업을 실시할 계획이며 체계적인 창업지원으로 예비창업자들을 전문 CEO로 육성시키는데 전념 할 계획이다(대전투데이 2016년 2월 28일).

4) 시니어창업스쿨

중소기업청은 민간이 보유한 교육 인프라를 활용하여 40세 이상 퇴직자가 경력·네트워크·전문성을 기반으로 성공적인 창업을 할 수 있도록 지원한다. 동 사업에서는 교육역량 및 인프라 보유 기관을 시니어 창업스쿨로 지정하고, 시니어 적합 창업분야(2013년 현재 전문서비스, 사회적기업, 제조업, 농업, 아이 디어사업, IT/인터넷)에 대한 이론, 실습 및 코칭 중심의 실전 교육 서비스를 제공하여 시니어 창업을 유도하고, 교육·운영에 소요되는 비용의 80%를 지원한다. 동 사업의 지원·수혜대상은 시니어적합업종으로 창업을 희망하는 40세 이상의 예비창업자이다.

각 지자체들도 시니어창업 지원책을 속속 마련하고 있다. 서울시 산하 중소기업지원기관 서울산업진흥원(SBA)의 경우 장년창업센터를 통해 창업을 희망하는 40대 이상 장년층의 창업지원사업을 돕고 있다. 일반회원 대상으로는 개방형 창업공간과 기초 창업진단 프로그램, 창업코칭 등을 지원하며 창업센터 내에 사업자등록을 한 창업회원 대상 마케팅·홍보지원과 창업회원 네트워킹, 1대1 전문가상담 등의 혜택도 제공하고 있다. 재능기부형 창업멘토를 육성하기 위한 희망설계아카데미도 운영 중이다.

사회연대은행이 KDB나눔재단의 후원을 받아 설립한 KDB시니어브리지센터는 시니어계층의 경험과 전문성을 이웃·지역사회와 나누기 위한 활동을 지원하고 있다. 프로그램 중 시니어브리지 아카데미에서는 창업에 필요한 기초실무와 현장실습 등의 교육을 진행하며 비슷한 관심사를 지닌 사람들이 자발적으로 네트워크 모임을 만드는 일도 돕고 있다(뉴스토마토 2015년 9월 18일).

5) 시니어 기술창업스쿨

시니어계층의 창업이 생계형 자영업에 치우쳐져 있다는 지적도 나오고 있다. 지난해 60세 이상과 50대의 신설법인 업종별 증감률에 따르면 부동산임대업의 증가율이 각각 42.2%와 40.9%로 타 업종에 비해 현저히 높았다. 노년층의 체력적인 한계 등을 감안하더라도 이같은 쏠림현상은 바람직하지 않다는 지적이다. 이를 해결하기 위해 정부는 2014년부터 자영업 비중을 줄이고 기술창업을 유도하는 내용의 제조·지식서비스업종 중심 지원프로그램을 운영하고 있다. 우선 지난해 1월 시니어 창업지원 전담기관을 소상공인진흥원에서 기술창업 지원을 주로 하는 창업진흥원으로 이관했다(뉴스토마토 2015년 9월 18일).

시니어 기술창업스쿨은 중소기업청이 주최하고 창업진흥원이 운영하는 기술창업 교육 프로그램이다. 창업을 희망하는 퇴직자가 제2의 인생을 충분히 준비해 성공적으로 시작할 수 있게 지원한다. 만 40세 이상을 대상으로 하며, 창업 이론·실습 중심의 실천 창업 교육으로 창업을 잘 준비할 수 있게 돕는다. 교육생 1인당 100만원 내외의 교육비를 지원해기 때문에 교육생은 10만원만 내면 된다. 시니어 기술창업스쿨 교육을 받을 수 있는 곳은 서울·경기는 물론이고 강원, 경북 등 전국에 퍼져 있다. 매년 교육은 4-5월경에 시작되어 12월에 마무리된다. 교육생은 4-5월경 모집하며, 관련 정보는 '창업넷(www.startup.go.kr)'을 통해 알 수 있다. 2015년 현재 전국 9곳에, 사무공간과 전문가 자문·상담 및 교육 등을 제공하는 시니어 기술창업센터를 전국 20곳에 설치했다.

6) 대학 창업교육 및 창업문화 활성화

교육부는 대학을 중심으로 사회 전반의 창업에 대한 관심을 제고하고, 창업환경을 개선하기 위해 대학생 창업교육 및 창업문화 활성화를 지원한다. 동 사업은 창업교육 체계 구축을 위한 대학창업교육 프로그램 개발, 창업 멘토링 체제 구축, 경진대회의 개최, 학생창업네트워크 구축, 창업교육 효과 실증분석 및 정책개발 등 대학을 중심으로 창업문화 확산 및 창업 인프라를 구축하기 위한 다양한 지원을 실시한다. 동 사업의 지원·수혜대상은 벤처기업협회, 한국청년기업가정신재단 및 학생창업네트워크(Student Startup Network; SNN)이며, 창업문화 확산에 의한 실 수혜 대상은 대학생이다.

7) 청년창업센터

지방자치단체에서 운영하고 있는 청년창업센터에서도 청년들을 대상으로 한 다양한 교육을 시행하고 있다. 울산시는 우수한 지식과 기술을 보유한 초기 및 예비 창업자의 사업화를 중점 지원하기 위해 2016년 지식기술 청년창업 지원사업을 추진했다. 울산테크노파크 기업지원단에서 주관하는 이번 사업은 2억2000만원을 들여 지식기술 창업센터 제6기 입주기업 15개 팀을 지원한다. 지원내용은 지식 분야의 게임개발, IT기술융합디자인, 방송영상, 컴퓨터프로그래밍, 지식콘텐츠, 게임프로그래머, 방송극작가, 출판기획, 교육컨설턴트, 번역웹디자인, 1인지식서비스, 아이디어 상품 기획 제작이다. 기술 분야는 조선·해양, 자동차, 기계, 재료, 화공·섬유, 생명공학, 환경, 에너지, 정보·통신, 전기·전자, 공예 디자인, 배출권 거래 산정, 풍력, 태양열 기술, 정밀화학 등이다(뉴시스 2016년 2월 4일).

8) 창조경제혁신센터

지방자치단체에서 운영하고 있는 창조경제혁신센터에서도 예비 창업자들을 대상으로 한 창업교육을 시행하고 있다. 예를 들면 인천창조경제혁신센터는 ICCE 창업스쿨을 운영하는데, 예비창업자나 스타트업을 대상으로 한다. 교육생은 우수 강사진으로부터 총 72시간의 무료 창업 핵심이론교육과 맞춤형 창업 코칭, 창업시뮬레이션 교육을 받을 수 있다. 교육 수료 후 우수한 교육수료자에게는 창업 경진대회와 6개월 챌린지 플랫폼 지원사업의 가점을 부여한다. 컨설팅, 시제품제작 지원, 자금지원, 인큐베이팅 등 다양한 사업화 지원을 통해 성공적인 창업자를 육성할 계획이다.

SK그룹과 대전창조경제혁신센터는 지역혁신의 허브로써 긴밀한 창업생태계 구축을 위해 앞장서고 있다. 창의적인 아이디어로 중무장한 대전지역 창업 벤처업체들의 땀과 꿈이 결실을 맺을 수 있도록 전방위적인 지원을 펼치고 있다. 대전센터는 2015년에 투자기업의 매출이 급증했고, 기술금융지원과 창의인재 양성 등의 성과를 거뒀다. 특히 2016년 4월 현재 2기 과정을 진행 중인 '드림벤처스타'는 유망 벤처기업들에게 10개월간 맞춤형 서비스를 집중 지원하는 대표 프로그램이다. 1기에 참여한 벤처기업(10개)의 경우 프로그램 시작 전후로 투자유치 규모가 3억 6000만원에서 33억 8000만원으로 10배 정도로 늘어났고 매출은 1억원에서 22억 8000만원으로 23배나 증가했다.

SK그룹은 대기업과 중소기업이 함께 성장하는 '선진국형 기업모델' 을 더욱 견고히 하기 위해 2016년부터 그룹 차원의 지원을 대폭 강화했다. 투자자를 다원화하고, 특허개방을 확대하고, 해외시장 진출을 다변화하여 벤처기업의 성장을 견인해 나갈 방침이다. 또 벤처기업들의 자금문제를 해결하기 위해 기존 벤처캐피탈 중심의 자금 공급에서 벗어나 해외 자금과 국내 메이저 금융권 등으로의 투자자 유형 다양화를 꾀했다.

SK는 이와는 별도로 대전과 세종 창조경제센터 입주 벤처기업을 지원하기 위해 750억원의 펀드를 조성해 운영하는 중이다. 벤처기업에 개방할 특허도 지난해 4300여건에서 올 해 5600건으로 30%를 확대했다. 그룹 주력사업인 정보통신·에너지· 반도체 뿐 아니라 온라인 비즈니스 모델과 시스템 통합 관련 특허도 개방하고 있다. 해외시장도 미국 중심에서 사우디아라비아와 중국 등으로 다변화시켜 벤처기업의 판로 개척에도 적극 나서고 있다(브릿지경제 2016년 4월 18일).

9) 스타트업 캠퍼스

미래창조과학부와 경기도는 공동으로 판교에 창업 지원 공간 '스타트업 캠퍼스'를 2016년 4월에 만들었다. 경기도가 1609억원들 들여 건립한 스타트업 캠퍼스는 지상 8층짜리 건물 2개 동과 5층짜리 1개 동으로 구성되어 있으며, 총면적은 5만4075㎡이다. 스타트업 200여곳이 동시에 입주해 지원을 받을 수 있다. 사물인터넷(IoT)·클라우드·빅데이터·모바일 관련 창업·혁신 지원기관, 창조경제혁신센터, 국내외 민간 액셀러레이터(스타트업 발굴·육성 기업), 글로벌 업무용 소프트웨어 전문업체인 에스에이피(SAP) 등도 입주했다.

스타트업 캠퍼스는 창업 지원에 필요한 시설과 장비 및 통신 인프라 등을 갖추고, 스타트업이 창업 후 성장해 글로벌 시장에 진출할 때까지 각 단계별로 맞춤식 지원을 받도록 했다. 창업 초기에는 창업멘토링센터가, 성장기에는 민간 벤처캐피털과 액셀러레이터가, 글로벌 시장 진출 때는 혁신센터와 본투글로벌센터가 각각 달라붙는다. 정부의 정책적 지원을 대행하는 정보통신산업진흥원(NIPA)·정보통신기술진

홍센터(IITP)·한국인터넷진흥원(KISA) 등도 입주했다.

2006년 착공해 내년에 66만여㎡ 규모로 조성이 마무리되는 판교테크노밸리에는 현재 정보기술(IT)·바이오기술(BT)·콘텐츠기술(CT)을 선도하는 기업 1002개가 들어와 있어, 캠퍼스에 입주하는 스타트업들이 협업하기 쉽다. 판교테크노밸리는 전체 근로자가 7,577명이고, 연구인력도 13,527명에 이른다. 2014년 기준 전체 매출이 69조3822억원으로, 전년에 비해 15조3806억원 늘었다. 정부는 내년 말 조성을 목표로 추진 중인 '제2 판교밸리'를 통해 글로벌 기업을 유치하는 동시에 컨퍼런스·전시 공간 등을 확충해, 판교테크로밸리를 창조경제의 중심축으로 만들 계획이다. 이를 위해 2016년에만 스타트업 캠퍼스에 415억원을 지원하기로 했다.

스타트업 캠퍼스 입주 대상은 오디션을 통해 선정한다. 스타트업 캠퍼스 입주는 대부분 3년 계약으로 이뤄진다. 3년 동안 성과를 내지 못하면, 가능성 심사를 통해 계속 입주가 거부될 수도 있다. 미래부는 스타트업 캠퍼스에 올해 말까지 200개 이상의 유망 창업기업이 입주하고, 다양한 지원 프로그램을 통해 앞으로 10년 동안 1천개 이상의 기술 스타트업이 탄생할 것으로 기대했다(한겨레신문 2016년 3월 22일).

2. 창업경진대회

1) 실전창업리그

중소기업청은 우수 창업아이템 발굴, 창업분위기 확산 및 창업 인식 개선을 위 한 창업경진대회인 실전창업리그(수퍼스타 V)를 개최한다. 동 사업은 시상, 상금(최고 5천만원) 및 창업사업화 비용(1천만원)을 지원하며, 대회 참가자를 대상으로 창업 멘토링, 시제품 제작비 지원 및 사업화를 위한 특허출원과 투자유치 등을 지원하여 성공적인 창업을 할 수 있도록 지원한다. 동 사업의 지원·수혜대상은 예비창업자 및 창업 1년 이내의 중소기업으로 참가 신청은 개인 또는 단체로 신청이 가능하다.

부경대 윤재근(26·금속공학과 4학년), 김상환(26·신소재시스템공학과 4학년), 추호건씨(21·공업디자인학과 2학년) 등 3명이 4개의 정사각형 칸 안에 4개의 숫자 또는 문자가 들어있는 형태의 인코드를 개발했다. 스마트폰에서 인코드 어플리케이션을 실행한 후 4개의 숫자(또는 문자) 만 입력하면 코드에 담긴 정보를 볼 수 있다. 기존의 QR코드는 흑백 격자무늬 패턴에 정보를 담아 스마트폰 카메라로 인식할 때 멀리 있거나 너무 밝거나 어둡거나 기울어져 있거나 이동하고 있을 때는 인식하기 어려운 단점이 있다. QR코드와 달리 인코드는 눈으로 읽을 수 있으면 거리와 밝기 등에 상관없이 쉽게 입력할 수 있기 때문에 숫자와 문자만으로 160만 가지, 스마트폰 위치정보를 더해 무한대의 패턴을 만들 수 있다고 개발자들은 설명했다. 윤씨 등은 인코드를 특허출원했으며 인코드 어플리케이션을 스마트폰 마켓에 정식 등록할 계획이다. 이들은 최근 부경대 창업지원단 주관으로 중소기업진흥공단 부산경남연수원에서 열린 '2015 창출어람 창업경진대회'에서 이 아이디어로 대상을 수상, 상금 300만원을 받았다. 권역별 창업경진대회 및 대한민국 실전 창업리그 추천도 받았다(파이낸셜뉴스 2015년 9월 6일).

2) 대한민국 벤처창업대전

중소기업청은 (예비)벤처·창업 기업인들의 판로 개척, 벤처기업의 글로벌 시장 진출역량 강화, 중소기업의 다양한 정보공유의 장 조성 및 창업분위기 확산을 위 해 대한민국벤처창업대전을 개최한다. 동 사업은 벤처·창업기업 및 유공자 시상, 창업기업 제품전시회 및 각종 부대 행사(글로벌 비즈니스 상담회, 해외 진출 세미나, 글로벌 벤처창업 컨퍼런스, 수퍼스타V 등)로 구성되어 있다.

대구 달서구에 있는 모션(동작)제어시스템 전문기업 아진엑스텍㈜ 2014년 7월 코넥스 상장사 가운데 처음으로 코스닥으로 이전 상장한 1호 기업이다. 기업공개 이후 회사가 더 탄탄해지면서 고객과 매출이 증가한 결과다. 거래처는 반도체 제조와 스마트폰 검사 공정 관련 업체 등 530여 곳에 이른다. 모션 및 로봇제어 분야 특허는 20개가 넘고, 2011년 중소기업청의 대한민국 벤처창업대전 대통령상을 수상했고 같은 해 대구시의 우수 스타기업에 선정됐다. 2014년에는 고용노동부의 강소기업에 뽑혔고, 2015년 12월에는 미국 실리콘밸리로봇협회 사무국과 기업 대표 등 20여 명이 방문하여 시스템 반도체와 소프트웨어 및 제어 기술을 살펴보고 비즈니스와 기술 교류를 추진하기로 했다(동아일보 2016년 2월 15일).

3) 소셜벤처경연대회

고용노동부는 소셜벤처에 대한 이해·관심 증진 및 대국민 차원의 공감대를 형성하고, 소셜벤처 아이디어를 발굴하여 사회적기업 창업을 제고하기 위하여 소셜벤처 경연대회를 개최한다. 동 사업은 전국 단위의 대회 운영을 통해 우수한 소셜벤처모델을 선정하여 시상 및 상금을 지원하고, 선정된 소셜벤처의 창업을 지원한다. 또한 대회 참가자에 대한 멘토링 프로그램 지원과 함께 대회의 성과 보고서 등 각종 자료를 발간하여 소셜벤처에 대한 사회적 이해와 관심을 증진시킨다. 동 사업의 지원·수혜대상은 소셜벤처 또는 사회적기업에 관심이 있는 청소년 및 일반인이다.

청년들이 사회 문제를 해결하면서 취업 준비와 스펙 쌓기를 할 수 있도록 지원하는 기업인 소셜 벤처 크리노베이션링크는 유통업체 취업을 원하는 청년들이 사회적기업의 마케팅 업무를 직접 하면서 취업 역량을 키우는 프로젝트를 기획했다. 크리노베이션링크는 2016년 5월부터 9월 초까지 4개월간 유통 관련 학과 청년 100명과 함께 '유통 인재 엠디(MD·상품기획자) 취업 역량 강화 프로젝트'를 진행했다.

프로젝트에 참여하는 유통업체 취업 준비생이나 관련 전공 대학생들은 사회적기업의 제품을 선택해 가상으로 상품 공급업체(유통 벤더)를 만든 뒤 상품기술서 작성에서 판매 전략 수립, 온라인·오프라인 유통 판로 개척, 소셜커머스·오픈마켓 판매, 박람회 참가, 품평회 등을 직접 맡아 수익까지 내야 한다. 30명의 전현직 엠디와 대기업 유통업체 근무자 등 전문가들이 멘토로 참여해 청년들을 지원한다. 청년들과 유통 전문가가 팀을 이뤄 전국 각지에서 활동할 예정이다. 이들이 지원할 50여개의 사회적기업은 사전 심사로 선정한다. 선정된 기업에는 상품기획과 유통채널 확보, 홍보·마케팅 등을 지원하게 된다(한겨레신문 2016년 4월 28일).

동국대 창업 동아리로 출발해 소셜 벤처로 성장해나가고 있는 '스텝인'이 개발한 스테푼은 안정성(steady)과 숟가락(spoon)의 합성어로서 수평을 감지할 수 있는 센서가 부착된 장애인용 숟가락이다. 스텝인이 결성될 당시 다섯 명의 멤버는 모두 대학생이었다. 멤버 모두가 동국대 학생이었기 때문에 학교로부터 무상으로 사무 공간을 지원받는 혜택도 누렸다. 스텝인은 2015년 소셜 벤처 경연 대회에서 아이디어 부문 대상을 수상했다. 경남지식센터 '국내 권리화 지원 사업'에 선정됐고 대전 창조경제혁신센터에서 열린 '아이디어 발굴 및 창조

제품 페스티벌'에서 상을 받았다. 한국에서 예선을 거쳐 참가하게 된 글로벌 챌린지(Global Challenge)라는 창업 국제 대회에서 3위에 입상하는 놀라운 기록을 남겼다(Topclass 2016년 2월 24일).

이렇게 분리되어 치르던 실전창업 리그, 대한민국창업대전, 소셜벤처경연대회 등 3개 행사는 2015년부터 1개 행사로 통합해 치르고 있다(아시아경제 2014년 11월 14일).

3. 패키지형 창업지원사업

1) 청년창업사관학교

중소기업청은 젊고 혁신적인 청년 CEO 양성을 목표로 기술창업에 도전하는 청년 창업자의 선발부터 청년창업사관학교의 교육시스템을 통한 창업교육, 그리고 아이디어의 사업화까지 창업 전 과정을 원스톱 지원하고 있다. 동 사업은 3단계(서류, 면접, 심층) 평가를 거쳐 선발된 창업자에게 입소형 창업 공간(안산200팀 + 지방50팀), 창업교육(150시간 이상 의무 이수제), 창업코칭(창업 및 기술개발 전담코칭), 개발인프라(제품개발실, 실습실, 공동작업장)를 패키지로 연계 지원하여 성공적인 창업을 유도한다. 동 사업의 지원·수혜대상은 기술창업(제조업, 지식기반 서비스업)을 희망하는 39세 미만의 예비창업자 또는 창업 후 3년 미만의 기업이며, 2013년 예산규모는 253억 9,000만원이다. 2011년 출범한 청년창업사관학교는 지난 5년간 총 1215명의 청년 창업 CEO를 배출해 매출액 3800억원, 지적재산권 등록 1700건, 일자리 창출 5000명이라는 성과를 거두고 있다(아시아경제 2016년 2월 25일).

청년창업사관학교 4기 졸업생인 윤석호 아이벡스메디칼시스템즈

대표는 청년창업사관학교 졸업 경력이 대형 종합병원 납품에 큰 도움이 됐다고 했다. 아이백스메디칼시스템즈는 고압 산소 치료기 제조업체다. 윤 대표는 선진국과 달리 이 기기가 병원에 많이 보급되지 않은 현실에 착안해 2011년 말 회사를 창업했다. 국내 최초로 3기압 이상 가압이 되는 복실형 체임버를 개발해 외국산의 절반 값에 시장 공략에 나섰지만 신생업체에게 벽은 너무 높았다. 그러나 2014년 청년창업사관학교에서 마케팅 기법을 전수받고, 마케팅 비용과 판로 지원도 받으면서 거래처를 늘리는 데 성공했다. 2015년 상반기 기준으로 직원 14명이 43억원의 매출을 올리며 사세를 키우고 있다.

일반적 창업의 경우 해가 갈수록 기업 생존율이 크게 떨어지지만, 청년창업사관학교 출신들의 창업 유지율은 2015년 말 기준 창업 1년차인 4기는 99.6%, 4년차인 1기는 73.1%라는 높은 수치를 기록하고 있다. 사업 수행 역량이 떨어지거나 불성실한 입교자를 퇴교시키는 등 엄격하게 운영하고, 졸업 뒤 5년간 정책 연계를 통한 지원 등 사후관리를 하기 때문이다(한겨레신문 2016년 4월 26일).

2) 창업선도대학

중소기업청은 우수한 창업인프라를 갖춘 대학을 창업선도대학으로 선정하고 창업지원 거점기관으로 육성하여 기술창업의 활성화 및 청년일자리 창출을 도모 한다. 동 사업은 대학생 지원사업과 일반인 지원 사업으로 구성되어 있다. 대학생 지원 사업에서는 창업선도대학 재학생을 대상으로 창업 강좌를 개설하여 기업가 정신·사업계획서 작성 등 창업 교육을 실시하며, 창업동아리(타교 포함) 활동비 지원과 창업경진대회 개최를 통해 창업 분위기를 조성한다. 일반인 지원 사업에서는 일반인을 대상으로 기술창업아카데미를 개설하여 실전 창업교육을 실시하며, 사관학교식 창업 프로그램을 통해 멘토링, 창업교육, 시제품제작, 사업화자금 지원 등 창업을 패키지로 지원한다. 동 사업의 지원·수혜대상은 대학생 및 기술창업(제조업·지식기반 서비스업)을 희망하는 예비창업자 또는 창업 후 1년 이내의 기업이다. 중국에 기반을 둔 글로벌 액셀러레이터 테크코드는 경기창조경제혁신센터, 대전연구개발단지와 해외진출 지원사업 등 다양한 협력을 모색 중이라고 밝혔다. 또 성균관대학교 창업선도대학 사업에 중국 파트너로 참여해 중국 시장 진출을 준비하는 대학생 예비창업자 창업교육과 기술사업화도 협력하기로 했다(전자신문 2016년 3월 8일).

3) 창업맞춤형사업

중소기업청은 창업아이템의 창업성공률을 높이기 위하여 대학, 연구기관 및 투자기관 등 전문기관의 창업지원프로그램을 수요자 맞춤형으로 제공한다. 동 사업은 시제품 제작, 마케팅 등에 소요되는 자금을 지원하는 한편, 대학 등 전문기관을 통해 창업을 교육하고, 관리 및 사업비 정산 등 행정지원과 멘토링 등 보육프로그램을 제공한다. 특히, 동 사업의 전문기관과 창업자의 매칭방법은 창업자(수요자) 중심의 방법이다. 우선 전문기관의 지원 사업을 창업자에게 설명 하고 그 후 창업자들이 적합한 전문기관을 선정하도록 하여 창업자의 실제 필요에 맞는 서비스를 제공하고 있다. 동 사업의 지원·수혜대상은 기술창업(제조업·지식기반 서비스업)을 희망하는 예비창업자 또는 창업 후 1년 이내의 기업이다.

창업진흥원은 '창업맞춤형사업화 후속지원사업'의 일환으로 우수 창업기업에 대해 국내외 판로개척 사업을 추진해 왔다. 이번 상하이 화동 수출입 상품 교역회 외에도 지난해 롯데마트, 11번가 등 다양한 유통채널과 협업해 창업기업의 판로확보와 수출 및 글로벌시장 진출 지원에 힘쓰고 있다.

창업진흥원은 2015년에 창업 3년 미만의 기업 700여 개의 창업과제를 선정해 423억4000만원을 지원했다. 판로 확보를 위해 같은 해 4월 한 달간 진행된 11번가 판매기획전에는 코디아 등 13개 기업이 참여해 1억1795만 원(기업평균 907만 원, 하루 평균 453만 원)의 매출을 거뒀다. 7월부터 3개월간 롯데마트와는 '파워셀러 육성 프로젝트'도 진행했다. 썸니즈 외 21개 참가 기업은 마트 MD 멘토링 및 품평회를 통해 도출된 제품개선 비용에 대해 자금 지원과 롯데마트 입점 지원이 이뤄졌다. 이후에도 창업기업 교육을 통한 보완과업 도출 및 컨설팅지원, 온·오프라인 기획전 참여 등 다양한 지원을 병행했다.

미국 진출 지원을 위한 수출 상담회도 지난해 8월에 열어 미국시장 진출 희망 기업과 현지 벤더와의 만남의 장 마련 및 보완과업(품질·기능개선, 디자인, 마케팅 등) 수행을 위한 비용을 지원했다. 상담회에 참석한 태주산업은 수출상담회를 통해 미국 현지 유통업체인 월마트 등과 계약을 체결했다. 태주산업은 최근 크라우드펀딩 플랫폼 오픈트레이드를 통해 투자자 60여 명으로부터 2억 원을 모집하는 데 성공했다(문화일보 2016년 3월 8일).

4) 스마트벤처창업학교

스마트벤처창업학교는 창의적 아이디어를 가진 청년 (예비) 창업자(팀)를 발굴해 사업계획 수립부터 창업 교육, 개발·사업화에 이르기까지 창업 전 과정을 종합적으로 지원해주는 사업이다. 총사업비의 70% 이내에 한해 연간 최대 1억원 한도의 지원을 받을 수 있으며, 사업계획 수립과 경영 실무, 마케팅, 기업 제휴 등 다양한 교육과 전문

멘토링을 32주에 걸쳐 지원한다. 정부는 연간 130억원 안팎의 지원을 하고 있으며 170여 팀을 선발하고 있다. 지원 절차는 창업진흥원을 통해 신청하고, 스마트벤처창업학교를 거친 뒤에도 2차 연도 후속지원 및 사후관리 서비스까지 받을 수 있다. 2013년 개교한 스마트벤처창업학교를 통해 3년간 420팀이 졸업하고 매출 214억원을 올린 것으로 집계됐다. 특히 1204명을 고용하면서 창업을 통한 고용 증가를 실현하고 있다. 또 27개 업체는 엔젤투자 등을 통해 75억여 원을 투자받기도 했다.

스마트벤처창업학교 출신인 박의규 대표가 설립한 주식회사 '오픈갤러리'는 미술품 유통시장에서 새롭게 주목받고 있다. 오픈갤러리는 온라인 플랫폼을 활용해 미술품을 렌탈하거나 판매하는 서비스로 미술품을 접하기 어려운 대중에게 보다 쉽게 다가가는 사업으로 평가받고 있다. 아울러 초기 유망 작가들이 활동할 수 있는 폭을 넓혀 작가들의 경제적 자립 기반도 제공할 것으로 기대하고 있다. 2013년 엔젤투자 4억원을 유치한 오픈갤러리는 최근 20억원을 추가로 유치하는 등 추진력을 얻고 있다. 2015년에는 매출 3억5100만원을 올렸으며 16명의 신규 고용도 창출했다(매일경제, 2016년 3월 16일).

5) 스마트창작터

스마트창작터 사업은 중기청이 애플리케이션과 소프트웨어, 콘텐츠 분야 등 유망 지식서비스 분야 (예비) 창업자 교육과 사업화 지원을 위해 운영하는 사업이다. 초기 사업은 스마트폰 애플리케이션 분야에 집중되었고, 최근에는 신규 유망 사업인 사물인터넷(IoT)과 빅데이터, 정보통신기술(ICT) 융합·제조 분야에 대한 교육과 지원을 대폭 확대하고 있다. 스마트창작터를 통해 창업자들은 사업화 지원과제 개발·사업화를 위해 40시간 이상의 전문 교육을 지원받을 수 있다. 본격적인 사업화를 위해 시제품 제작비와 마케팅비, 창업활동비, 지식재산권 취득비 등 팀당 1000만~5000만원까지 지원받을 수 있다. 2010년부터 시행된 스마트창작터에서는 그간 2만5000명의 교육 수료생을 배출했으며, 약 8000개의 애플리케이션을 만드는 데 성공했다. 신규 업체는 900명 이상의 고용을 창출하는 효과도 거뒀다.

스마트창작터 출신인 박지현 대표는 2014년 '오락' 주식회사를 설립했다. 최근 떠오르고 있는 모바일 게임 사업체로 설립 2년 만에 누적 매출 5억6000만여 원을 올렸다. 특히 대표작인 버블슈팅 게임 장르 '바니팡'은 카카오와의 협업을 통해 누적 다운로드만 140만건을 넘어섰다. 2015년에는 성남산업진흥재단의 '판교테크노밸리 융합 선도기업 협의체' 지원사업자로 선정됐으며, 벤처기업 인증도 받았다. 최근 고용인원을 10명 이상으로 늘리는 등 고용창출에도 기여하고 있다(매일경제, 2016년 3월 15일).

6) 선도벤처연계 창업지원

중소기업청은 역량있는 선도벤처기업과 유기적 협조 체제를 통한 (예비)창업팀 밀착창업지원으로 미래의 스타벤처기업을 육성한다. 동 사업은 (예비)창업팀을 선발하여 선도벤처기업 내에 입주(1~2년)하도록 하고, 창업공간지원, 전담멘토링, 사업기획지원, 기술지원, 국내외 마케팅 및 홍보 지원, 바이어 알선 등 사업화 전 단계를 밀착 지원한다. 이를 통해 선도벤처기업의 성공노하우를 (예비)창업팀에게 전수하여 성공적인 창업을 유도한다. 동 사업의 지원·수혜대상은 우수 아이템을 보유하고 선도벤처기업과 협업을 희망하는 예비창업자 또는 창업 후 1년 이내의 기업이다.

2016년 현재 5년차를 맞는 '선도벤처연계 창업지원사업'은 그동안 217개사 예비·초기창업자를 발굴해 최대 2년까지 지원하고 있다. 선정된 예비창업자는 100% 창업에 성공했고, 그 중 창업 3~4년 이후 즉, 데스밸리에 진입한 창업기업 생존율은 81%에 달한다. 창업 후 3~4년 이내 평균 기업 생존율이 40%에 불과한 것에 비한다면 두 배 이상 성과다.

2011-2014년도에 선정된 기업은 단순 생존율 상승 외에도 2014년도 결산기준 누적매출액 1370억원, 1300명의 일자리 창출, 외부 투자유치 30여건(130여억원) 등을 달성했다. 2015년도에 선정된 기업은 11월 30일 기준 창업 93%, 매출액 141억원, 일자리창출 334명과 더불어 13건(59억원 규모)의 외부투자유치를 달성하며 대한민국 경제발전에 원동력이 되고 있다. 이런 성과의 배경에는 선도벤처기업 역할이 한몫했다. 선도벤처기업은 매칭된 창업기업에 직접투자를 진행하거나 합작법인을 설립하기도 했고, 국내외 공동마케팅을 진행하며 창업기업 판로확보 지원, 직접구매에 따른 창업기업 성장 발판을 마련해줬다. 중소기업청은 75억원을 투입해 84개팀을 발굴·지원한데 이어 2016년에는 70억원을 투입해 80개팀 내외를 추가 지원할 예정이다. 2017년에도 선도벤처기업과 상생협력으로 성공적인 벤처창업을 지원하는 사업을 계속 진행할 예정이다(전자신문 2016년 3월 8일).

7) 연구원 특화 예비기술창업자 육성

중소기업청은 기술창업기업을 육성하고 기술창업의 저변을 확충하기 위해 기술사업화 가능성이 높은 아이템을 보유한 연구원 출신의 예비창업자를 발굴하고 종합 지원한다. 이 사업은 연구원 특화 창업지원센터 입주를 통한 사무공간 제공과 함께 관리비, 시제품제작비, 마케팅비 등의 자금지원 및 경영컨설팅 등을 종합 지원하여 체계적으로 기술창업을 지원한다. 동 사업의 지원·수혜대상은 연구기관에 재직하는 예비창업자 중 직접개발기술 또는 연구기관에서 제공하는 기술을 활용하여 사업화를 희망하는 자이다.

창업 인프라구축 분야의 창업보육센터보육역량강화(중소기업청)와 환경산업기반구축(환경부)은 환경부 예산을 중기청으로 이관하도록 했다. 중기청의 패키지형 창업지원사업인 선도벤처연계 창업지원과 연구원특화 예비기술창업자육성도 선도사업으로 통폐합됐다. 중기청(창업아카데미, 창업선도대학, 시니어창업스쿨)과 교육부(대학 창업교육 및 창업문화 활성화, 대학생창업교육 사업)에서 하는 5개의 창업교육사업은 중복지원을 막기 위해 1개 대학이 중기청이나 교육부 2곳 모두로부터 재정지원을 받지 못하도록 했다. 글로벌 창업지원은 역할을 분담하는 것으로 조정돼 중기청(글로벌청년창업 활성화)은 해외연수를 맡고 미래부(글로벌창업활성화 기반조성, 글로벌K-스타트업 프로그램)는 국내 연수를 담당하게 된다.

8) 1인 창조기업 사업화 지원

중소기업청은 창의적인 아이디어 또는 전문성을 보유하였지만 사업화를 위한 마케팅 능력이 부족한 1인 창조기업의 부족한 사업화 역량강화 및 지식서비스 거래 활성화 도모를 위해 1인 창조기업의 마케팅을 지원한다. 동 사업은 1인 창조기업의 사업화 지원 프로그램으로 1인 창조기업 아이템의 사업화에 필요한 디자인 및 브랜드 개발, 홈페이지 제작 및 오프마켓 등록 등 온라인 사업화에 소요되는 비용과 시장조사 등 오프라인 사업화에 소요되는 비용을 지원한다.

2016년에는 창의적인 아이디어를 보유한 창업기업·1인 창조기업들의 기술사업화 지원에 1천888억원이 투입되었다. 중소기업청이 시행한 '2016년도 창업성장기술개발사업'의 주요 내용은 다음과 같다. 창업과제 부문에서 소규모 창업기업 대상으로 총 500개 내외의 과제를 지원하고, 시너지효과를 높이기 위하여 창업과제 예산의 일부를 창조경제·창업사업화 지원사업 선정 또는 우수과제, R&D기획지원 우수과제를 연계하였다.

민간투자주도형 기술창업지원과제는 엔젤투자사로부터 투자·보육·멘토링을 조건으로 하는 기술기반 창업기업·전문엔젤로부터 투자받은 창업기업을 대상으로 180여개 과제를 지원한다. 여성참여활성화과제는 신규 연구인력을 고용한 여성창업기업, 경력단절여성 고용 창업기업 등을 대상으로 100여개 과제와, 1인 창조기업과제엔 창업후 7년 이하의 1인 창조기업을 대상으로 300여개 과제를 지원한다(충청일보 2016년 2월 2일).

9) 1인 창조기업 비즈니스센터

1인 창조기업 는 사무 공간 및 법률·세무 등을 통해 창업을 지원하는 프로그램으로 전국에 60여개 센터를 운영 중이다. 연간 지원 규모만 88억원이다. 2015에는 1인 기업 562개를 창출하는 성과를 냈다. 사업화 지원 예산은 약 60억원으로 기업당 최대 2000만원을 지원하고 있다. 중기청은 작년에만 788개 기업에 대해 마케팅 지원, 지식재산 지원, 국내외 판로 지원 성과를 낸 바 있다(매일경제 2016년 3월 16일).

10) 참살이 전문가 양성교육

중소기업청은 참살이 분야에서 서비스 일자리를 창출하기 위해 참살이 실습터 운영을 통한 창업 희망자 교육 및 창업자금을 지원한다.

참살이 분야란 기술·전문지식 등으로 부가가치를 창출하는 문화, 뷰티, 취미, 여행 및 건강 등 Well-begin 관련 분야로 공예디자이너, 네일아티스트, 소믈리에, 바리스타, 투어플래너, 플로리스트, 웨딩플래너 등이 지정되어 있다. 동 사업은 대학·지자체 등 지정된 참살이 실습터(10개)에서 관련 분야 창업 희망자에 대한 전문 실습교육을 실시하고 창업자금을 지원한다. 참살이 실습터는 경력단절자와 초급기술자, 청년실업자, 취업취약계층 등 실무가 부족, 창·취업에 어려움을 겪고 있는 주민을 현장중심의 전문기술인으로 양성하는 과정으로 무료이다. 교육은 해당업종 업체 대표를 강사로 초빙하기 때문에 어느 강좌보다 수준 높은 실전과 현장트렌드를 직접 전수받을 수 있어 인기가 많다. 교육생들은 실무교육과는 별도로 창·취업 동아리 활동, 창업 컨설팅, 현장체험학습, 주민체험서비스 등을 통해 현장 감각을 익힐 수 있는 기회를 제공받아 전문기술능력 향상의 계기도 갖게 된다.

11) 장애인 원스톱 창업지원

중소기업청은 장애특성에 맞는 창업교육과 창업정보제공을 통해 장애인 맞춤형 창업 활성화를 촉진한다. 동 사업은 창업교육, 창업교육지원시스템 및 창업사후관리로 구성되어 있다. 창업교육에서는 창업기초교육, 업종특화교육, 인턴교육 등 장애인 맞춤형교육을 통해 장애인이 성공적인 창업을 할 수 있도록 지원한다. 창업교육지원시스템에서는 장애유형별 심층상담, 실습 및 컨설팅을 지원한다. 창업사후관리에서는 교육생 창업율과 창업지속율 등을 지속적으로 모니터링하고, 선도업체 탐방, 맞춤형 온라인 교육시스템 등을 통해 창업 후 기업을 지속적으로 관리한다. 교육 신청 자격은 장애인복지법에 규정된 장애인등록증을 교부받은 사람, 국가유공자 상이등급 1급 내지 7급의 판정을 받은 사람이면 누구나 신청 가능하며 무료 교육과 함께 교육 중 식비도 지원한다.

12) 대학생 창업교육

교육부는 기획재정부, 중소기업청 등 9개 부처·청과 합동으로 대학·기업이 교육과정을 공동으로 운영하는 계약학과 등 사회맞춤형 학과를 확대하고 외국기업과 공동연구를 위한 '글로벌 산학협력 중개센터'를 운영하는 '산학협력 5개년(2016~2020) 기본계획'을 2016년 4월 12일에 발표했다. 이 계획을 통해 대학지주회사를 자회사 230개(2015년 기준)에서 2020년 440개로 확대시키고, 학생창업기업을 2020년까지 1800개로 늘리고 기업 지원 등을 통해 향후 5년간 신규 일자리를 5만개 이상 창출할 수 있을 것으로 정부는 전망했다.

대학과 기업이 교육과정을 공동운영하며 졸업생을 채용하면 우대하는 사회맞춤형학과는 현재 5배 수준인 2만 5000명으로 2020년까지 확대하고 공교육 혁신을 위해 공학교육인증제도와 기술사 제도를 연계하는 방안을 추진한다. 이와 함께 사회맞춤형 교육과정을 대학원과정으로 확대해 인공지능(AI), 정보통신기술(ICT)융복합, 바이오헬스 등 신산업 분야 인재 육성에 나선다. 창업활동을 통해 대학(원)생이 일자리를 만들어갈 수 있도록 '대학창업펀드'를 조성해 사업아이템, 기술 등을 갖춘 이들이 실제 창업이 가능토록 지원을 확대한다.

공학·제조업 중심의 산학협력을 문화·예술 콘텐츠 및 서비스분야로 확산하기 위해 대학에 문화·예술 분야 대학지주회사 제도를 도입, 현재는 기술이전촉진법상 기술을 출자하는 형태의 지주회사 설립만 가능하다. 해외 현장실습, 외국기업 공동연구 등 글로벌 협력을 위해 국내대학이 보유한 국외 인프라를 활용해 외국 주요 거점별 '글로벌 산학협력 중개센터' 설치할 예정이며 올해 2개 센터를 시범 운영한다(뉴데일리경제 2016년 4월 12일).

4. 창업인프라 구축사업

1) 시제품 제작터

중소기업청은 제조기반 창업 기업의 시제품제작 애로사항을 해소하기 위하여 지방청에 시제품 제작터를 구축하고 디자인부터 실물모형제작까지 시제품제작 전 과정을 원스톱 지원한다. 동 사업은 전국 4개소에 시제품 제작터를 구축하고 시제품의 디자인·설계·실물 모형 제작 등 시제품 제작의 전 과정을 시중가의 60% 수준에서 일괄 지원함으로써 창업기업의 시제품 제작의 애로사항을 해소한다. 동 사업의 지원·수혜대상은 예비창업자 또는 창업 후 5년 이내의 기업이다.

대구경북중소기업청의 시제품 제작터의 지원으로 상품화로 이어지는 사례가 많다. 지역의 업체가 개발한 마개는 음료수 페트병에 부착한 뒤 가장자리에 입을 대고 마시도록 만들어졌고, 거꾸로 흔들어도 음료수가 쏟아지지 않아 2015년에 창조경제 대상에서 국무총리상을 받았다. 이 제품은 대구경북중소기업청이 운영하는 시제품제작터를 거쳐 상품화돼 대형 마트 납품에 이어 수출까지 하게 됐다. 대구경북중소기업청의 시제품제작터를 이용하는 건수가 첫해인 2013년에는 70여건이었지만 2015년에는 390여건으로 5배이상 급증했다. 또 시제품 검증과정을 거쳐 상품화로 이어진 건수도 360여건으로 이용건수의 40%에 이른다(TBC 뉴스 2016년 4월 26일).

2) 온라인 재택창업 시스템

중소기업청은 창업자가 회사법인 설립을 위해 정관 등 32개 서류를 세무서 등 7개 기관을 방문하여 제출하는 기존의 창업환경을 간편화하기 위해 법인설립 관련기관의 전산시스템을 연계하는 재택창업시스템을 구축하였다. 동 사업은 시·군·구청, 상업등기소, 세무서, 4대사회보험기관 등 법인설립 관련 기관의 방문 없이 법인 설립을 온라인에서 처리할 수 있도록 시스템을 구축하여 지원하며, 연중 상시 시스템 운영 및 콜센터를 운영하고 있다. 동 사업의 지원·수혜대상은 모든 법인 창업자이다.

이를 활용한 신설 법인의 비중은 2010년 1.7%, 2011년 2.6%, 2012년 3.2%로 더디게 증가하고 있다. 그 이유로는 발기설립(발기인이 회사 발행 주식을 모두 인수해 설립하는 방식)에 의한 자본금 10억원 미만의 창업에만 현행 시스템이 적용되는 점이 가장 중요한 요인이다. 또한, 이 시스템과 대법원 인터넷등기소의 연계 미흡으로 증자나 정관 변경이 필요할 때는 법무사를 통해 법인등기 변경 절차를 밟아야 하는 번거로움이 있다(연합뉴스 2014년 8월 17일).

3) 창업보육센터 건립 및 운영지원

중소기업청은 창업초기기업 및 예비창업자들의 창업초기 안정적 경영활동과 지속적 성장을 촉진할 수 있도록 창업보육센터를 운영하고 있으며, 창업보육센 터의 안정적 운영을 위해 노후시설 개선·확장 등 건립비용과 운영에 소요되는 비용을 지원한다. 동 사업은 창업보육센터의 창업보육공간 확보를 위한 신규건립·확장 또는 시설개선에 필요한 자금을 지원하는 건립비지원사업과 입주기업 보육에 필요한 전 문 매니저 인건비·컨설팅비·마케팅비를 지원하는 운영비 지원사업으로 구성된다. 동 사업의 지원·수혜대상은 중소기업창업지원법에 규정된 자격을 갖춘 중소기업청 지정 전국 280여개의 창업보육센터이다.

4) 창업보육센터 보육 역량 강화

중소기업청은 창업보육센터의 인큐베이팅 역량을 제고하고 보육기업의 사업 화 지원을 위한 프로그램을 개발·운영할 수 있도록 창업보육센터의 보육 역량 강화를 지원한다. 동 사업은 교육·멘토링·제품화 및 해외마케팅 등 창업보육센터의 맞춤형 보육프로그램을 개발과 운영하는데 소요되는 비용을 지원한다.

5) 시니어 비즈플라자

중소기업청은 지방의 유휴공간을 시니어의 창업지원 거점으로 활용하여 시니어의 안정적인 창업정착과 초기 사업화 과정을 지원한다. 지자체 및 설치를 희망하는 기관은 운영시설을 제공하고, 중소기업청에서는 운영비 등을 지원한다. 동 사업에서는 유휴공간을 시니어 비즈플라자로 지정하여 창업 준비 과정에 필요한 사무실, 회의실 등 사무공간으로 활용할 수 있도록 제공하며, 전문가 상담·자문·교육·창업정보 등 경영지원을 제공한다. 동 사업의 지원·수혜대상은 전문서비스, 사회적기업, 제조업 등 시니어에게 적합한 업종으로 창업을 희망하는 40세 이상 예비창업자이다.

수원시의 시니어비즈플라자는 창업지원 3단계 시스템을 통하여 창업을 지원하고 있다. 아이디어만 있던 사람이 창업을 하게 되면 창업지원센터로 옮겨서 초기창업의 전 단계를 거치고, 두 번째는 창업성장지원센터로 가고, 중소기업정도로 자리 잡게 되면 산업단지로 들어가게 되는 연계형 창업시스템을 통하여 창업이 성공할 수 있도록 지원하고 있다.

6) 환경산업육성기반 구축(BI)

환경부는 환경산업 경쟁력 강화 및 저변 확대를 위해 우수 환경기술을 보유한 환경벤처기업을 발굴하고, 입주를 통해 창업을 종합적으로 지원한다. 동 사업은 실습위주의 교육프로그램을 통한 입주기업의 역량강화프로그램, 유관기관의 지원사업에 적합한 사업을 발굴하고 신청을 지원하는 자금 알선 및 유치 지원 프로그램, 법률·특허·회계 분야 전문기관을 활용한 비즈니스 전문컨설팅 프로그램, 제품 마케팅 지원 프로그램 등을 통해 입주기업에 대한 안정적인 사업화를 지원한다. 동 사업의 지원·수혜대상은 예비창업자 또는 창업 후 3년 이내의 환경 관련 기업 중 환경벤처센터 입주 선정된 기업이다.

7) 하이테크 창업 캠퍼스

하이테크 창업 캠퍼스는 중기청이 지원하는 민간주도 이스라엘식 기술창업팀 '팁스'(TIPS)를 비롯해 팁스 운영사, 엔젤투자사, 엑셀러레이터, 벤처캐피탈 등이 한 데 모이는 벤처·창업 클러스터이다. 창업기획사 방식의 기술창업자 양성 프로그램을 활용해 창업캠퍼스 입주팀별로 최대 3년간 10억원까지 지원하고, '마루 180', '디캠프' 등 민간의 선도적 창업 엑셀러레이터와 협력해 실리콘밸리식 네트워킹 환경을 조성하였다. 창업 3~4년 이후 사업화 단계에서 맞는 죽음의 계곡을 극복할 수 있도록 R&D·벤처투자·판로 등을 종합지원한다.

세부 내용을 보면 창업 초기제품 고도화를 위한 R&D 투자를 확대하고, 시설·설비투자 등에 1조 4000억원의 융자를 공급한다. 또한 '디자인·금형 개선 → 해외현지화 R&D → 양산자금'을 일괄 지원하는 1100억원 규모의 '창업도약 패키지 프로그램'을 신설하기로 했다. 이 밖에 중국 등에 대한 해외진출펀드를 조성하는 등 '벤처·창업자금 순환 단계별'로 2조원의 벤처펀드를 확충키로 했다.

8) 개방형 플랫폼 '파스-타(PaaS-TA)'

미래창조과학부와 한국정보화진흥원은 클라우드 서비스 개발 환경을 제공하는 개방형 플랫폼 '파스-타(PaaS-TA)'의 1차 개발을 2016년 4월 26일에 완료했다. 공공분야 클라우드 전담기관인 한국정보화진흥원과 금융정보기술 전문기업인 코스콤은 파스-타 협력을 위한 양해각서를 체결했고, 코스콤은 2016년 하반기부터 파스-타를 적용한 '1호 서비스'를 제공할 계획이다. 클라우드는 서버 공간이나 소프트웨어를 빌려쓰는 것을 말하는데, '파스-타'는 이같은 클라우드 서비스를 만들고 운용·관리할 수 있게 하는 플랫폼이다.

파스-타는 다양한 환경에 대응하는 클라우드 서비스를 개발할 수 있도록 개발됐고, 6가지 이상의 개발언어와 다양한 클라우드 인프라 서비스를 지원한다. 모든 소스코드가 공개 소프트웨어라서 누구나 쉽게 활용할 수 있는 개발 환경을 갖췄다. 클라우드 플랫폼 서비스는 아마존웹서비스, 마이크로소프트, 구글, 아이비엠(IBM) 등 글로벌 기업들이 대규모 투자로 자사 플랫폼 중심의 체제를 만들려고 경쟁하는 분야다. 미래부는 2014년 836억달러(약 96조원)였던 세계 클라우드 서비스 시장 규모가 2019년 1889억달러로 성장할 것으로 예측했다.

5. 창업사업화 · 자금지원사업

1) 청년전용 창업자금

중소기업청은 우수한 기술력과 사업성은 있으나 자금력이 부족한 중소·벤처기업에게 정책자금을 융자 지원하여 창업을 활성화하고 고용 창출을 도모한다. 동 사업의 재원은 중소기업창업 및 진흥기금 중 창업지원자금(융자금)에서 일부를 활용하며, 융자상환금 조정형(800억원)과 민간금융 매칭형(800억원) 등 총 1,600억원 규모로 융자 지원된다. 또한 동 사업은 자금의 융자 지원과 더불어 연 수원 집합교육(4박5일)을 통한 체계화된 교육 및 컨설팅을 연계 지원하여 성공적인 창업을 유도한다. 동 사업의 지원·수혜대상은 39세 이하의 예비창업자 및 창업 후 3년 이내의 기업으로 업체당 1억원 이내에서 융자기간 3년(1년 거치기간 포함)으로 지원된다. 융자금리는 연2.5% 고정돼 있으며 최대 6년의 기간 동안 기업당 최대 1억 원의 융자가 가능하다. 서울, 인천, 대전 등 총 18개 청년지원센터 지역본(지)부에서 접수할 수 있다. 지역본부를 통해 필요자금을 신청하고 접수가 되면 중소기업진흥공단이 교육과 컨설팅을 실시하고 사업계획서 등에 대한 평가를 통해 융자대상을 결정한다.

2) 창업기업 자금지원

중소기업청은 우수한 기술력과 사업성은 있으나 자금력이 부족한 중소·벤처기업의 창업을 활성화하고 고용을 창출하기 위해 정책자금을 융자 지원한다. 동 사업은 생산설비·사업자 건축자금·토지구입비 등의 시설자금과 창업소요비용·기업경영소요비용 등의 운전자금에 대한 융자 지원 사업이다. 시설자금은 8년 이내, 운전자금은 5년 이내의 범위에서 융자 지원되며, 최대 45억원 한도에서 지원된다. 동 사업의 지원·수혜대상은 창업 후 5년 이내의 중소기업 및 창업을 준비 중인 자(최종 융자 시점에서 사업자등록 필요)이다.

3) 창업성장 기술개발 지원

중소기업청은 창업기업 및 1인 창조기업의 신기술·신제품 기술개발에 대한 집중 지원을 통해 기술창업 활성화를 도모하고, 매출액 증대 및 고용창출을 통해 기업의 지속적인 성장기반을 조성한다. 동 사업은 창업기술개발과제 프로그램과 1인 창조기업 기술개발과제 프로그램으로 구성된다. 창업기술개발과제 프로그램은 기술개발역량은 보유하였지만 개발자금이 부족한 창업기업에게 R&D 자금을 지원하여 기술창업 활성화 및 성장 기반 확충을 도모한다. 1인 창조기업 기술개발과제 프로그램은 신기술·신제품에 대한 새로운 아이디어와 기술을 보유한 1인 창조기업이 기술개발을 통해 기술기반 기업으로 성장할 수 있도록 1인 창조기업 전용 R&D 자금을 지원한다. 동 사업의 지원·수혜대상은 창업 후 5년 이내의 중소기업 및 1인 창조기업이다.

4) 미래창조펀드

중소기업청은 창업·벤처기업의 자금조달 체계를 기존의 융자 중심에서 투자 중심으로 전환하여 '창업 → 성장 → 회수 → 재투자/재도전'의 벤처·창업 선순환 생태계를 조성하기 위해 미래창조펀드를 조성한다. 동 사업은 민간출자 4,000억원(정부, 대기업, 벤처1세대, 연·기금 등) 및 정책 금융 2,000억원(모태펀드, 정책금융공사 각 1천억원)을 통해 6,000억원 규모의 펀드를 조성하여, 창업초기 및 성장단계 기업에 투자한다. 또한 투자과정에서 선도 벤처기업 및 국내 대기업이 새싹기업 육성에 적극적인 역할을 수행토록 유도한다. 동 사업의 지원·수혜대상은 창업 후 3년 이내 기업 및 성장·후기단계의 기업으로, 펀드의 성격에 맞게 IT·모바일·헬스케어 등 첨단 분야를 중심으로 투자를 한다.

5) 대체산업 창업지원

산업통상자원부는 석탄산업 사양화에 의한 폐광지역 공동화 및 경기침체 등의 사회적 문제를 해결하기 위해 폐광지역 대체산업 창업에 필요한 자금을 융자·지원한다. 동 사업은 폐광지역에서 대체산업의 창업에 필요한 시설자금 및 운전자금을 융자 지원하며, 운전자금은 2년 거치 3년 분할 상환의 조건으로, 시설자금은 5년 거치 5년 분할 상환의 조건으로 융자 지원한다. 동 사업의 지원·수혜대상은 폐광지역 진흥지구 안에서 창업, 이전 및 확장하는 제조업 또는 관광레저업을 영위하는 기업으로 산업통상자원부 장관이 폐광지역에 지원이 필요하다고 인정하여 지정한 농공단지 내에 입주한 기업 또는 입주예정기업이다.

6) 데쓰밸리펀드

산업통상자원부는 '창업→사업화→시장진입'으로 이어지는 데쓰밸리 기간에 어려움을 겪고 있는 R&D 중소기업의 초기 사업화를 촉진하기 위해 데쓰밸리펀드를 조성하여 투자한다. 동 사업은 운용사 및 민간 투자자로부터 자금을 조달하여 250억원 규모의 펀드를 조성하고, 창업단계·사업화단계 및 시장진입단계 등 데쓰밸리 기간의 중소기업에 투자한다. 또한 투자 대상으로 선정된 기업에게 사업화 전문회사를 활용하여 펀드 존속기간까지 사업화 컨설팅도 지원할 예정이다. 동 사업의 지원·수혜대상은 R&D 중소기업이며, 산업기술진흥원, 산업기술평가관리원, 에너지기술평가원에서 제공한 산업통상자원부 R&D에 성공한 900여 개의 기업을 대상으로 투자 대상을 선정한다.

7) 성장사다리펀드

금융위원회는 창업→성장→회수/재도전 단계에서의 자금 수급의 불균형을 완화하고 단절 없는 건강한 벤처생태계 구축을 위해 펀드를 조성하여 투자한다. 동 사업은 정책금융공사·산업은행·기업은행 등의 출자로 6,000억원(1차 연도) 규모로 창업·성장·회수 금융 목적을 달성하기 위한 목적별 별도 펀드(母펀드)와 하위펀드(子펀드)를 구성하고, 민간 전문 운용 기관을 선정하여 위탁 운영한다. 또한 지원의 효과를 배가하기 위해 성장사다리 펀드의 투자지원을 받는 벤처·중소기업에 대해 신용보증기금 및 기술보증기금의 보증 지원을 강화하는 등 복합 금융을 제공할 계획이다. 동 사업의 지원·수혜대상은 창업, 성장 및 회수 단계의 기업으로, 전문 운용사가 투명하고 독립적인 절차에 따라 선정하고 운용하게 된다.

6. 글로벌창업 지원사업

1) 글로벌 청년창업 활성화

중소기업청은 창업기업의 해외창업 및 진출에 적합한 “해외 창업환경 및 과정” 등을 집중 코치하여 창업기업의 성공적인 해외진출 지원한다. 동 사업은 창업기업의 글로벌 창업지원을 위해 해외 현지 입주공간을 제공하고, 12주 과정의 보육프로그램을 제공한다. 교육 과정을 통해서 사업아이템의 현지화를 위한 이론 및 실습을 교육하며, 그 밖에 멘토링 및 네트워킹 등 사업화를 위한 다양한 지원을 실시한다. 동 사업의 지원·수혜대상은 예비창업자 또는 창업 후 5년 이내의 기업이다.

2) 글로벌 창업 활성화 기반 조성

미래창조과학부는 창업 초기단계부터 세계를 지향하는 글로벌 창업을 활성화하기 위해 글로벌 창업 기반조성을 지원을 한다. 동 사업에서는 글로벌 창업 전문 지원센터, 글로벌 창업 공모전, 그리고 글로벌 창업지원 인프라 구축을 위한 다양한 활동 등을 지원한다. 글로벌 창업 전문 지원센터는 글로벌 창업 지원을 위한 전문 지원센터로 민간의 전문성을 활용할 수 있도록 민간협회 및 컨설팅 전문기관 등과 파트너십을 추진하여 창업기업에게 법률·회계·특허 등의 전문 컨설팅을 지원한다. 글로벌 창업 공모전을 통해서는 창업 아이디어 발굴을 지원하고 창의적 인재를 육성하며, 글로벌 창업 분위기를 조성한다. 또한, 해외 엑셀러레이터와 국내 창업기업 공동발굴, 한인 네트워크 활성화, 글로벌 인턴십 프로그램 운영 등 글로벌 창업인프라 구축을 위한 다양한 활동을 지원한다. 동 사업의 지원·수혜대상은 해외시장 진출을 희망하는 창업 3년 이내의 기업 중 공모를 통해 선정된 기업이다.

3) 실리콘밸리 창업지원센터

미래창조과학부는 글로벌 진출이 유망한 ICT 분야에서 현지 보육형 창업지원을 통해 글로벌 창업 및 육성을 지원한다. 동 사업은 해외 진출유망 ICT 창업기업을 발굴하고, 일정기간 창업 지원실 입주를 통해 창업을 지원한다. 입주 기업에 대해 기업별 멘토링 지원, 법률·회계·특허 등 컨설팅 지원, 투자유치 및 현지 네트워크 구축 등 창업 각 단계를 체계적으로 지원하여 성공적인 글로벌 창업 기업을 육성하며, 창업 성공사례를 지속적으로 발굴·전파하여 글로벌 창업 분위기 형성을 도모한다. 동 사업의 지원·수혜대상은 글로벌 창업지원센터의 요청이 있거나 실리콘밸리 기 진출 한국 창업기업 중 VC 등의 추천이 있는 글로벌 유망기업이다.

4) 글로벌 K-스타트업 프로그램

미래창조과학부는 인터넷 산업의 경쟁력 강화를 도모하기 위해 인터넷 분야 창의적 아이디어의 공모·발굴부터 서비스 개발, 창업 및 사업화, 투자유치 및 글로벌 진출까지 글로벌 창업의 각 단계를 연계하여 종합적으로 지원한다. 동 사업은 혁신 아이디어의 창업·사업화 지원, 투자유치 지원 및 스타트업 비즈니스화 지원으로 구성된다. 혁신 아이디어의 창업·사업화 지원에서는 포털·통신사와 연계한 클라우드 기술 개발 인프라 지원, 전문가 멘토링 지원, 지적 재산권 확보 등을 통해 서비스 개발을 지원하며, 우수한 프로젝트에 대해서는 시상을 통해 창업자금도 지원한다.

투자유치 지원에서는 국내외 엔젤·VC 대상의 IR, 유망 스타트업 컨퍼런스 참가 등을 지원하며, 구글·영국정부와 연계하여 런던 및 실리콘밸리 등 현지에서 해외 투자자를 대상으로 IR 및 네트워킹을 지원한다. 스타트업 비즈니스화 지원은 해외 유명 창업보육기관과 연계한 글로벌 인턴십 프로그램 지원, 유명 IT 미디어 등을 통한 홍보 지원 등을 실시한다. 동 사업의 지원·수혜대상은 중·고·대학(원)생 및 일반인으로 7인 이하의 팀을 구성하여 공모전에 참여하며, 다른 정부기관의 지원을 받는 경우 제외된다.

7. 재기(재창업) 지원사업

1) 중소기업 재기지원사업

중소기업청은 중소기업인의 재기 과정의 각종 애로사항에 대한 종합적·체계적 지원을 통해 실패 기업인의 기술·경험 등 사회적 자산의 사장을 방지하고 청년층의 창업촉진을 통한 일자리 창출을 도모한다. 또한, 경영위기의 부실 중소기업에게 효율적인 사업정리 및 회생을 지원하여 연쇄부도를 예방하고 중소기업의 경쟁력을 제고한다. 동 사업은 실패기업인 대상의 재기교육, 부실 중소기업에 대한 재기법률서비스, 재창업 확산으로 구성된다. 재기교육은 (재)재기중소기업개발원 죽도연수원에서 수행되며, 실패 중소기업 경영자를 대상으로 4주간의 합숙을 통해 자아성찰, 심리치유, 사업구상 등 재기의 기반을 다질 수 있는 무료교육을 실시한다.

재기법률서비스는 경영위기 기업에 전문가가 방문·진단하여 사업 정리 또는 기업회생에 대한 적합한 진로를 제시하게 되며, 회생 가능성이 높은 기업에 대해서는 회생절차 신청부터 회생계획 인가까지 회생의 전 단계를 체계적으로 지원한다. 재창업 확산은 재기지원 정책의 추진을 위해 재창업 정밀 실태조사 및 연구로 실패기업 재기의 사회적 가치에 대한 인식 개선을 통해 재창업을 지원한다. 동 사업의 지원·수혜대상은 중소기업 경영실패자 또는 경영위기에 직면하여 위기극복이 필요한 사업가이다.

국세청과 중소기업청은 2016년 4월 19일에 대전 소상공인 사관학교 '꿈이룸'에서 영세사업자의 원활한 창업과 폐업 후 성공적인 재기를 지원하는 내용의 업무협약을 맺었다. 각자 영세사업자를 지원하던 양 기관은 이번 협약에 따라 향후 영세사업자가 창업에서 폐업·취업(재창업)까지 사업주기별로 필요한 서비스를 맞춤형으로 지원한다. 중기청 창업교육에 참여하는 예비창업자는 국세청 영세납세자지원단의 무료 세무자문 서비스를 함께 받을 수 있다. 세무서에 폐업신고를 하는 영세사업자는 폐업자 멘토링을 비롯한 무료 세무자문과 부가가치세·종합소득세 신고대행뿐만 아니라 중기청의 취업 지원 사업인 '희망리턴패키지' 혜택도 받을 수 있다.

2) 벤처1세대 활용 및 재기 프로그램

미래창조과학부는 벤처 1세대의 성공과 '성실한 실패' 경험을 활용하여 젊은 창업자를 지원하고, '성실 실패자'에게 공동창업 등과 같은 재기의 기회를 제공한다. 동 사업은 국내 ICT분야의 청년 창업을 활성화하기 위해 대학창업동아리 및 초기창업기업에 벤처 1세대 중심 멘토단의 멘토링 서비스를 제공한다. 또한 초기 창업기업 및 창업을 준비하는 청년에 대한 상시 멘토링이 가능하도록 벤처 상시 지원체계를 구축한다. 또한, 창업에 재도전하고 싶으나 자금과 아이템이 부족한 성실실패자와 창업동아리 간의 공동창업 등을 통해 성실 실패자 재창업 기반을 조성하여 벤처1세대의 성공과 실패 경험을 국가 자산으로 활용할 수 있도록 한다. 동 사업의 지원·수혜대상은 벤처1세대로 벤처를 창업하여 5년 이상 운영한 전직 벤처인, 벤처창업을 희망하는 대학창업 동아리 및 ICT분야에서 창업 후 3년 이내의 기업이다.

8. 기타 사업

1) 고용창출지원사업

고용노동부는 교대제 도입, 실근로시간 단축, 고용환경개선 및 신성장동력산업 부문 창업 등을 통해 고용기회를 확대한 기업에 대한 지원을 통해 일자리 창출을 제고한다. 동 사업은 고용기회를 확대한 기업에게 사업지원금을 지원하며, 특히 창업부 문에서는 신성장동력 산업에 해당하는 10인 미만의 창업초기 기업 및 국내복귀 (U턴) 기업의 사업주가 신규 고용하여 일자리를 창출하는 경우 지원을 받는다. 동 사업의 지원·수혜대상은 근로자수 10인 미만의 창업 후 2년 이내의 신성장동력 산업 기업 및 국내복귀 후 6개월 이내의 제조업 기업이다.

2) 창조관광사업 발굴 및 육성

문화체육관광부는 관광산업의 융·복합을 통한 경쟁력 강화, 일자리 창출 및 국내관광 활성화를 위해 창조적 미래형 관광 산업을 발굴하고 지원한다. 동 사업은 기존 관광산업과 연계하여 창조성, 혁신성, 개방성 및 기술성 등을 기반으로 새로운 가치와 시너지를 창출하는 벤처기업을 육성하고 경쟁력을 확보 하는 것을 목표로 공모전을 통해 아이디어를 발굴하고, 교육·컨설팅·홍보·마케팅 등 창조관광 사업 아이디어의 사업화를 지원하게 된다. 동 사업의 지원·수혜대상은 예비 창업자 또는 창업 후 5년 이내의 기업 중 관광 관련 신규 사업을 계획 중인 자이다.

문화체육관광부는 성장단계별 맞춤 지원을 통해 관광 분야의 벤처기업을 발굴하고 육성하기 위하여 해마다 공모전을 열고 있다. 2016년에 열린 '제6회 창조관광사업 공모전'은 예비창조관광 부문과 창조관광 부문으로 나눠 진행되었다. 예비창조관광사업 부문은 예비창업자 및 창업 7년 이하의 사업자를 대상으로 하며, 선정된 사업은 창업 및 사업화 역량 강화를 위해 사업화 자금 2500만원과 맞춤형 컨설팅, 홍보 마케팅 등을 지원받는다. 창조관광사업 부문은 업무 경력에 관계없이 창의적인 관광 관련 사업을 하고 있는 융·복합 관광 관련 중소기업을 대상으로 한다.

선정된 기업은 문체부 장관 명의의 확인증과 관광개발진흥기금 운영자금 특별융자 지원 및 투자 유치, 국내외 판로 개척을 위한 홍보 지원 등을 받을 수 있다. 특히 2016년 공모전에서는 창조경제혁신센터와 협업하여 관광 분야의 창조기업을 육성하고자 하는 5개 지역(강원, 경북, 전남, 충남, 제주)에 지역할당제를 실시해 별도로 중소관광기업을 선발한다. 지역할당제에 의해 선정된 기업은 각 창조경제혁신센터 내 사무 공간과 창조경제혁신센터에서 제공하는 컨설팅 등을 추가로 지원받았다(아시아경제 2016년 2월 23일).

3) 귀농 농업창업 및 주택구입 지원

농림축산식품부는 귀농을 희망하는 도시민의 안정적인 농어촌 정착과 이를 통한 농어촌 우수인력 육성을 위해 자금을 지원한다. 동 사업은 귀농을 희망하는 도시민에게 농업창업과 주거공간마련 자금을 융자 지원하는 사업이다. 영농기반, 농수산식품 제조·가공시설 신축(수리) 용도의 농업창업자금은 2억원 한도에서 융자지원을 받을 수 있으며, 농가 주택 구입 및 신축을 위한 주택마련자금은 4천만원 한도에서 융자지원을 받을 수 있다. 동 사업의 지원·수혜대상은 농어촌 이외의 지역에서 다른 산업분야에 종사하였거나 종사하고 있는 사람으로 농어업에 종사하고 있거나 하고자 하는 자이다.

4) 우리 마을 가게 상권분석서비스

서울시가 이미 보유하고 있거나 외부 기관과 협력하여 확보한 상권 관련 빅데이터(소비패턴, 유동인구, SNS 트렌드, 집객시설, 구매력, 싱가업소)를 토대로 자영업자가 가장 많이 창업하고 있는 43개의 생활밀착 업종을 선별하여 업종별 다양한 정보를 상권단위로 제공하고 있다. 상권신호등은 행정구역 단위의 창업 관련 지표를 지도상에서 분석할 수 있는 분석기능과 자영업 관련 통계정보를 제공하고 있다. 맞춤형 상권에서는 업종과 지역, 상권의 조건을 설정하고 검색하여 상권 리포트를 조회할 수 있고 지도에서 직접 간단한 정보 조회로 비교함에 담거나 지역명이나 업종명으로 빠르게 검색할 수 있는 기능도 제공하고 있다. 내 점포 마케팅에서는 기존의 자영업을 운영하고 있는 사용자를 위한 서비스로 자신의 점포 위치와 업종을 지정하고 주변의 분석하고자 하는 상권을 자유롭게 그리면 마케팅 리포트를 통해 상권 내에서 소비하고 있는 고객의 유형과 소비특성 정보를 제공해 타겟고객을 선정하는데 도움을 준다. 핫이슈 테마에서는 지역별 업종별 테마 상권을 검색하고 상권 비교함에 담아 상권간 주요 지표를 비교하고 각 상권의 상권 리포트를 조회할 수 있다.

·· 제 5 장 ··

근거이론

근거이론은 기존의 이론이나 이미 정의된 개념으로부터 시작하지 않는다. 근거이론은 그 현상에 적합한 개념적인 틀이 아직 명확하게 확인되지 않고 개념간의 관계에 대한 이해가 부족하거나 특정한 문제에 대한 반복연구가 수행되지 않아 적합한 변수들과 적합하지 않은 변수들을 결정할 수 없을 때 사용하는 방법이다.

1. 근거이론의 적용과 방법

1) 근거 이론적 접근

1960년대 실증주의에 대한 회의를 느낀 사회학자들에 의해 질적 연구가 부활되면서 근거이론분석법이 본격적으로 시도 되었다. 우리나라에서는 대한간호학회 추계 학술 보고서에서 근거이론 분석법이 국내 연구자들에게 소개된 후 근거 이론은 간호학뿐 아니라 다른 분야에서도 꾸준히 적용되었다.

근거이론이란 1967년 Glaser & Strauss(1967)에 의해 고안된 연구

방법으로 상징적 상호작용론의 관점에서 사회현상을 이해하기 위해 개발 되었다. 근거 이론적 접근은 실제 자료에 근거해서 이론을 도출하는 귀납적 연구방법으로, 체계적으로 수집되고 분석된 자료로부터 가설적 관계를 추출하는 과정을 통해서 연구 참여자가 당면한 문제를 스스로 어떻게 해결하는가를 밝히는 것이다(최귀순, 2005). 다시 말하면 연구자는 특정 이론을 미리 설정하지 않고 연구를 시작하며 연구자는 연구의 분야만을 사전에 계획하여 자료로부터 이론이 정립되도록 한다(남수정과 유현정, 2006).

근거이론은 인간에게는 다양한 사회 심리적 문제가 존재하고 자신이나 타인과의 상호작용을 통해서 그 문제에 자신이 부여한 의미에 따라 행동한다고 가정한다. 그러므로 인간행동을 이해하기 위해서는 행위자가 상황을 어떻게 보고, 무엇을 고려하며, 어떻게 해석하는지를 분석해야 한다. 이처럼 근거 이론적 접근은 인간이 경험하는 다양한 문제를 탐구해서 중범위이론을 개발하는 것을 목적으로 하고 있다.

근거이론적 접근을 사용하는 연구자들은 이론적 민감성에 주목해야 한다. 이론적 민감성이란 자료 속에서 중요한 것을 알아보고 그것에 의미를 부여할 줄 아는 연구자의 능력으로 전문적인 경험 및 개인적인 경험과 학문적인 문헌으로부터 형성된다. 또한 이론적인 민감성은 분석과정 그 자체에서도 중요한데, 즉 자료를 수집하고 자료에 대해 질문을 던져서 비교하고 자신이 본 것에 대해 생각하면서 가설을 세우고, 개념과 그들의 연관성에 대해 잠정적으로 이론적인 기틀을 세워나가는 과정에서도 이론적인 민감성인 이해와 통찰력이 요구된다.

문헌고찰은 자료 분석을 좀 더 완벽하게 하기 위해서 수행되어지는 계속적인 과정으로, 완전한 진리라기보다는 하나의 자료로서 취급되어진다는 특징을 가진다. 또한 연구의 종결부에 가서는 연구자는 기존의 문헌에서 얻게 되는 상황적 맥락에 의해서 자신이 도출한 이론이 어디에 위치하는지에 대한 아이디어를 얻을 수 있다. 특정 단위를 기술하기보다는 사회현상에 내재하는 주요과정을 발견하는데 초점을 둔다는 점에서 다른 질적 연구방법과 차별화된다. 각 자료는 다른 자료와 비교하여 분석되고, 이를 통하여 개념들을 발견하고 개념간의 관계를 설명하기 위한 틀로 공식화한다. 다시 말하면 인간행위의 상호작용을 이해하고 개념화하기 위하여 인간의 실제행위 영역에서 수집된 자료를 근거로 사용하는 근거이론은 실체에서 이론을 발달시키는 귀납적 이론 구축을 통하여 관련변수를 찾고 관련 변수들 간의 관계를 설명하는데 매우 유용한 방법이다(김소선, 2003; 이경순, 1987; 손상희, 2013).

근거이론적 접근방법이 가지고 있는 장점을 보다 구체적으로 설명하면 다음과 같다.

첫째, 근거이론 접근 방법은 양적 연구 방법에서 중시하는 이론적 가정보다 자료와 조사 대상을 우선으로 하는데, 연구 주제와 관련 있는 조사 대상을 선정하여 그들 스스로 진술한 경험적 자료를 우선으로 이론을 도출해 내기 위해서는 이 방법의 적용이 적절하다. 근거 이론 방법은 전제된 이론적 가정에 묶이지 않고 조사 대상과 실증 자료와의 관계 속에서 이론적 가정을 발견한 후에 조사 결과를 기술한다(Flick, 2009).

둘째, 근거이론은 자료 수집과 자료 분석 기술이 잘 확립되어 있어서 이론 구축이 용이하다(Strauss, 1987). 이 이론은 자료 수집 방법으로 이론적 표본 추출 방식과 자료 분석 방법으로 이론적 코딩 방법, 그리고 자료를 범주화 하고 이론을 만드는 틀로 패러다임 모델을 제시하고 있다. 이 방법은 수집된 자료를 토대로 귀납적 접근을 시작해 서서히 텍스트나 범주를 연역적으로 다룸으로써 이론 구축에 용이하다는 장점을 가지고 있다. 본 연구에서는 근거 이론의 연구 방법에 충실하기 위해 근거 이론의 패러다임 모형을 이용하여 연구 과정에서 다루어야 할 요인들을 빠짐없이 검토했다.

Strauss & Corbin(1994)은 근거이론적 연구방법을 사용할 때 다음과 같은 원칙을 충실하게 따라야 한다고 하였다.

첫째, 근거이론은 참여자가 자신이 생각을 어떻게 인지하는지 보다는 참여자가 경험을 어떻게 만들어 가고 반응하는가에 관심을 갖는다. 연구자가 자신의 사고의 틀에 얽매여 현상의 특정 측면에만 주의를 기울이거나 초초해 하면서 연구대상이 되는 분야나 인물이 지닌 구조를 간과하지 않도록 한다.

둘째, 근거이론적인 연구과정 모델에는 이론적 표본 추출, 이론적 코딩, 이론적 기술이라는 요소가 포함된다. 이 과정은 순환적 과정 이라는 데에 근거이론 접근법의 특징이 있다. 이론적 표본 수집 방법을 사용하여 단계적으로 표본을 확정해 나가는 전략으로서 사례와의 관련성을 높여 완성도 높은 결과를 얻도록 한다.

셋째, 대부분 질적 연구의 최종 목표가 이론 개발이지만 근거 이론은 이론 구축을 위한 실제적인 과정이 연구과정으로 설명된다. 자료를 개념화 하고 범주화하며 핵심 범주를 다루는 과정이 단계별 또는 시간별로 중심 맥락을 잃지 않는 특징적인 구조를 지닌다.

2) 근거 이론적 분석 방법

Strauss & Corbin(1998)은 자료수집을 할 때 적용할 수 있는 이론적 코딩방법을 정교화하였다. 이론적 코딩이란 근거이론을 개발하기 위해 수집한 자료를 분석하는 과정이다. 자료를 다루는 절차는 개방 코딩, 축 코딩, 선택 코딩이라 부른다. 이 방법은 명확히 구별할 수 있는 것이 아니라 텍스트 자료를 다양하게 분석하는 것이다. 연구자의 필요에 따라 방법을 선택해서 사용하기도 하고 함께 사용하기도 한다. 즉, 연구 참여자, 과정, 또는 조사하려는 현상에 대해 새로운 발견이나 통찰력, 그리고 연결을 시도하는 것이다.

일반적으로 해석의 과정은 개방 코딩으로 시작되어 최종단계로 진행됨에 따라 선택 코딩이 많이 사용된다(Flick, 2009). 코딩이란 자료를 분해하고 개념화하고 새로운 방법으로 다시 조합하는 과정을 말하며 자료에서 현상의 실체에 충실한 이론을 공식화 하는 핵심과정이다(Strauss & Corbin, 1990). 앞서 설명한데로 코딩의 궁극적인 목적은 이론을 구축하기 위함이므로, 여기서 말하는 이론은 소수의 천제가 만든 이론이 아니고 자료에 대한 연구자의 해명이다. 자료 분석 절차는 다음과 같이 세 가지 과정을 거쳐 이루어 졌다.

(1) 개방 코딩(Open Coding)

개방 코딩은 자료나 현상을 개념의 형태로 표현하기 위한 코딩이다. 개방 코딩은 실제 자료를 활용하기 때문에 '실체 코딩'이라고도 한다. 개념에 대한 명명은 정보제공자의 언어를 사용할 수도 있고 연구자가 창조하는 방법도 있다. 이를 위해 자료를 따로 분할시킨다.

원자료를 개념화하기 위해 전사된 자료를 읽어가며 의미의 단위와 단락을 분류하고 개념을 붙였다. 개념은 새로운 개념이 발견될 때 마다 개념들 간의 속성과 관계를 비교하여 개념들을 묶은 한 단계 높은 수준의 범주화 즉, 추상화 과정을 거쳤다. 개념간의 공통된 속성을 쉽게 찾는 방법은 각 개념들의 쓰임새와 개념이 처한 상황을 고려해 보는 것이다. 그리고 범주와 차원을 발달시키기 위해 이론적 민감성을 가지고 지속적인 비교분석을 실시하였다.

지속적 비교 분석과정을 통해 개념에 대한 정의와 원자료를 함께 제시하였다. 이후 추상성을 높여가며 하위 범주로 발달시켜 나갔고, 하위 범주를 유사한 것끼리 통합하고 범주 각각의 속성과 차원을 규명하고 모든 범주의 속성과 차원을 이론적으로 포화되도록 자료수집과 분석을 계속하였고 범주에 대한 정의를 기술 하였다. 범주를 명명할 때는 다른 범주와 비교하여 이들이 상호독립적임을 확인해야 하며 범주내의 속성과 이들 속성의 차원을 발견하여야 한다(김소선, 2003).

(2) 축 코딩

축 코딩은 개방코딩을 통하여 도출된 범주 간의 관계를 Strauss & Corbin(1998)이 제시한 근거이론 패러다임 모형을 이용하여 범주 간의 연결을 시도하는 것으로 가설 또는 이론 관계를 찾는데 목적이 있다. 축 코딩이란 복수의 하위 범주를 하나의 범주로 연관 짓는 과정이다. 하위 범주간의 연계를 만들어서 자료를 다시 상위 범주로 모으는 작업이다. 그리고 이것은 몇 개의 단계를 포함하는 귀납적 연역적 사고의 복잡한 과정이다. 개방코딩과 마찬가지로 이들 단계도 비교하고 의문을 제기하는 과정을 통해 이루어진다. 하지만 이들 과정을 실행할 때에는 패러다임 모델과 관련해서 범주를 발견하고 관계를 밝히는 것에 좀 더 초점이 맞춰진다(Strauss & Corbin, 1990).

Strauss & Corbin(1990)은 <그림 5-1>과 같이 근거이론 패러다임 모델을 활용하여 범주를 발견하고 관계를 연결하도록 제안한다. 이 패러다임 모델을 사용하면 개방코딩 과정에서 나타난 범주들을 인과적 조건, 맥락, 중심 현상에 대처하기 위한 행동/상호작용전략, 행동/상호작용에 영향을 미치는 중재조건 그리고 그 결과로 구조화 하고 관계를 밝힌다.

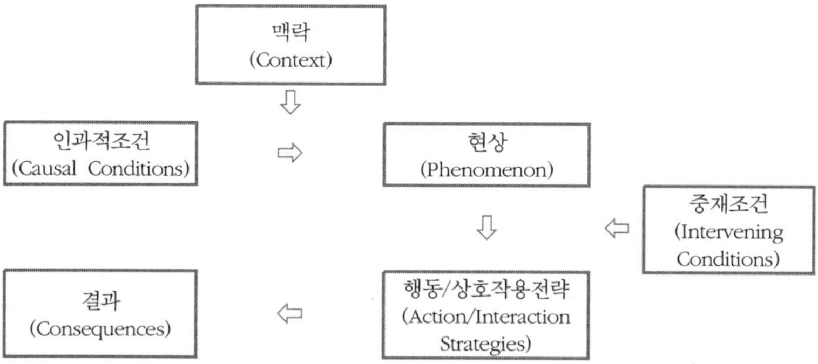

출처: Strauss & Corbin(1990), Basic Of Qualitative Research. London;Sage.99

[그림 5-1] 근거이론의 패러다임 모델

근거이론을 이용한 범주화 과정을 통해 창업 실패와 대처 과정의 중심현상, 맥락조건, 중재조건, 그리고 행동/상호작용전략 및 결과의 순으로 상황이 경로를 따라 도식화가 가능하도록 구체화하였다. 본질에서 이러한 과정들은 상호 작용적이고 순환적인 관계에 있다. 이 단계들은 근거이론을 토대로 분석하는 과정에서 이론적 모형을 만드는 핵심이 된다.

인과적 조건이란 어떤 현상이 발생하거나 발전해 가도록 이끄는 사건들을 말한다. 어떠한 현상은 자동적으로 원인이나 조건 때문에 일어나므로 인과적 조건에 의존하게 된다. 인과적 조건은 현상을 설명해 주므로 사건이 일어나게 된 전후 관계나 중재 상황 등을 알려주어 중심현상이 명백해 지도록 하며, 사건이 진행되는 동안 개인이 문제를 극복하는 전략이나 분석 또는 의미 등을 설명해 주어 사건의 결과를 과정적으로 잘 해석해 준다. 인과적 조건도 그 자체로 현상이기는 하지만 연구의 초점은 인과적 조건 그 자체 보다는 중심 현상의 원인으로서의 인과적 조건을 탐구하고자 한다. 중심현상이란 어떤 작용이나 상호작용에 의해 다루어지고 조절되거나 관련되는 중심 생각이나 사건들을 일컫는다. 즉 수집된 자료가 관계하는 내용을 의미한다. 맥락은 인과적 조건이나 특정한 현상에 영향을 미치는 조건을 말한다. 중재 조건은 현상에 관한 광범위한 구조적 맥락으로서 행동/상호작용 전략에 영향을 미치는 일반적이고 광범위한 조건들이다. 중재조건은 행동/상호작용 전략을 촉진하기도 방해하기도 하는데 이 조건은 시간, 공간, 문화, 경제적 지위, 기술적 지위, 경력, 역사, 개인 생애사 등을 포함한다.

근거이론은 행동/상호작용전략 지향 이론구축 방법이다(Strauss & Corbin, 1990). 개인, 집단, 집합 중 무엇을 연구하든 간에 현상을 관리하고 다투고 수행하고 반응하는 행동/상호작용전략이 존재한다. 행동/상호작용전략은 일정한 속성이 있다. 첫째, 행동/상호작용전략은 시간의 흐름에 따라 움직이고 변화한다는 측면에서 연계성의 관점으로 연구할 수 있다. 둘째, 행동/상호작용전략은 현상을 관리하기 위해 어떤 이유든 간에 목표 지향적으로 일어나며 그 안에 전략과 전술이 있다. 셋째, 잘못된 행동/상호작용전략도 동등하게 연구대상으로서 중요한 가치를 지닌다. 넷째, 행동/상호작용전략에는 반드시 중재조건이 존재하므로 이러한 조건들을 점검하여 사건의 맥락을 발견해야 한다.

어떤 현상에 대처하거나 현상을 다루기 위해서 취해진 행동/상호작용전략은 결과를 가져온다. 이 결과들은 항상 예측할 수 있는 것이 아니므로 연구자는 사건이 연속적으로 일어나는 행동/상호작용전략에 영향을 미치는 조건을 잘 분석하여 결과를 찾도록 해야 한다.

개방 코딩 단계에서 개념화된 자료로 묶인 하위 범주들은 축 코딩 과정에서 패러다임의 구조와 과정 속에 자리를 잡는다. 이들의 범주에 속하는 자료를 찾아 이들 코드의 근거로 삼고, 축 범주를 작성하고

축 범주간의 관련성을 구성했다.

축 코딩과정은 귀납적 사고와 연역적 사고를 오가면서 이루어진다. 연역적으로 관계를 진술하거나 속성을 제시하면서 동시에 자료를 통해 사건과 사건을 비교하면서 실제적으로 검증한다. 즉 연역적 사고로 도출한 개념과 관계는 실제 자료를 통해 반복적으로 증명한다.

(3) 선택 코딩

선택코딩은 핵심 범주를 선택하고 범주들을 근거이론으로 통합하는 작업이다. 핵심범주는 형성된 범주들을 통합하는 중심현상이다. 선택코딩에는 다음과 같이 몇 가지 단계가 있다. 첫째, 이야기 라인을 만든다. 이야기 만들기는 이야기의 개괄을 서술하는 것으로 시작하여 분석적으로서 개념화 작업으로 옮겨나간다. 선택 코딩 단계에도 개방코딩과 축 코딩에서와 같이 주요한 현상에 이름을 붙인다. 그리고 이야기를 관통하는 추상적인 범주를 찾아 핵심범주를 설정한다. 둘째, 패러다임을 이용하여 핵심 범주를 중심으로 관련된 주변 범주를 구성한다. 셋째, 범주를 관련짓고 자료를 통해 관계를 검증한다. 범주의 통합은 이야기의 윤곽을 명백히 밝히며 핵심범주가 가지는 특성에 따라 범주들을 연관시켜서 중심현상과 다른 범주들 간의 관계에 대한 가설을 만들며 실제 자료로 돌아가 확인 과정을 거친다. 이러한 연구과정을 거쳐 재창업가의 창업실패 과정과 대처 과정에 관한 이론을 검증함으로써 근거이론을 완성하였다.

자료 분석 과정에서 연구자의 이론적 민감성을 최대한 활용했다. 이론적 민감성은 자료에 대해 무엇이 중요한지를 인식하고 의미를 부여하는 능력이다(Strauss & Corbin, 1990). 이론적 민감성은 문헌자료, 전문적인 경험과 개인적인 경험으로부터 나온다. 이론적 민감성을 높이기 위해 연구 기간 동안 자료 분석의 과정에서 연구자의 주관적 창의성과 자료의 실제성과의 조화를 유지하려고 하였다.

2. 다른 학문분야에서 근거이론을 적용한 관련 연구

근거이론은 연구 초기부터 상징적 상호작용에 기저를 두고 있는 사회학에서 많이 사용되어졌고, 사회학자들에 의해 활발한 연구가 수행되었다. 1980년대 초에 간호학자들이 간호 문제를 확인하고, 추적하고, 적용가능한 해결책을 제공하려고 하는 진지한 노력의 결과 Stern 등에 의해 표준영어로 번역되면서 다양한 분야에서 연구가 활발히 이루어 졌다. 근거이론은 어떤 전문직도 할 수 있는 보편적인 방법이라는 것에 동의한다(Strauss & Glaser, 1967). 2000년대 이후 근거이론을 적용한 국내 연구는 주로 간호학, 교육학, 사회학, 행정학, 심리학 등에서 연구가 활발히 이루어졌고, 가족학, 체육학 청소년학, 소비자학 등에서 소수의 연구가 부분적으로 이루어 졌다.

1) 간호학

매우 활발하게 수행되고 있는 간호학 분야에서 근거 이론적 연구는 크게 두 부분으로 나누어 살펴 볼 수 있다. 첫째는 특정 질병을 앓고 있는 환자와 가족을 대상으로 특정질병에 대한 대처과정에 관한 연구가 활발히 수행되었다. 이경순과 민영춘(2008)은 근거이론적 접근을 통하여 만성질환자의 심리적 대처 과정을 분석하였다. 연구참여자들은 만성질환이라는 진단으로 충격을 받았고, 또한 만성질환 그 자체의 질병 과정으로 인하여 불안하고 혼돈하며, 불확실성을 경험하고 분노하는 심리적인 불균형이 초래되고 이로 인하여 무능, 좌절, 의욕 상실로 무력감에 빠지게 되는 경험을 하다. 무력감에 빠진 채로 그냥 헤어나지 못하면 결국을 심리적인 불균형으로 되돌아가게 되는 악순환이 계속된다. 그러나 인식을 전환하면 무력감에서 지속적으로 머무르지 않고 타인의 투병경험이나 질병관리 정보, 사회적 지지 자원으로부터 유용한 정보를 찾고 다른 사람들과 자신의 억눌린 감정을 포함한 마음 터놓기와 자기를 노출해가면서 삶을 알아가기 시작한다. 특히 자신의 삶에서 진정한 가치인 존재나 생명의 의미나 자연의 아름다움 등을 깨닫게 되면서 삶의 의미를 재정의하고 아름답고 풍요로운 삶을 경험하게 된다. 또한 새로운 시각으로 세상을 바라보면서 감사 하는 삶을 살아가면서 삶을 알아가는 경험을 하며 긍정적인 대처가 이루어지고 있었다.

이밖에도 시설노인의 적응과정 중 거부감 다스리기 과정에 관한 연구(이가언, 2002), 정신질환자 가족의 경험에 관한 연구(배정이, 2001) 등이 있었다. 다른 한편으로 간호 현장의 현상 경험에 관한 연구가 많았다. 모유수유 여성을 대상으로 어머니 되어가기의 심리적 과정에 관한 연구(김융희, 2007), 노년기 여성의 분노현상-근거이론적 접근(권혜진·노은선, 2000), 초산모의 양육경험에 관한 연구(김미종, 2001), 여대생의 다이어트 경험에 관한연구(이정섭 외, 2001), 정신과 간호사의 근무경험에 관한 연구(배정이, 손경희, 2000)등의 연구들이 있었다. 이러한 연구들은 근거이론적 접근을 통하여 각 질환을 경험하고 있는 대상자와 현상을 경험하는 대상자의 심리적인 대처 과정과 방법을 구체화 할 수 있는 장점이 있다. 질환대상자의 심리적인 대처를 돕기 위하여 이들에게 유용하게 사용될 다양한 정보를 마련하고 쉽게 접근할 수 있도록 도우며, 억눌린 감정을 표현하는 방법으로 다른 사람들에게 자기노출을 할 수 있는 방법들을 구체화 할 수 있다.

2) 교육학

교육학 분야에서도 선행연구는 크게 두 부분으로 나누어져 연구가 다양한 시각으로 활발히 수행되었다. 첫째는 특수한 특성을 가진 대상자들이 교육과정에 어떻게 적응하는지에 주목하였다. 지적 · 발달 장애 지원 체계에 대한 이론적 근거 탐색(이한얼, 2013), 장애대학생들의 대학생활 적응과정에 관한 질적 분석(김동일 외, 2013), 중도척수장애인의 사회참여와 장애인종합복지관의 역할에 관한 연구(유승주·김용섭, 2012), 장애 남자 대학생 생활 경험의 근거 이론적 분석(한경임·송미승, 2011)등의 연구들이 있었다. 다른 한편으로는 교육현장의 활동에 집중한 연구들이 수행되었다. 학습몰입과정(김진아·박병기, 2012), 중등 사회과 교사의 토론식 수업의 인식 특성(오연주, 2008), 초등학생이 일제시험 기간 동안에 겪는 경험의 실체(나홍화 외, 2007), 교실 토론상황에서 학생의 감정, 인지, 행동의 상호작용(도승미, 2005)이 있었다. 이는 근거이론 연구를 통하여 교육현장의 현상을 개괄적 분석을 넘어 구체적인 교육 현장의 현상에 대한 대안을 도출할 수 있다.

사회학 분야에서는 사회문제현상의 실체를 밝히고 그 대안을 찾는데 주목하였다. 노년기 자살행동 경험(권중돈 외, 2011), 청소년의 학교폭력 피해 경험(송아영 외, 2011), 도박자 배우자의 회복경험(김진숙 외, 2011), 알코올 중독자 가정의 자녀의 적응과정(주소희, 2008)등의 연구들이 수행되었다.

3) 행정학

행정학분야에서는 행정조직 생활에 있어서 소통에 주목한 연구들과 행정조직 근무자의 생활 경험에 관한 연구들이 수행되었다. 지역공동체 커뮤니티 패러다임 모형분석(기영화 외, 2013), 사회적 기업 목적

달성 모형에 관한 연구(김정인, 2013), 부산광역시 주민자치센터 프로그램 이해관계자의 역할과 상호작용의 탐색(기영화 외, 2013), 공무원 노조활동의 지속경험에 관한 근거 이론적 접근(이석민·원시연, 2012), 소방 공무원의 직무수행 행태에 대한 근거 이론적 분석(김태한·정홍상, 2012)등의 연구가 수행되었다.

4) 심리학

심리학 분야에서는 대상자들의 경험과 의사결정과정에 주목하였다. 근거이론 패러다임 모형으로 다문화가정 어머니의 자녀양육경험 들여다보기(김성봉·오옥선, 2012), 감사 경험에 관한 질적 연구(김경미·김정혁, 2011), 청년구직자들이 진로결정과정에서 겪는 경험에 대한 근거 이론적 사례분석(김효정·김봉한, 2012), 남성 중심적 직업을 희망하는 여자대학생들의 직업결정과정(김영실·임성문, 2011), 한국 남성의 은퇴 전환기 경험에 대한 근거 이론적 접근(정찬인, 2010)등이 있었다.

3. 소비자학 영역에서 근거이론을 적용한 관련 연구

근거이론을 적용한 소비자학 영역에서의 연구는 지금까지 아주 적은 수의 연구가 부분적으로 수행되었다. 남수정과 유현정(2006)은 아나바다 사이트 이용자들의 경험에 관한 개념과 그 개념들 간의 관계를 명확히 밝히고, 이들의 관련성에 따라 사이트 이용자들의 적응과정을 근거 이론적 접근 방법으로 분석하였다. 분석결과 핵심범주는 '약아져 가면서 비윤리적 행동에 대한 비판과 적응을 진화, 발전시킴'으로 나타났다. 이 연구는 그동안 소비자학에서 양적연구나 여타의 질적 연구에서 추출하기 어려운 새로운 시장에서의 소비자행동의 인과관계를 밝혔다는데 그 의의가 있다. 즉 아나바다 사이트 참여자들이 비윤리적인 행동의 패러다임 구조와 경험과정, 맥락적 요인 등을 밝힘으로써 인터넷을 통한 아나바다 사이트에 대한 깊은 통찰과 이해를 위해 실험적으로 시도된 연구라는 점에서 그 의의가 크다 할 것이다.

유현정·이재은(2008)은 근거이론적 접근을 통해 이재민이 재난 피해과정에서 겪는 고통과 재난 현장의 문제점을 분석하였는데, 핵심범주는 '재난의 상처'로 나타났다. 경제적 측면의 스트레스와 정신적 측면의 스트레스로 구분하였고, 아나키는 정신적 공항상태와 시스템 무정부 상태의 두 가지로 요약되었다. 이러한 결과는 재난의 상처는 다양한 양식으로 나타나므로 획일적이지 않고 지속적인 맨투맨형의 지원이 있어야 함을 강조하고 있다.

손상희(2013)는 북한 이탈 청소년들이 어떤 심리사회적 과정을 거쳐 남한의 소비생활에 정착하게 되는가를 분석하였다. 그 결과 '소비자 무력감'이라는 중심현상이 나타났으며, 소비자 무력감으로는 획득자로서의 어려움, 구매자로서의 어려움, 배분자로서의 어려움이라는 3가지의 주제가 도출되었다. 북한이탈 청소년 소비생활 정착과정의 핵심범주는 '기대와 다른 현실을 수용하고 자신이 문제에 대한 주도적 해결 역량을 갖추어가는 것'으로 나타났다. 결론적으로 탈북 청소년의 소비자 무력감을 해결하기 위해서는 소득 획득자 및 자원 배분자로서의 금융역량 향상, 구매자로서의 거래 역량 향상, 그리고 거래 상황과 소비문화 속에서의 문화역량 향상 및 어려움 속에서도 무력감에서 벗어나서 긍정적 사고를 할 수 있도록 소비자 효능감과 같은 심리적 역량의 향상이 필요함을 지적하였다.

김선우·이유리(2013)는 특정한 사회문화의 구성원이 신체의 외면적 특성으로 인해 경험하게 되는 미적 경험과 가치, 혹은 미적 경험과 가치의 인식과정을 아름다움으로 정의 내린 후 이를 기반으로 20대, 30대 여성 18명을 대상으로 아름다움이란 무엇인가? 란 질문에 대한 해답을 제시하였다. 연구결과 대한민국 20대, 30대 여성은 성형과 화장, 피부 관리, 체중관리, 패션, 외모이외의 능력개발 등의 전략을 통해 자신의 아름다움을 보완, 유지, 발전시키고 있었으며, 이들이 가지고 있는 아름다움 대한 감정은 외모관리 전략의 수립에 중재적 영향을 끼친 것으로 나타났다. 이 연구는 아름다움의 사회문화적 영향력 검증에만 치중한 한계를 가지고 있다. 근거 이론적 분석의 장점을 제대로 살려 아름다움 자체에 대한 이해를 도울 수 있는 연구가 되지 못한 아쉬움이 있다.

전체적인 근거이론 관련 선행연구의 결과를 종합해 볼 때, 탐색적 실증연구에서 밝혀내기 어려운 복합적 문제들을 근거 이론적 과정적 분석을 통하여 보다 실체적이고 구체적인 이해를 도울 수 있음을 확인할 수 있다. 영향요인간의 관계뿐만 아니라 다양한 현상의 근본적인 원인과 대상자들의 반응분석을 보다 풍요롭게 도출할 수 있다는 장점이 확인되었다.

·· 제 6 장 ··

근거이론으로 분석한 창업성공 과정

정부가 2013년에 확정한 창조경제 실현 계획과 창조경제 생태계 조성 방안의 6대 전략 중 첫 번째가 창의적 아이디어와 기능만으로도 자금 조달이 가능한 투자 환경을 조성하고 상상력, 창의성과 기술이 쉽게 창업으로 연결되도록 창업의 전 과정을 지원하며 지식재산이 제 가치를 인정받고 활발히 유통될 수 있도록 제도를 개선하고, 성실한 실패가 용인되고, 재도전이 가능한 창업 안정망 구축을 준비하고 있다 ("The Government's Commitment for The Realizing Creative Economy And the Creation Future value", 2013). 대학생의 창업이 활발해지고 있고, 청년창업지원 프로그램이 다양해지고 있으며, 중장년층, 여성 창업 등에도 사회적 관심과 지원이 심화·확대되고 있다.

그러나 소기업의 27.6% 정도가 창업 후 1년 이내에 폐업하게 되고, 2년 째 도산하는 기업은 18.3%, 3년 이내에 창업자의 50% 이상이 폐업한다는 외국의 사례가 있고(Corman & Lussier, 1996), 음식업의 경우 5년 뒤 폐업율이 80%로 사회적 비용이 매우 크다는 보고도 있다 (서근하와 윤성욱, 2002). 우리나라는 2012년 현재 신설법인은 전년 대비 13.9% 증가했으나, 생계형 업종이 많고, 평균 생존율이 1년은 72.6%, 2년은 56.5%, 3년은 46.4%로 자영업자 절반 이상이 3년 이내 폐업하는 것으로 나타났다(Small & Medium Administration, 2013).

창업소비자의 관점에서 창업가와 창업 과정에 대한 연구는 프로슈머의 복지 추구와 삶의 질 향상 그리고 무엇보다 사회적 비용의 손실에 대한 대비라는 측면에서 소비자학과 생활과학에서 연구되어야 하는 중요한 영역이다. 소비자의 행태를 연구하는 소비자학은 성공적인 창업의 중요한 측면을 지원할 수 있다는 점에서 창업지원정책 및 프로그램 개발에 필요한 교육적, 정책적 지침을 제시하는 기능을 담당함으로써 연구와 실천의 지평을 넓힐 수 있다.

지금까지 창업과 관련된 선행 연구는 대부분 벤처 창업, 인터넷 창업, 소상공인 창업 등과 같은 영역에서 창업자의 특성과 재무성과의 관계를 분석하거나 고객 및 기업 측면에서 성과 요인을 찾는 연구들이 많았다. 그러나 창업의 성공률을 제고시키기 위해서는 창업 과정에서 창업가들이 어떤 문제를 경험하고 어떻게 대처하며, 어떤 과정을 통하여 창업에 성공하게 되는지를 밝히는 질적 연구가 필요하다. 창업가들이 창업에 성공적으로 정착하는 과정에서 경험한 문제의 현상과 원인이 무엇이고, 그것을 강화 또는 약화시키는 맥락과 조건이 무엇이고, 이것이 어떠한 장애 요인과 대처 행동의 상호작용을 거쳐서 성공적인 창업에 이르게 되는 지를 창업의 전 과정에 초점을 맞추어 분석하였다.

이 장에서는 구조화된 실문지로는 창업 과정에서 경험한 독특한 경험이나 삶의 총체적인 맥락을 탐구하는데 한계가 있다고 보고 질적인 연구 방법을 이용하였다. 다양한 질적 연구 방법 중에서 실제 자료에서 이론을 발달시키는 과정을 체계적으로 지원하고, 어떤 현상에 대한 기초 지식이 한정되어 있어서 중요한 변수들을 알 수 없고 서로의 관계들이 명확하지 못할 때 적합한 귀납적인 연구 방법인 근거이론적 접근방법을 활용하였다. 창업의 성공과정에서 나타난 현상을 단순히 기술하는 것을 넘어 그 현상의 맥락과 창업가의 대처행동과 상호작용을 밝히려는 이 연구의 접근방법으로 매우 적절하다고 볼 수 있다.

창업소비자의 관점에서 창업을 하고 적어도 5년 이상 사업장을 성공적으로 운영하고 있는 사업가들을 연구 대상자로 선정하여 생산적 소비자의 관점에서 비자본 창업의 성공과정에 대한 심층적인 연구는 성공적인 창업을 지원하는 교육적 정책적 방안을 보다 구체적으로 제시하는 기능을 담당할 수 있다. 성공적인 창업을 가능하게 하는 순환관계의 전 과정에 창업지원 정책과 교육이 세밀하고 체계적으로 개입한다면 합리적인 창업 환경을 조성하여 창조적인 경제정책의 효율성도 제고시킬 수 있을 것이다.

1. 창업성공의 개념

창업이란 새롭게 사업을 만들어 운영하는 것으로 본 연구에서는 창업활동을 과정적 의미가 강한 창업활동의 개념으로 사용하였다. 박대섭(2004)은 창업의 성공을 측정하는데 고려할 점 세 가지를 제시하였다. 첫째, 초기투자 이후 이익이 발생하기까지에는 어느 정도의 시기가 필요하며, 둘째, 단기적인 성과가 나쁘더라도 장기적으로는 성과가 좋을 수 있고 그 반대의 경우도 발생된다는 점이며, 셋째, 소기업의 경우 창업 이후 기업을 유지하는데 어려움이 많다는 것이다.

선행 연구에서는 창업성공을 계량적 성공(QIS : Quantified Initial Success)으로 측정한 연구들로 창업성공을 매출액, 연평균 순수익, 고용성장률, 수익률, 종업원 대비 매출액과 동종업체 대비 매출액 등으로 측정하고 있다(Stuart & Abetti, 1987; 박정기, 2001; 서근하, 2005; 박정희, 2005; 이상석, 2006).

둘째, 주관적 개념으로 성공 개념을 측정한 연구들은 목표기대를 달성한 정도, 생존확률, 외부 자본을 조달할 수 있는 능력, 종업원 만족도 등이다(서근하, 2001; 김기남, 2003; 박대섭, 2004).

창업성공의 개념을 과정적 의미로 해석하여 근거이론으로 접근하면 계량적 접근이나 주관적 접근이 가지고 있는 한계를 보완할 수 있고, 보다 구체적이고 실제적으로 개념을 정의할 수 있다. 그러나 선행연구를 고찰한 결과 근거이론적 접근방법으로 창업을 다룬 논문이 거의 없는 상태이다.

2. 성공한 창업자의 특성

기존의 많은 창업 연구에서는 창업기업의 성공 여부에 가장 큰 영향을 미치는 요인으로 창업자의 특성을 강조 하였다. 특히 규모가 작고 영세한 업체의 창업을 준비하는 과정에서부터 그 업체의 운영에 이르기까지 매우 지대한 영향을 미친다는 것을 알 수 있다 (Begley & Boyd, 1987; Box et al., 1993; Gartner, 1985).

Stuart와 Abetti(1987)는 창업자의 관리경험의 유무가 신생기업의 초기 성공에 영향을 미치는 것으로 나타났으며, Hornaday와 Aboud (1971)은 창업자의 연령과 성격, 경험, 교육, 가족배경 등을 주요 요인으로 간주 하였으며, Vesper(1980)는 '과거 직장에서의 다양한 경험과 창업 경험'이 성공적인 창업의 중요가 지표가 될 수 있음을 강조하였다.

Timmons(1994)는 성공적인 창업자가 되기 위해서는 문제 해결에 대한 집요함이나 개인적 희생을 감수하려는 의욕, 극기와 같은 몰입과 신념, 능동적인 업무 추진과 타인에 대한 조언과 격려, 신뢰감을 주고 공평한 업무 처리를 하는 리더십, 고객의 필요에 부합하는 정도, 시장 중심적 또는 가치 창조와 행상에 전력하려는 기회 추구 행동, 계산된 위험추구자의 형태나 불확실성에 대한 적응과 수용도, 변화에 따른 발 빠른 적응력, 실패에 대한 두려움이 적고 창조적인 문제 해결을 하려는 창의력과 적응력, 그리고 목표와 결과 중심, 협조적인 대인 관계, 사물에 대한 안목, 유머 감각, 관련업계에서 최고가 되는 의지가 필요하다고 하였다.

이장우(2004)는 성공적인 창업 기업은 창업자의 분명한 비전과 목표, 그리고 경영이념과 같은 동기와 관련된 특성들이 중요한 요인이라고 하였다. 높은 성취 욕구를 가진 창업자는 그렇지 못한 창업자들보다 스스로 도전적인 목표를 수립하고, 수립한 목표를 달성하려고 노력하며 성과를 높이기 위해 노력하며(박정기, 2001), 자신에게 일어난 것들에 대해 스스로 책임지려고 하고, 도전적이면서도 명확한 목표를 수립하기를 즐기며, 계산된 위험을 감수하면서 기꺼이 결과를 자신이 책임지려고 한다(조정제, 2004).

김정연(2008)의 연구에서는 성별, 연령, 학력, 경험과 같은 배경특성, 성취욕구, 통제 위치, 위험감수성향, 모호성 수용력 등과 같은 심리적 특성이 매출액, 순이익, 시장 점유도, 원가 절감, 재무성과 등에 미치는 영향을 분석하였다. 신금순(2008)은 외식업 창업자의 자신감, 혁신 및 창의성, 자율성이 창업성공에 유의한 영향을 미치고, 서비스 리더십, 서비스접점관리, 인적자원관리, 서비스시스템 등과 같은 창업자의 서비스지향성이 창업성공에 의미있는 영향을 미친다고 하였다. 외식업 창업자의 고객욕구 이해, 고객전략, 고객관계, 사후관리 등 고객지향적인 노력이 창업성공에 유의미한 영향을 미친다.

Box et al.(1993)은 성공한 창업자는 이전 창업 경험, 관련 산업에 대한 경험, 경영자로서의 경험, 연령, 그리고 학력에 있어 유사한 특징을 보이고 있다고 하였다. 기업가 정신에 관한 연구들은 창업자의 심리적 특성이 창업자와 비창업자를 구별하는 특성이 될 뿐 아니라 성과에 영향을 미치는 개인적 특성으로 주목받았다(Gartner, 1989; 정성한과 김해룡, 2001). Becherer와 Maurer(1999)는 통제 위치, 위험감수성향, 모호성 수용력 등이 중요한 심리적 특성이 된다고 하였다.

3. 연구방법

1) 연구 대상

연구 참여자 선정은 의도적 표집 방법을 이용하여 이루어졌다. 우선 현업을 창업하기 전에 창업 경험이 있는 소비자를 대상으로 하였고, 창업 기간은 초기로 간주되는 3년 6개월이 지난 소비자를 대상으로 하였으며 적어도 5년 이상 현업을 유지하고 있는 사업가를 '창업 성공자'로 분류하여 대상으로 하였다. 우리나라에서 창업이 가장 많이 이루어지고 있는 연령대는 40대, 50대 중장년층이며, '성별'에 따른 연구 결과는 차이 유무에 따른 결과가 교차하여 고려하지 않았으며, 업체 성과에 어느 정도 영향을 미치는 지가 명확하진 않지만 심리적 특성들과 능력이 '학력'에 의해 상당한 영향을 받는 것으로 고려되어 대학을 졸업한 창업자로 그 대상을 한정지었다. 연구의 윤리성을 확보하기 위해 연구에 참여하기 전 연구의 목적과 면접 내용 및 녹취에 대한 사항을 다시 설명하고 동의를 얻었으며, 최종 표본의 크기는 11명이었다. 연구 참여자의 특성은 <표 6-1>과 같다.

<표 6-1> 연구참여자의 특성

사례	성별	연령	학력	창업년도	창업전 취업경력	창업준 비기간	창업업종	초기 자본금	월매출
사례1	여	50대	대졸	2002	유	3개월	귀금속	2억	5000
사례2	남	50대	대졸	2003	유	1년	신발	2억	4000
사례3	남	40대	대졸	2006	유	3개월	제조업	5000	1000
사례4	남	40대	대졸	1996	유	3년	건설자재	-	-
사례5	남	40대	대졸	1997	유	1개월	체육관	5000	300
사례6	남	40대	대졸	2006	유	3개월	귀금속	2억	-
사례7	남	40대	대졸	1994	유	1년	자동차 부품	-	-
사례8	남	40대	대졸	2005	유	3개월	의류도매	4000	500
사례9	남	40대	대졸	2002	유	1년	의류도매	7000	1000
사례10	남	40대	대졸	2007	유	4년	건강제품	5000	-
사례11	여	40대	대졸	2007	유	1년	등산복점	4000	700

2) 자료 수집과 분석

자료는 심층 면접을 통해 수집되었다. 최초 면접은 2008년 7월에서 8월까지 성공과정과 요구도를 중심으로 20명을 대상으로 면접하였고 2013년 5월까지 창업한 사업장을 성공적으로 유지하고 있는 대상자를 선별하여 11명을 대상으로 2013년 5월에서 6월까지 1회 2시간가량의 심층 면접과 전화 면접을 통한 추가 면접을 진행하여 결과를 얻었다. 면접 내용은 사전 허락하에 모두 녹음되었으며, 반 구조화된 면접을 사용하였다. 면접은 창업 동기와 창업을 하게 된 과정과 현재의 창업 전략 등 창업 과정 전반에 관한 내용으로 자유롭게 기술하도록 하였다.

본 연구는 Strauss와 Corbin(1998)이 제안한 근거이론 접근 방법을 채택하여 코딩절차에 따라 창업소비자의 창업 성공 과정을 구성하는 개념을 도출하고, 개념들 간의 관계를 파악하였다.

이 연구에서는 첫째, 구체적으로 창업을 하게 되는 '현상과 원인'이 무엇인지를 알아보고 기존에 이루어진 연구들과 어떠한 차이가 있는지를 알아보고자 하였다. 둘째, 그것을 '강화' 혹은 '약화' 시키는 '맥락적 조건'이 무엇인지, 셋째, 이것이 어떤 '장애 요인'과 '대처 행동'의 '상호작용'을 거쳐서 성공적인 정착에 이르게 되는 지를 전체적 과정에 초점을 두고 이해해 보고자 한다. 마지막으로 각각의 차원에 따른 창업성공의 유형을 알아보았다.

3) 자료 분석의 타당도

본 연구 자료의 타당도를 검증하기 위해 Lather(1986)가 제안한 검증 방법으로서 '연구 참여자에 의한 연구 결과의 검토와 평가 방법'을 사용했다. 연구에 참여했던 참여자의 일부를 선정하여 연구 결과를 검토하고 평가하도록 했다. 연구 결과의 분석과정에 참여자를 참가시킴으로써, 참여자의 생활 세계의 의미를 얼마나 근접하게 표현하고 분석하였는가를 물었으며 그 결과를 확인했다.

4) 창업성공 과정에서 경험하는 개념과 범주들

본 연구에서 창업소비자들이 창업 성공 과정에서 얻는 자료에 대한 심층 면접 자료와 비교하기를 통해 개념을 명명하였다. 이러한 개념들을 무리지어 범주화하고, 각 속성과 차원을 계속적으로 발달시켜 나갔으며, 개방코딩을 통해 최종적으로 86개의 개념, 21개의 하위 범주와 이들을 포괄하는 14개의 상위 범주가 도출되었으며 그 결과는 <표 6-2>와 같다.

<표 6-2> 창업소비자의 창업성공과정 개념의 범주화

패러다임	상위범주	하위범주	개념
인과적 상황	자아실현 욕구	자기 주도성	내 사업, 내가 몰고 갈수 있는 일
		자기만족	좋아하는 일을 하면서 돈을 벌고 싶은 것, 내가 잘하는 일, 꿈을 조금 일찍 발견하는 것, 행복 추구 하는 것
		자신의 역량 확인	성취감을 경험 하는 것, 성공에 대한 자신감, 현재 생활에 대한 막연한 불만족
	물질적 가치실현 욕구	물질적 가치 실현 욕구	가치 있는 일을 하는데 재정적 도움을 주고 싶은 것, 부자가 되고 싶은 것, 빨리 돈을 벌고 싶은 것, 가업계승
			파격적인 인센티브, 직장 생활보다 고 수입, 고액 연봉 기대, 더 많은 소득
맥락적 상황	생존에 대한 불안감	생존에 대한 불안감	작은 영세 업체의 위험성, 휘청거리는 자리, 대인관계의 갈등, 불안감
	기질적 동기	기질적 동기	자기 적성 확인, 꿈 재확인, 인생 목표에 대한 재확인, 삶의 가치 실현, '나는 나', 자기애(愛)
			창의성, 모험성, 똑똑한 사람들의 성취, 호기심
	시장에 대한 확신	시장에 대한 확신	경쟁력 있는 제품, 경쟁력 있는 시장에 대한 확신성
	관계역할 요소	가장의 역할	가계 수입증대의 필요성, 주도적인 일상생활, 가장의 역할과 권위
		관계에 대한 욕구	조직 내 커뮤니케이션 문제, 역할인지 및 자리매김, 인성교육
중심 현상	진로 방향 바꾸기	진로 방향 바꾸기	하이리스크 하이리턴, 새로운 일을 창업
			자아실현(목표달성)추진, 좋아하는 일을 직업으로 삼는 것
			기획창업자, 해 왔던 일의 확장/변경
중재 조건	전략적 인식 강화	전략적 인식 강화	판매기술증진, 식구 같은 직원, 좋은 성품소유, 멘탈 강화, 자금 활용
	성공에 대한 인식강화	시장/ 사회성 개발	커뮤니케이션 능력배양, 사회단체 가입, 사회교육 프로그램 활용
		성공학	성공학 공부, 성공사례, 성공한 친구 사귀기
작용/ 상호 작용	내적능력 강화	가치 체계확립	고전/인문학을 통한 철학체계강화, 부처님방법, 삶의 가치 곧고히
		생활피드백	잠재의식을 이용한 성공개념 주입, 지속적인 열정관리, 동기부여, 목표의식체크, 긍정적인 생활방식, 자기위로, 위기관리 능력 배양, 안정된 정서
	내, 외적 활동지향성 강화	관계의 기쁨	사회교육 프로그램의 활용, 사회단체 가입 및 훈련, 모임과 소통의 활성
		자기성장의 기쁨	시장 상활에 적합한 인성, 그냥 장사하는 사람이 아닌, 신용과 인간됨
	시장성 판단능력	시장성 판단능력	산업 군 공략, 트렌드 읽기, 실행력
결과	안정된 일상성 증대	일상의 기쁨	믿고 가족처럼 가게를 운영해 줄수 있는 인력 확보, 자연스럽게 운영되는 영업망
		일상의 충만함	사회 안정적 관계망 형성, 안정적인 가족 관계망 형성, 서포터 상부상조, 사회기여, 성취감 충만
	능력증대	일에 대한 자긍심	내 물건에 대한 확신, 내 거래에 대한 확신, 매출 증대, 시장성 판단, 관련 업종/업태 관망 능력

4. 창업소비자들이 창업 성공 과정에서 겪는 경험

1) 인과적 상황

인과적 상황은 어떤 현상이 발생하거나 발전하도록 이끄는 사건이나 일들을 의미한다(Strauss & Corbin,1998). 본 연구의 중심 현상인 진로 방향의 변화(창업)는 '자아실현'과 '물질적 가치실현'이라는 인과적 상황에 의해 유발된다. 소위 내가 해나갈 수 있는 일, 좋아하는 일, 잘하는 일을 통해 행복감을 맛보고 싶고, 현재 생활에 대한 막연한 불만족감을 극복하고 새로운 성취감을 느끼고 싶어 한다. 또한 사회적으로 가치 있는 일을 하는 데에는 반드시 경제적 기반이 수반되기 때문에 재정적인 도움을 주고 싶고, 일반적으로 창업을 한다는 것은 직장 생활을 하는 것보다 훨씬 더 자유롭고 정당한 대가를 받을 수 있기 때문인 것으로 나타났다.

일단 직장생활보다 월급이 훨씬 더 많고, 내 시간, 내가 자유롭게 쓸 수 있고, 좋죠..
그리고 어릴 때부터 체육을 아주 잘 했는데, 직장 교대 근무하고 하니깐 몸이 제일 먼저 상해서 직장생활 하기 싫더라구요.....(사례5)

집안의 가업처럼 어른들이 계속 귀금속 가게를 한 거라.. 나는 그냥 거기다가 포장만 더 하는 거지 뭐.....그래도 고정적으로 오는 분들 계시니깐 수익엔 이상 없고....애들 뒷바라지...약속...자유롭게 하니깐 좋지...(사례1)

저는 기술 창업인데...귀금속 기술자라고 급여에 불만족이 없었는데... 실제 내가 만들 물건이 가게에서 판매되는 금액을 보니...좀 그렇더라구요.... 그래서 내가 남들보다 수리도 잘 해줄 수 있고, 재질에 대해서 더 잘 설명해 줄 수 있고, 그러면 내가 지금 기술자로 받는 월급보다 세 배 정도는 수익을 예상하겠더라구요....그래서 아내랑 같이 가게를

하게 되었지요......(사례6)

남편이 경제 활동을 하니깐 생활비는 원 없이 쓰는데, 나는 민주화 운동하는 아이들 도와주고 싶더라고.....근데 그걸 남편 돈 가지고 할 수 없으니깐......(사례11)

---

2) 맥락적 상황

맥락적 상황은 중심 현상에 영향을 미치는 특별한 조건이나 현상이 나타나는 구체적인 상황을 뜻한다(Strauss & Corbin,1998). 진로 방향의 변화인 창업을 하게 되는 맥락적 상황은 '생존에 대한 불안감', '개인 기질 요소', '시장에 대한 확신', '관계 역할 요소'로 나타났다.

(1) 생존에 대한 불안감

창업소비자의 대부분은 사회 초년기 직장 생활을 경험하게 되는데, 작은 영세업체의 경우 조그마한 사회 경제적 환경의 변화에도 쉽게 휘청거리는 현상을 자주 경험하게 되고, 자주 긴장 상태를 경험하게 되고 쉽게 지치고 불안감을 가지게 된다.

뭐 대기업 같은 경우에는 자원이 무한하니까 뭐 A 해보고 싶으면 B, C 할 수 있지만 작은 영세업체 에서는 당연히 심사숙고해서 A, 틀리면 B에서 휘청거리거든요.......(사례2)

직원이 나가면 사람을 뽑질 않아...예전에 3명이 했던 일을 계속 혼자 해야 하니깐 미칠 지경이지....(사례3)

---

(2) 개인 기질 요소

불안정한 일상 가운데 본인이 현재 직장과 일에 잘 맞지 않다는 생각을 많이 하게 된다. 그러면서 자신이 어떤 일을 할 때 가장 행복해 하는지 등 자신의 꿈을 환기하게 되면서 인생 목표를 재점검하게 된다.

개인 기질 요소 중에서도 '한 번뿐인 내 인생 내가 하고 싶은 것 하면서 행복하게..'라는 의식이 예전보다 강하게 자리 잡고 있는 듯하다. 그래서 좋아하는 일을 하면서 생활에 필요한 자원을 충족시킬 수 있는 방안에 대한 관심을 많이 가지게 되고, 많은 수익이 보장되지 않아서 과감하게 진로를 바꾸는 것으로 나타났다. 본 연구에서는 이를 자기애(愛)라고 명명하였는데, 이는 창업 시장의 다양화를 촉진시키는 중요한 요인이 됨을 시사하고 있다.

나의 경제적 표현의 한계는 어디까지인가. 궁금증, 호기심이 있습니다. 내가 얼마만큼 내 표현을 경제적 표현을 잘하고 내가 생각한 아이디어를 좀 플랜을 제대로 짜 가지고 내가 몇 십억 벌 수 있는 아이디어인가. 한 번 확인해 보고 싶어요. 거기에 대한 궁금증이 호기심이 굉장히 제일 큽니다.......(사례2)

사람이 두 번 사는 거 아니잖아요...
이왕 한 번 사는 거 하고 싶은 거 하고 살아야 안 되겠나..... 언제 죽을 지도 모르는데...흐흐흐.....(사례4)

---

(3) 시장에 대한 확신

이번 연구에 참여한 대상자의 대부분은 자신의 과거로부터 해 왔던 일을 토대로 창업을 한 경우가 많은데, 이는 한 가지 일을 오래한 사람의 직관적인 능력으로써, 본인의 능력에 부합하는 경쟁력 있는 제품과 시장에 대한 확신을 가지게 된다.

딱 되겠다 느꼈죠. 그러고 인자 우리 회사에 그 때 연구진이 한의사, 양의사 합쳐서 약 20명 가까이 됐는데...... 우리나라 고전에 내려오는 거 아직 제대로 한약으로 선포되지 않은 거 그런 걸 인자 연구하는.... 나름대로 꽤 창의성 있고, 경쟁력 있는 그런 제품을 주로 개발하는.... (사례2)

(4) 관계역할 요소

최근 한국에서는 40대, 50대 연령에서 창업이 가장 활발하게 이루어지고 있다. 한국 가계에서 원하는 가장 역할에 대한 부담감을 많이 느끼고 있었다. 가족 내 역할과 자리매김에 대한 중요성을 사회적 관계 못지않게 중요하게 생각하고 있었으며, 함께 영화보기, 식사하기, 여행하기 등의 시간을 많이 할애해야 한다는 의식을 가지고 있어서 과거 가장으로서의 권위적 관계 역할과는 변화된 역할을 인지하고 있었다. 더 많은 수입을 통해 가장의 권위를 누리고 싶어 하고, 가장으로서 경제적 책임과 도리를 다 하고 싶어 하며, 가족 내에서도 가장 중심이 되는 핵심 역할자로서 자리매김하기를 원한다. 그럼으로써 중심현상인 진로 방향의 변화(창업)를 하게 되는 것이다.

가장이니깐 집 식구들 먹여 살리고 애들 교육 시켜야겠는데, 월급 가지고는 안 되겠는 거야....언제 짤릴 지도 모르고...(사례5)

최소한 애들 하고 싶은 건 하게 해야 아빠로서 권위가 서지....(사례7)

떳떳해야지요.... 식구들한테....그라고 돈 걱정하고 살면 아무것도 못 해..식구들끼리 사이도 안 좋아지고.....확실합니다....(사례6)

가족의 생계가 문제가 걸려 있으니깐 가장으로서 역할이나 이런 것들이 결국은 ...요거 때문에 창업을 하게 된 거고...(사례10)

3) 중심현상

중심현상은 '무엇이 발생되고 있는가?'를 분석하는 것으로, 작용/상호작용을 통해 조절하거나 해결하려는 중심 생각이나 사건을 의미한다(Strauss & Corbin, 1998). 본 연구에서는 창업소비자들이 창업 성공 과정의 중심현상을 '진로 방향의 변경(창업)'으로 보았다. 창업소비자들은 많은 위험의 존재를 인지하였지만, 앞서 살펴본 맥락적 상황 요인으로 인해 보다 더 많은 기대 이익에 대한 욕구를 충족하기 위해 진로의 방향을 바꾼 경우들이다.

이들은 첫째, 'high risk, high return'의 경우 위험이 먼저 선행되고 그 이후에 보답이 성과물로 오는 경우라 할 수 있다. 특히, 사업 아이템과 시장성에 대한 확신이 생기면서 이러한 동기가 발생했다. 둘째, 자아실현(목표 달성) 추진의 요소는 그 무엇보다도 삶의 가치실현, 자기애, 자기적성에 많은 가치를 두는 경우로 일이 곧 나 자신을 표현하는 가장 좋은 방법이라는 인식을 가지고 있었고, 자신에 대한 동기부여를 끊임없이 하게 하는 추진 요소가 되었다.

셋째, 기획 창업자의 경우는 이 업종을 가장 잘 아는 사람에게 이야기를 듣고 노하우와 적시성을 가진 정보를 바탕으로 면밀한 자료 분석과 시장 조사에 의해 나온 결과를 가지고 진로 방향을 바꾸는 경우이다.

내가 이런 업종에서 사업 잘 하려면 이 업종을 가장 잘 아는 사람한테 이야기를 듣고 노하우를 수습하는 게 최고예요. 창업 준비 기간에 했는데 가장 좋은 것이 그 일등 점포에 대리점주의 사업 경험, 축적된 노하우, 사업 방향, 등등을 상세히.....(사례2)

어차피 성공한 사람들은 1%의 사람이지 않습니까? 1%의 사람들은 결국은 스스로 스케줄을 짜고, 스스로 움직일 수 있고, 자기 스스로에게 동기를 부여하고 목표를 점검하고, 누가 뭐래도 자기 길을 꿋꿋이 가는 사람들, 그럼 그 인간들은 1% 밖에 없지 않습니까? 나머지 20~30%는 그 사람들에 의해서 긍정적으로 움직여 주는, 나머지 40~60%는 인제 뭐 피동적으로 움직이는 사람들....(사례5)

4) 중재 조건

중재 조건은 주어진 상황 또는 맥락적인 조건에서 취해진 작용/상호작용에 영향을 미치는 요인들이다(Strauss & Corbin, 1998). 본 연구에서는 '전략적 인식 변화', '성공에 대한 인식 강화'라는 두 가지 중재 조건이 확인되었으며 작용/상호작용에 영향을 미치는 것으로 나타났다.

(1) 전략적 인식 변화

창업소비자들은 사업의 본질적 요소인 판매 기술 개발 증진, 식구같이 신뢰할 수 있는 파트너를 구하는 것과 같이 진행되는 사업을 통해 가장 큰 수익을 얻을 수 있는 핵심 전략의 강화를 필요로 하는 것으로 나타났다.

사업은 혼자 해 나갈 수 없는 만큼, 훌륭한 파트너를 만난다는 것이 사업 성패의 관건으로 여기고 있고, 또한 창업소비자의 정신력을 강화할 수 있는 방법을 시도하는 것으로 나타났다. 타인과의 관계와 자신과의 싸움에서 이길려면 좋은 성품의 소유자인 경우 훨씬 더 수월하게 성공할 수 있다고 인식되고 있었다. 연구 대상자 대부분이 '자금의 확보 능력'을 키우는 것이 중요한 과제이며, 실제 제도적인 부분을 활용할 수 있는 능력이 많이 필요함을 강조하였다.

스피치 하는 방법도 가르치고, 그래서 말을 할 때 그냥 직선적으로 쓰지 말고, 장단과 음향을 조율하면서 말을 리드미컬하게 리듬을 주라

고 이야기 합니다. (사례2)

진정한 세일즈맨은 상대방의 눈을 쳐다보면서 상대방이 어떻게 반응하는가를 생각해 가면서 말의 고저 장단과 음향을 조절하면서 말을 해야 합니다. 그 다음에는 딱 눈빛이 싹 지나가는 순간이 있습니다. 아 지금은 절제해야 할 타이밍, 그걸 클로징이라 합니다. 클로징을 이끌어내야 합니다. 근데 그걸 잘하면은 굉장한 세일즈맨으로서의 성취감....(사례3)

창업 할 때는 힘 하나도 안 들어요. 어렵지.. 그 돈의 문제 때문에 그 자금이나 그런 것들이 담보나 담보가 없으면 대출 자체가 안 되니까 자본금을 모으기가 어렵지.........(사례4)

(2) 성공에 대한 인식

성공하기 위해서는 많은 연구와 자기 계발서에서 피력하는 것처럼 조직 사회와 사람과 소통하는 커뮤니케이션 능력이 가장 중요하고, 그러기 위해서는 사회 교육 프로그램들을 활용해서 자신의 소통 능력을 개발하는 것이 중요하다. 그래서 본 연구의 창업 소비자들도 대부분 여러 사회단체에 가입을 하면서 자연스럽게 자신의 업종을 알리는 방법으로 활용하고 있었다. 또한, 성공학 공부, 성공 사례 분석, 성공한 사람과 친하게 지내면서 성공의 요소들을 머리끝에서 발끝까지 답습해 보는 것이 가장 효과적인 것으로 인지하고 있었다.

내가.. 학교에서 배워왔으면 제일 좋았을 과목이 사실은 성공학이예요. 성공학...성공학 강의에도 0000의 성공학 강의 책하고 나폴리언 힐의 성공학 강의로만 그렇게 정통으로 좀.. 어렵다 라고 이야기 합니다. 작용과 반작용 뭐 이런 이야기 있으니까.. 좀 어렵다고 이야긴 하는데, 그거 이해하고 그것만 명확하게 받아들이면 많은 사람들이 성공하지 않을까....(사례2)

내가 인자 00하는 게..삐지기 잘하는 삐짐이가 있고 따지기 잘하는 따짐이가 있고, 빠지기를 잘하는 빠짐이가 있는데..그 순서가 그렇다고... 삐짐이가 빠짐이 되고, 빠짐이는 나중에 따짐이가 된다고, 그래서 농담인데... 부정적인 생각을 가지고 있으면 성공하기 힘듭니다. (사례5)

---

5) 작용/상호작용

작용/상호작용이란 중심 현상에 대처하기 위한 실제 행동을 의미한다(Strauss & Corbin, 1998). 본 연구에서는 '개인 내적 변화', '내/외적 활동 지향성 강화', '시장 인지 능력 강화'라는 세 가지 작용/상호작용이 확인되었다.

(1) 내적 능력 강화

진로 방향을 바꾼 소비자는 창업의 활성화를 위해 '일상의 기쁨'과' 생활피드백'을 통해 개인 내적 능력 강화를 위한 노력을 하게 된다. 연구 대상자들 중 절반 이상이 고전과 인문학으로 멘탈의 기본을 다지고 있었고, 특히, 고전의 내재화는 관계와 위기 때마다 자신을 지켜준 커다란 지침이며, 삶의 가치 기반을 다지는 중요한 역할을 한 것으로 보인다.

잠재의식을 이용하여 성공 개념을 항상 상기한다. 24시간 '성공', '돈'을 생각하며 생활하게 되는데 그럴 때 원하는 것을 얻을 수 있으며, 지속적인 열정과 목표 의식을 유지하기 위해 자기만의 동기 부여 방식을 가지고 있었다. 위기 상황이 되면 가장 먼저 자기 위로와 함께 자기 치료 프로그램이 작동한다고 표현한다. 그리고 창업의 길이란 것이 오랜 시간이 필요한 길이므로 가장 중요한 내적 변화는 긍정적인 생활 방식과 안정적인 정서를 만드는 것이라고 인식한다.

오늘은 아침에 직원들하고 모여서 논어를 같이 읽었어요. 그 한 구절 가지고 하루를 사는데....어찌나 정확하고 이치에 맞는지 정말 신기할 때가 많아요.....이 기쁨을 누가 알런지..... ㅎㅎㅎ(사례5)

그래서 얼마 전에 외경에도 백만장자의 공통된 6가지 원칙 이라고 하는 마지막 6번째가 한 번 실패하더라도 위기를 겪더라도 포기하지 말라.....(사례7)

돈 버는 생각하면은 끊임없이 매출에 대한 생각, 목표에 대한 생각, 나에 대한 동기 부여.. 자제.. 자제력.. 그리고 피드백 이런 걸 부지런 떨어야 됩니다. 절대로 게으르면 돈 벌수가 없어요. 그러면 피드백 하려면 매일매일 저녁에 15분간, 내 스케줄 우선순위 A,B,C 정하는, 그다음 주간 계획 피드백, 한 달에 한 번씩 모든 업무 전표하고 뭐 호텔이나 레스토랑 커피숍 한 달 가는 피드백, 1사분기, 2,3사분기 피드백, 하반기 상반기 피드백, 연간 피드백, 그다음 연간 스케쥴 잡아야 되고......(사례2)

왜냐하면 잘 될 때에 다른 사업을 리스크 차원에서 찾아봐야만 내가 느긋하게... 대뜸 눈에 보이지...심리적으로 그 주식이나 골프는... 골프는 안 치지만 주식도 멘탈 게임이거든. 맹자에 의하면.. 아무리 주가 단속 잘하고 머리가 유식한 친구들도 심리가 나빠져 버리면 항상 불안해서 오판하기 마련이거든요. 골프의 특징도 그렇다......(사례4)

(2) 내/외적 활동 지향성 강화

내/외적 활동 지향성의 강화는 '관계의 기쁨', '자기 성장의 기쁨'이라는 하위 범주를 내/외적 활동 지향성 강화라는 상위 범주로 통합하였다.

업무의 질을 높이기 위해 전국 동일업체 프로그램을 벤치마킹하는데 집중하여 계속 피드백 적용을 함으로 인해 사업장의 프로그램 질을 향상시키고, 사회단체 가입을 해서 스피치, 표현법, 리더십 등의 전문적인 훈련과 함께 라이온스, 로터리 등 단체 지향적인 봉사와 실천에 대한 가치와 관계의 기쁨을 만끽한다. 관계하는 업종에 맞는 기질과 성품을 배양하게 되는데, 많은 대상자가 아름다운 성품과 신용을 쌓는 것이 가장 중요하다고 인식하고 있었다. 그리고 소통 능력을 잘 다지게 되고 그래서 그냥 장사하는 사람이 아닌 기업가 정신과 철학을 바탕으로 하는 일에 정진하는 기업가로 성장하게 된다는 것이다.

1년 365일 중에 100일 이상은 전국에 출장 다녔어요. 다른 곳은 어떤 프로그램을 해서 사람이 저렇게 많이 모이나 싶어....그래서 배우고 적용하고 바꾸고 배우고 적용하고 그렇게 하다 보니깐 저희 체육관이 업계 몇 위 ..이렇게 인식이 되어 있다 라구요.....(사례5)

매장을 찾는 사람에 맞게 우리의 외양과 말도 차이가 있어야지.....별별사람 다 있어서 그 사람들 다 아우를 수 있으려면 훨씬 더 위에 있던가, 아님 차라리 아래에서 올려다보던가 해야 해.....(사례1)

중요한 건 누구하고도 소통이 되야 해... 시장 바닥에 아줌마가 와서 어느 날 천만 원짜리 목걸이 해 가는 사람도 있고......초월할 수 있어야지.....(사례6)

그렇지. 소양이라 하면은 인성 문제고, 특히 신용이죠. 일단 신용, 근데 사람이 신용을 어기면서도 이겨내는 게 아니라 피치 못할 경우가 있어요. 그런데 결국은 모든 게 규결이 되는 게 원만한 대인 관계, 신용을 가진 대인 관계가 결국 .. 자금 문제도 극복을 해 나가게 만들고 또 임시방편이지만 물론 마음이 끝이죠. 뭐 신용이고 나발이고 아무 것도 없는데.. 가장 중요한 거는 마음, 그런 부분이죠. 일단 신용이에요 신용...(사례4)

---

(3) 시장 인지 능력 강화

창업을 하면서 가장 중요한 능력 중의 하나가 시장의 트렌드를 파악하는 일이라고 인식하고 있었고, 속해 있는 업종의 중요성이 아니라 산업군을 인식하고 공략할 수 있어야 지속적인 성장을 할 수 있다는 것이다. 이러한 시장성 판단 능력이 보다 안정된 일상을 증대시킬 수 있다고 한다.

산업군을 볼 수 있어야지...내가 비록 건강 신발을 팔고 있지만....신발 업종을 보는 것이 아니라 크게 웰빙이라는 트렌드를 볼 수 있어야 하고 그 트렌드가 이 상품과 어떤 관련이 있는가에 대한 데이터가 확 나와야 건강 신발 하나를 제대로 팔 수 있는 거야.......(사례2)

---

6) 결과

결과는 현상에 대처하기 위한 작용/상호작용에 의해 나타나는 현상이다(Strauss & Corbin,1998). 연구의 중심 현상인 진로 방향의 전환(창업)을 경험한 소비자들은 개인 내적 변화와 내/외적 활동 지향성 강화, 시장 인지 능력의 강화로 '안정된 일상성 증대', '능력 증대'라는 결과를 얻었다.

(1) 안정된 일상성 증대

연구 대상자들은 앞서 설명한 작용/상호작용의 활성화로 얻은 능력으로 신뢰할 수 있는 인력을 확보하여 사업장의 안정과, 자연스럽게 운영되는 영업망을 구축함으로써 대상자들이 부재 시에도 영업장이 원만히 잘 운영될 수 있는 시스템을 구축하게 되면서 일상의 기쁨은 커지게 된다. 또한 사업장의 안전망과 함께 사회적 관계, 가장 중요시 하는 안정적인 가족 관계망을 형성하게 되면서 삶의 성취감을 가지게 되고, 그러면서 이웃을 돌아보게 되면서 사회에 기여하기 위한 나름의 방법을 찾게 된다. 대상자들이 보다 더 상위 지향적인 사회 서포터 역할을 감당하고자 노력하는 걸 볼 수 있다.

> 내 자신만큼 믿는 직원 한 명 있어요. 그 친구는 자리 비우면 안 되죠...근데 거의 모든 의사 결정을 그 친구가 해요.. 그래도 아직 별 일 없어요.....(사례8)
>
> 내 바로 밑에 있는 매니저가 일 다 알아서 한다. 내가 없는 게 도와주는 거다...내가 있으면 더 깎아 주고 말도 못하는데....그 친구한테 혼난다. 내 만큼 알아서 일을 해 주니깐 좋지..나는 ....(사례1)

(2) 능력 증대

일에 대한 자신감이 충만해지면서 내 물건과 상품에 대한 확신을 가지게 되고, 그러면서 매출이 급격히 증가하게 된다. 관련 업종/업태를 관망하게 되면서 한 걸음 앞서서 시장 변화를 준비하게 된다.

> 내 물건이 이 정도다....알아서 하세요. 근데 중간상들이 물건 달라고 막..연락 와요. 기분 많이 좋죠...(사례9)
>
> 내가 부사장한테도 교육시키고, 매출에 대한 노하우를 오히려 갑인 회사에 가르치게 되지.....(사례2)

5. 핵심 범주와 창업 성공 유형

근거 이론의 마지막 단계인 선택코딩을 통해서 핵심 범주와 창업 소비자의 창업 성공 유형을 도출하였다. 본 연구는 개방코딩과, 축코딩을 통해 드러난 자료의 연관성을 통합적으로 비교 분석한 결과, "삶의 가치 실현을 위해 개인의 특성과 능력을 잘 변화시켜 안정된 일상성과 시장에서의 경쟁력 확보"를 창업소비자의 성공 과정에 대한 핵심 범주로 도출하였다. 이러한 패러다임 분석을 기초로 선택적으로 구분이 가능한 유형을 도출하였고, 그렇게 도출된 유형에 기초하여 유형화 분석을 실시하였다. 즉, 창업은 두 가지 인지적 요인으로 세 가지 형태의 구체적 활동을 실시하는데 그 과정에서 맥락적 요소와 작용/상호작용의 영향이 결과적으로 어떤 형태의 가치를 실현하는지를 보여 주고 있다.

실제적으로 창업소비자들이 창업 성공 과정을 근거 이론적 분석을 통해 도출한 패러다임의 연결성을 반영하고 있었으며, 연구자가 명명한 관계 가치 실현형, 자기애 가치 실현형, 사회 가치 실현형, 능력 가치 실현형, 수익 가치 실현형으로 구분하고 다음과 같이 설명할 수 있다. 결과는 <표 6-3>과 같이 제시한다.

<표 6-3> 창업성공 과정의 선택코딩 및 유형화 분석

동기	실천행동	반응	결과	유형
자아 실현	새로운 직업의 창업	내적능력 다지기	일상의 안정성 증대	관계가치 실현형
	좋아하는 일을 직업으로 전환	내외적 활동지향성	일상의 안정성 증대	자기애가치 실현형
	해왔던 일의 확장/변화	시장인지능력강화	시장에서의 경쟁력 확보	시장가치 실현형
물질적 가치 실현	새로운 직업의 창업	시장인지능력강화	시장에서의 경쟁력 확보	능력가치 실현형
	해왔던 일의 확장/변화	시장인지능력강화	시장에서의 경쟁력 확보	수익가치 실현형

1) 관계 가치 지향형

이들이 창업을 하는 주된 이유는 성취감을 경험하거나 내 사업, 내가 몰고 갈 수 있는 일이 무엇인지에 대한 확인 등의 자아실현에 대한 욕구로 창업을 하게 된다. 그래서 기존에 가지고 있는 직업을 다른 것으로 변경하거나 시장성이 있을 것으로 판단되는 산업군으로 진입하게 된다. 이들은 창업 시장에서는 연속적인 선택의 문제를 경험하게 된다고 설명하면서 합리적인 선택을 하기 위해서 개인의 내적 능력이 무엇보다 중요함을 강조한다. 따라서 내적 능력 다지기에 심혈을 기울인다. 특히 많이 이용하는 방법이 고전 읽기, 인문학 강좌 듣고 토론하기, 부처님 공부 등. 소그룹 모임을 통해서 정신적 능력을 강화하기를 도모하고, 이런 과정에서 금전적 가치보다 더 큰 일상의 기쁨을 만끽하는 유형이다. 개인의 내적 능력이라는 것이 무엇보다 일상의 힘을 기반으로 하는 것이므로 하루 24시간 자기 자신과 성공에 대한 생각을 하며 강력한 멘탈을 주 무기로 하여 지속적인 열정 관리, 자기 관리, 동기부여 등의 위기관리 능력을 배양하게 되고 가족과 같은 파트너들을 만나고 함께 일을 하면서 일상의 만족과 행복을 추구하는 유형이다.

2) 자기애 가치 지향형

직업을 가지고 있으면서 좋아하던 취미생활을 연속적으로 하고 싶어서 진로방향을 바꾼 유형이다. 취미 생활의 연속이라는 측면에서 가족들에게 먼저 미안함을 어느 정도 가지고 있었고, 그래서인지 수익성에 대한 부담을 어느 정도 가지고 있는 유형이다. 좋아하는 일을 직업으로 할 수 있다는 장점 때문인지 내외적 활동 지향성을 강화하여 개인의 내적 기쁨과 수익성 창출을 함께 추구하는 경향이 있다. 그래서 타인에게 그냥 장사하는 사람이 아니라는 모습으로 보여지고 싶어하고, 또한 수익성과 가치를 함께 실현하기 위해 사회 교육 프로그램을 매우 다양하게 활용하는 것으로 나타났으며, 모임과 소통을 위해 이벤트, 프로모션 등 다채로운 활동을 전개하는 유형으로 나타났다. 또한 궁극적으로 자기 자신의 성장에 큰 기쁨을 느끼는 유형이다.

3) 시장 가치 지향형

지금까지 해 왔던 일을 확장하거나 변형을 줌으로써 진로 방향을 바꾼 유형이다. 현재 생활에 대한 막연한 불만족을 경험하거나 성취감, 자신의 안목에 대한 확인을 받고 싶은 욕구가 강한 유형이다. 트렌드를 정확히 읽었다고 판단하며, 자신의 새로운 아이템이 얼마만큼의 시장성을 가지고 있는 지에 대한 확인을 하고 싶어 하고, 전체적인 시장의 산업군이 자신의 예상대로 움직여 줄 것이라는 확신을 가지고 있는 유형이다.

이들은 창업을 하기 전에 다른 유형들보다 창업 준비 기간을 충분히 가지거나, 실제 급여를 받지 않고 시장에 뛰어 들어 현장 경험을 많이 가지면서 제품과 시장성에 대한 더 큰 확신을 가지게 된다. 내적 능력 다지기가 잘 완성 되어있는 경우가 많고, 생활 피드백, 자기 위로, 삶의 가치에 대한 확신 등. 잘 다져진 내적 '내공'으로 창업이 이루어진 후 수익성을 빨리 성취하는 유형이며 내 물건, 내 판단에 대한 확신이 강하고 지속적으로 영업 형태를 확장시키고자 하는 욕구가 강하다. 창업자로서 비전과 목표가 뚜렷한 유형이다.

4) 능력 가치 지향형

이들은 시민 단체 활동, 가사노동 등 전혀 다른 일을 하다가 '돈을 벌고 싶다', '가치 있는 일을 하는데 도움을 주고 싶다'등 수입에 대한 강한 열망을 가지고 새로운 직업을 가지게 되는데, 파격적인 인센티브를 기대하고, 직장 생활보다는 자기 일을 하는 것이 더 높은 수익을 창출하기 때문에 창업을 하는 유형이다.

예전의 활동을 통해 이미 구축 되어진 인맥 인프라를 이용하여 빠른 시간에 수익을 확보할 수 있는 장점을 가지고 있으며, 신용, 인간됨, 성품 등의 가치만 서로 신뢰할 수 있으면 자신이 자산을 충분히 나눠 쓸 수 있다는 의식을 가지고 있는 유형이다. 실제 소액 대출이 용이하지 않은 후배들을 위해서 '신용 금고 노릇'을 하기도 했다. 이는 소액 자금의 융통이 어려운 소자본 창업자들에게 충분히 가치 있는 일이였었다고 여기고 있고 지인들 사이에 서포터 역할을 자처하는 것에 큰 만족감을 가지는 유형이다.

5) 수익 가치 지향형

이들은 가업 계승 또는 친척이나 지인의 권유로 같은 업종의 일을 나누거나 받아서 하는 유형이다. 안정된 수익을 추구하는 업종에 종사하고 있으며, 기술 창업을 하는 경우가 대부분이다. 능력 가치 실현형처럼 기술을 가지고 있는 것보다 더 큰 수익을 바라고 창업을 하게 되는데, 업종과 유통망이 이미 성공적인 시스템으로 자리 잡은 시장이기 때문에 시장성, 수익성 증대에 큰 노력을 기울이지 않아도 원하는 만큼의 수익을 창출한다. 주로 사회단체, 각종 명목상의 모임과 단체 활동을 통해 매우 활발한 의사소통을 하고 또 그 인프라를 통한 수익 또한 많은 편이라 자연스럽고 안정된 영업망을 구축하고 있다.

6. 결론 및 제언

본 연구는 창업 성공자를 대상으로 창업 성공 과정을 근거 이론적 접근법을 이용하여 분석함으로써 창업을 하게 되는 '현상과 원인'을 밝히고, 그것을 '강화' 혹은 '약화' 시키는 '맥락적 조건'은 무엇이며, 이것이 어떤 '장애 요인'과 '대처 행동'의 '상호작용'을 거쳐서 성공적인 정착에 이르게 되는지를 전체적 과정에 초점을 두고 이해해 보고자 하였다.

창업 성공 과정을 압축적으로 표현한 핵심 범주는 '삶의 가치 실현을 위해 개인의 특성과 능력을 잘 변화시켜 안정된 일상성과 시장에서의 경쟁력 확보'로 나타났다. 자기주도성, 자기만족, 자기역량 확인과 물질적 가치 실현 욕구를 충족하기 위해 진로 방향을 바꾸게 되고 내적 능력이 충분히 다져지면서, 내외적 활동 지향성이 강화되거나 시장 인지 능력이 강화되면서 안정된 일상성의 확보 및 증대, 시장 판단에 대한 능력이 증대되면서 바꾸게 된 진로를 장기간 유지하게 되는 것을 창업 성공의 과정으로 보았다.

이러한 결과는, 개인적으로는 적성, 꿈, 인생 목표 등을 삶에 반영하고 싶어 하는 것을 알 수 있고, 물질적 가치에 대한 욕구 충족을 위해 생활 피드백과 내적 가치체계를 정립함으로써 사회적, 가족적으로 안정된 관계망을 형성한다는 것을 의미한다. 일상에서의 기쁨과 충만함이 증대되어 일에 대한 자신감이 확대됨으로 안정적인 창업을 지속하게 되는 것이다. 사회적으로는 활발해지는 창업 시장의 창업 동기요인이 개인적 욕구 요인에 더 기인하는 것으로 창업 시장의 다양화를 기대할 수 있다. 창업의 유지를 위해 창업소비자들의 활동 노력들이 다각도로 이루어지고 있고, 본 연구에서 창업 성공 유형 다섯 가지가 이러한 차이를 나타내고 있다. 이는 고착된 정태적 개념이 아니라, 사회 시스템과의 상호작용에서 역동적 변화의 단계가 표현된 것으로 이해할 필요가 있다.

결론적으로 창업 성공 과정의 중심 현상으로 파악된 진로 방향 바꾸기의 세 가지 형태인 새로운 업의 창업, 좋아하던 일을 직업으로 전환, 해왔던 일의 확장이라는 이러한 변화를 위해서는 내적 능력 다지기, 내·외적 활동 지향성을 강화하고 시장 인지 능력을 강화하는 것이 중요하다. 즉, 창업에 성공하기 위해서는 고전, 인문학을 통한 개인의 내적 능력 다지기, 생활 피드백을 잘 할 수 있는 능력을 키우고, 사회교육 프로그램을 활용한 소통 능력을 증대시키고, 시장의 트렌드를 잘 읽고 산업군을 공략할 수 있는 정보들이 제공되어야 한다.

특히, 본 연구 결과에서 주목할 만한 결과는 첫째, 창업소비자들이 안정된 창업을 유지하기 위한 필수 요건으로 내적 능력 다지기를 매우 중요하게 생각하는 것으로 나타났다. 이는 선행된 실증 연구에서 거의 언급되지 않은 부분으로 창업 과정에서 위기를 해결할 수 있는 중심적인 능력으로 인지하고 있었다.

둘째, 성공하기 위해서는 성공학 사례를 공부하거나, 성공에 대한 생각들이 24시간 머릿속에 꽉 차 있어야 하고, 잠재의식 속에서도 성공했다는 개념이 확립되어 있어야 한다. 성공을 하기 위해서는 성공에 대한 확신을 온몸으로 느끼는 것이 중요함을 대상자 대부분이 공감하고 있었다.

셋째, 고전과 인문학에 대한 소양이 중요하다. 생활 피드백을 하거나 위기관리를 해야 할 때 강력한 힘을 발휘한다고 하였고, 대인 관계나 조직과 소통을 할 때도 많은 가치 판단을 하게 하는 중요한 요소로 강조되고 있다. 사회적으로 인문학의 중요성을 많이 강조하고 있다.

넷째, 시장에서의 창업의 성패는 창업자의 시장 인지 능력이 매우 중요함을 알 수 있다. 특히 트렌드를 읽고 미래 시장이 업종과 업태를 관망하는 능력의 중요성이 거듭 강조되고 있다. 소비자학 분야에서 창업에 관한 부분이 연구 되어야 할 중요한 이유인 것이다. 거시 시장의 트렌드를 읽을 수 있어야 변화하는 시장에 대비할 수 있다는 것이고, 하고 있거나 하고자 하는 직업을 전환, 변화하는 시기를 잘 알게 되고 이것이 곧 성공으로 이어진다는 것이다.

마지막으로, 본 연구 대상자들은 자금은 창업에 있어서 필수적인 요소임에는 틀림이 없지만, 창업을 안정적으로 유지하기 위해서는 창업자의 멘탈 관리가 더 중요하다고 주장하고 있다. 현재 시행되고 있는 창업 관련 지원 프로그램과 교육 프로그램은 천편일률적으로 거의 동일하다. 단순하게 창업을 할 수 있는 기술을 연마하는 수준에 머물고 있으며, 창업 지원 정책도 자금 지원 부분에 집중해서 실시되고 있다. 물론 창업은 초기부터 자금이 필요하고, 자금의 확보는 현실적인 창업 추진의 출발점이 된다(Shin, 2002). 서론에 설명이 된 것처럼 창업 성공률이 낮은 이유가 이와 같이 개별적으로 시행되는 창업 지원, 교육 프로그램에 의한 것으로 사려 된다.

따라서, 창업이 진행되는 초기부터 진행 과정에 지속적으로 개입하고 창업 이후 성공적으로 자립할 때까지 창업소비자들의 멘탈을 강화할 수 있는 정기 프로그램이 개발되어야 할 것이다. 이는 실제 창업 지원 정책을 수립함에 있어서도 지금까지 많이 고려되지 않은 부분이라 창업 지원 프로그램과 창업 정책을 수립하는데 중요한 자료가 될 것이다.

본 연구의 결과를 바탕으로 몇 가지 제언을 하고자 한다.

첫째, 창업 지원·교육 프로그램은 창업자로서 가치 체계 다지기, 생활 피드백 능력, 소통에 대한 능력, 시장의 판단 능력을 향상시킬 수 있는 것이어야 한다. 특히, 현재 창업이 이루어지고 있는 주 업종 보다는 현 업종이 왜 주종을 이루고 있는 지에 대한 거시 흐름을 파악할 수 있는 트렌드 교육이 강화되어야 한다.

둘째, 창업가와 예비 창업가들이 서로 소통할 수 있는 소통망이 부족하다. 창업소비자의 멘탈을 강화할 수 있는 사회 지원 프로그램, 창업 성공 사례를 자주 접할 수 있는 프로그램, 성공자와 연결될 수 있는 멘토링 프로그램 등이 활발히 이루어 져야 할 것이다.

셋째, 선행 연구에서 보면 창업 전문 상담원과의 상담이 별 효과가 없다는 보고가 나오고 있다(Lee, 2008). 본 연구에서도 자료 수집 과정에서 여러 사례자들에게서 소상공인 지원 센터에서의 상담이 너무 형식적이고, 심지어 창업을 준비하는 본인이 전문 상담원에게 정보를 제공하고 온 경우도 있다고 한다. 전문적인 창업 상담이 가능한 전문 인력을 양성하는 것이 시급하며, 창업소비자에게 실질적인 도움을 줄 수 있는 정책이 시행되어야 할 것이다. 소비 트렌드, 시장 커뮤니케이션, 성공학 관련 강좌들이 소비자학을 포함한 생활과학 분야에서 많이 개발되고 활용되어, 창업 정책과 교육의 효율성을 제고할 필요가 있다.

·· 제 7 장 ··

창업의 실패와 대처

우리나라 창업의 특징은 주로 생계형 업종으로 평균 생존율도 창업 후 1년은 72.6%, 2년은 56.5%, 3년은 46.4%로 자영업자 절반 이상이 3년 이내 폐업하는 것으로 나타나(중소기업청, 2013) 사회적 비용부담이 매우 크다. 우리나라에서는 한번 실패한 기업가는 재기하기가 쉽지 않다. 실패한 기업가는 대표이사로 기업의 부채를 떠안을 수밖에 없는 상황이어서 신용불량자나 세금 연체자가 되어 재기하려고 해도 빚을 모두 갚지 않는 이상 정부의 정책자금이나 금융기관의 지원을 받을 수 없는 게 현실이다. 하지만 빌 게이츠와 스티브 잡스, 마크 주커버그 등 세계 산업의 지형도를 바꾼 최고 경영자들을 배출한 미국의 실리콘 밸리에서는 실패 경험이 자산이 되므로 아이디어와 기술력을 보완하여 재창업을 할 경우 신규 창업보다 성공 가능성이 더 높아진다는 인식이 높아 우리나라와는 상이한 차이를 보인다.

미국 중소기업청(SPA)의 발표에 의하면 창업 1개월 내 흑자를 내는 비율은 최초 창업기업은 34.1%이나 한번 실패를 경험한 뒤 재창업한 기업은 55.4%를 기록했다. 실제 성공한 벤처기업의 평균 실패횟수가

2.8회에 달하고 있으며, 두 번 실패한 기업은 투자 대상 1순위가 되고 있다. 실패에 관대한 미국의 분위기 덕분에 실리콘 밸리는 미국 경제를 이끄는 성장엔진으로 자리 잡고 있다(서울경제신문, 2013). 그러므로 재창업은 최초 창업보다 성공할 확률이 높아 이를 정책적으로 뒷받침하는 것은 곧 창업 성공률의 재고로써 사회적 비용의 낭비를 줄일 수 있다. 창업실패를 커다란 경험과 자산으로 활용하여 효용성 있는 창업시장을 형성하는 것은 국가 경제발전의 미래를 약속할 수 있다.

1. 창업실패

1) 창업실패의 개념

창업실패가 무엇인지에 대한 명확한 기준이 있어야 신뢰할 수 있는 창업실패 관련 정보들을 얻을 수 있고, 또 창업실패 연구들에서 나타난 결과들이 의미를 가질 수 있을 것이다. 현재는 창업실패라는 용어가 도산, 파산, 지급불능, 부도, 부실 등으로 다양하게 사용되고 있는 실정이다. 또한 실패의 개념도 성공적이지 못한 행동, 목표했던 바를 달성하지 못하는 것, 만족할 만한 성과 또는 효과의 결여 등으로 정의되고 있다. 그리고 창업실패의 용어는 법률적 측면과 경영적 측면으로 나누어 정의할 수 있다.

기현희(1995)는 창업실패를 법률적인 측면에서 기업이 법률적으로 강제되는 채무에 대한 지급 능력이 없어서 법원의 기업에 대한 공식적인 개입에 의한 것으로 정의하고 있다. 즉, 법률적 의미에서 창업실패는 곧 파산을 의미한다. 우리나라 파산법에서도 파산은 채무자가 채권자의 대금을 지급할 수 없을 때, 또는 지급을 정지한 채로 채무자나 채권자의 신청에 따라 법원이 선고하는 것으로 규정하고 있다.

경영적 측면에서 기업실패는 부실이란 용어로 사용되고 있다. 부실은 경영상태가 매우 악화한 기업의 상태를 의미하고 있어 법적 파산보다 포괄적인 의미를 내포하고 있다. Weston(1981)은 기업부실을 경제적 부실, 기술적 지급불능상태로 구분하였다. 경제적 부실은 수익보다 비용이 많거나, 투자 수익률보다 자본 비용이 많은 경우 또는 실현이익보다 기대 이익이 많은 세 가지 경우 중 하나에 해당하는 경우를 말한다. 기술적 지급불능이란 총자산이 총부채 가치보다 적어서 채권자들이 기업의 청산을 법원에 신청하고 기업을 종식하는 것을 말하며, 가장 좁은 의미에서 기업실패는 현금 지급불능 등 채권자들에게 손해를 끼치는 영업정지라 할 수 있다.

장수덕(2003)은 Watson & Everett(1996)의 창업실패 개념을 국내실정에 맞추어 재정의하였으며, 이는 창업실패에 관한 국내연구에서 가장 보편적이고 포괄적 개념으로 사용되고 있는데, 창업실패에 대한 정의는 다음과 같다.

첫 번째는 사업의 중단을 의미한다. 사업체를 타인에게 매각함으로써 소유구조가 바뀜에 따라 그 사업이 중단되는 경우를 말하고, 둘째는 공식적 파산을 의미한다. 채무관계를 이행하지 못해 발생하는 부도, 채무자들에 의한 경매처분, 혹은 법원이 이루어내는 법정관리 등이 그러한 경우이다. 셋째는 사업의 처분이다. 더 이상의 손실을 막기 위한 차원에서 사업을 중단하는 경우이며, 넷째는 지속적인 사업운영의 실패이다. 벤처기업의 경우 단일제품이나 아이디어로 승부를 거는 경우가 많다. 그런데 후속 제품이 제때에 출시되지 않거나, 혁신적 제품을 생산해 내지 못함으로 수익을 내지 못하는 경우를 말한다.

이상의 정의를 종합하여 볼 때 본 연구에서는 창업의 실패를 사업이 중단되었거나, 채무관계를 이행하지 못한 공식적 파산, 사업의 중단, 지속적인 사업운영의 실패 또는 창업자가 목표달성을 하지 못하여 창업자가 주관적으로 창업을 실패하였다고 느끼는 판단까지 포함하여 포괄적 개념으로 사용하고자 한다.

2) 창업실패 과정

창업실패 과정에 관한 선행연구는 창업에 실패한 기업과 기업가, 벤처자본가를 대상으로 창업실패 과정과 경험, 창업실패 요인과 파산에 대하여 양적, 질적 연구가 다양하게 수행되었다. 그리고 창업경험의 학습효과와 사회적 심리적 비용과 관리에 주목한 연구들이 수행되었다. 창업실패에 관한 국내 연구는 미약한 수준이다. 창업실패과정에 관한 실증연구는 국내에서는 거의 이루어지지 않았고, 부분적으로 창업실패 요인에 관한 실증연구들이 소수 있었다. 선행연구를 양적 연구와 질적 연구로 나누어 살펴보고 창업실패의 사회적 심리적 비용과 관리에 대한 연구를 차례로 살펴보고자 한다.

(1) 창업실패 과정에 관한 양적 연구

창업실패 경험을 토대로 창업실패 과정에 주목한 연구는 그리 많지 않다. 창업실패과정에 관한 양적 연구에 대한 결과를 <표 8-1>과 같이 제시한다. 창업실패 과정에 관한 양적 연구는 이장우·이성훈(2003), 장수덕(2003), 장수덕 외(2008), 하규수 외(2009), 하규수(2012), Politis & Gabrielsson(2009), Ucbasaran et al.(2009), Ucbasaran et al. (2010), Vaillant & Lafuente(2007), Van Auken et al.(2009), Wennberg et al.(2010) 등이 있었다.

이장우·이성훈(2003)은 1997년에 벤처기업협회에 등록되어 있는 250개 회원사 중에서 116개사를 표본으로 창업가 특성, 환경, 전략 그리고 조직특성을 조사하였고, IMF 경제위기를 거친 2000년에 다시 추적하여 재조사를 실시하여 자료를 분석하였다. 그 결과로 기업경영 경험이 있는 창업자가 실패 가능성이 더 높게 나타났다. 그리고 창업 시 자기 자금비중, 창업자의 전공 관련성과 시장세분화가 실패 기업과 생존 기업을 판별해주는 주요 요인으로 나타났다. 이 연구는 성공 요인과 실패 요인이 동일 선상에 있지 않으며 실패 요인을 극복한 기업이 반드시 성공하는 것이 아님을 밝혔다는데 큰 의의가 있다.

장수덕(2003)의 연구에서도 창업가의 경험이 오히려 혁신적인 벤처기업의 운영에 방해되는 부적인 영향을 미치는 것으로 나타났다. 하지만 지식과 경험을 제품에 활용한 경우 성공확률이 높은 것으로 나타났으며 오히려 창업실패를 극복할 수 있는 중요한 요인이 기업가의 사전 지식과 경험임을 강조하였다.

Van Auken et al.(2009)은 파산법뿐만 아니라 창업할 때 잘못된 자본 인수 결정이 사업을 실패와 파산으로 이끈다고 보았다. 90개의 중소기업은 초기자본인수 수준의 향상으로 창업가가 위험을 줄이기 위해 확실히 의도된 활동에 나서는 것을 보여 주었다. 자본 획득 결정은 파산 규제에 대한 소유자의 친숙도에 영향을 받지 않는 것으로 나타났다. 지금까지의 연구는 창업자가 파산에 있어서 정부 규제를 통해 제공되는 보호 기능을 더 의식하게 되고, 실패의 영향을 보다 적게 하려고 초기 자본의 수준을 기꺼이 높이 올릴 것이라고 보았다. 하지만 Van Auken et al.(2009)의 연구에서는 기업의 파산에 대한 법률 지식과 기업의 자금 조달 간의 관계가 기업의 소유자, 고문 및 정책에 영향을 미칠 수 있는 것으로 나타났다.

Wennberg et al.(2010)의 관점은 언론에 나오는 유명 회사의 높은 실패는 기업가의 퇴거 결정에 대한 잘못된 해석으로 나타날 수 있다는 관점을 가지고 있다. 1,735개의 회사와 기업가를 대상으로 8년 넘게 도출된 스웨덴의 종적 자료를 사용하였다. 재정적 곤란에 처한 회사들이 해당 기업의 실행루트를 찾아 기업실적을 비교 하였는데, 이전의 연구결과와는 달리 일부 불일치를 설명하였다.

Ucbasaran et al.(2009)은 창업경험을 생산성 관점을 고려하여 사업소유 경험이 몇 가지 부채로서 사업성과에 부정적인 영향을 미칠 수 있는 요인으로 작용함을 밝혔다. 630명의 영국인 창업가를 대상으로 한 연구에서 경험이 풍부한 창업가의 기회식별 범위와 성격과의 관계는 주어진 시간에 포착한 기회의 수와 소유한 사업의 수 그리고 실패한 사업의 비율 사이에 역 U자 모양의 상관관계가 있음을 밝혔다.

4.5개 이상의 기업을 소유한 창업가는 더 적은 기회를 식별하는 것으로 나타났으며, 창업실패의 경험이 기회의 혁신과 관련되지 않은 것으로 나타났다. 창업가가 실패를 경험할 경우 자긍감을 유지하기 위해 후속적인 실패를 회피해야 하고 그래서 덜 도전적인 목표와 위험감수, 덜 혁신적인 사업기회에 초점을 맞출 것이며, 창업 경험 중 실패율이 너무 높으면 덜 혁신적인 기회를 발견하거나 기회 발견의 정도도 낮아지는 것으로 나타났다. 사업소유 경험을 평가할 때 자산과 부채의 개념과 함께 학습과 인지를 추가로 고려하게 되면 경험이 창업가에게 불리할 수도 이로울 수도 있다는 것이다(Ucbasaran et al., 2009).

Ucbasaran et al.(2010)은 영국의 독특한 창업가 576명을 대상으로 창업경험, 창업실패와 상대적 낙관론의 속성에 관하여 과거의 실패경험이 차후의 벤처에 대해 상대적 낙관론을 누그러뜨리는 범위를 연구했다. 창업가들은 비 창업가들보다 더 과하게 낙관적으로 변할 수 있는 경향을 가지고 있고, 실패경험을 가진 창업가는 최초 창업가보다 상대적 낙관론을 가질 가능성이 적으나 실패경험은 기업가에게 아무

<표 8-1> 창업실패 과정에 관한 양적연구

저자/년도	연구대상	변수	주요 연구 결과
이장우, 이성훈 (2003)	성공기업 72개사, 실패기업 28개사	나이, 전공관련성, 학력, 위험감수성, 시장세분화	성공 요인과 실패 요인이 동일 선상에 있지 않으며 실패 요인을 극복한 기업이 반드시 성공하는 것이 아님을 밝혔다는데 큰 의의가 있다.
장수덕 (2003)	(종단연구) 사업중인 기업중 1년 혹은 그이상의 시간이 지나 실패한 기업	공식화 보상의 정확성, 보상의 공정성 조직의 배려, 동료간의 유대감	성패를 좌우하는 중요한 변수는 전공과 제품과의 관련성과 마케팅 차별화 전략임을 확인하였다.
Vaillant & Lafuente (2007)	2003 스페인 GEM 자료	사회적 낙인	스페인에서 실패한 기업가에 대한 사회적 낙인은 사업가적 활동을 하는 데 중요한 제약임을 확실히 알 수 있었다. 스페인은 사회적 낙인효과가 매우 큰 지역임을 알 수 있다.
장수덕, Scott, 이상설 (2008)	(사례연구 포함) 48개 회사	경영지식, 자금동원능력, 기업가의 성취욕구	벤처기업의 경우 경영지식이나 자금 동원능력의 부족이 중요한 원인이며, 기업가의 성취욕구와 같은 특성이 실패를 줄이는 데 중요한 역할을 해 왔으며, 오랜 기업들은 경쟁적 산업 환경의 변화가 실패의 주원인으로 나타났다.
Van Auken, et al.(2009)	90개 작은회사	자본획득 결정능력	자본 획득 결정은 파산 규제에 대한 소유자의 친숙도에 영향을 받지 않는 것을 알아내었고, 파산법을 수정함으로써 기업가정신을 장려해야 하는지에 대한 정부의 목적에 대해 의문을 제기했다.
하규수 외 (2009)	창업가 270명	부모의 창업경험, 대안시장의 인식, 창업실패에 대한 부담감	이 연구는 창업실패에 대한 비재무적 손실의 중요성을 인식시켰다는데 큰 의의가 있으며 실패비용과 실패한 기업인의 부정적인 인식에 대한 대책이 필요함을 강조하였다.
Ucbasaran et al. (2009)	영국 기업가 630명	포착한 기회, 소유한 사업장의 수	사업실패는 동기 축소 없이 학습을 장려할 뿐만 아니라 실패하지 않은 사업의 맥락 안에서 교체될 수도 있다. 실패에 대한 동기적 관점과 인지/학습적 통합적 관점을 이루어 냈다는데 큰 의의가 있다.
Wennberg et al.(2010)	1,735개의 회사와 설립자	기업가의 실행결정	학문적으로 유명 언론에 나오는 회사의 실패 비율은 부분적으로는 기업가의 실행 결정에 대한 잘못된 해석으로 나타났을 수도 있다. 인적 자원과 실패 회피전략은 4개의 실행루트에 따라 상대적으로 차이가 있음을 확인하였다.
Politis & Gabrielsson (2009)	231명의 스웨덴 기업가	기업가의 삶과 일의 경험	이전 기업가적 경험과 사업을 닫는 경험 또한 실패에 대해 더 긍정적인 태도를 가지는 것으로 나타났다. 실패는 반영과 장기적으로는 성과를 향상하는 기회를 제공하는 것으로 나타났다.
Ucbasaran et al. (2010)	영국 기업가 576명	실패경험	실패한 경험을 가진 포토폴리오 기업가는 상대적 낙관론을 가질 가능성이 적지만 실패경험은 기업가에게 아무런 영향을 주지 못하는 것으로 나타났다. 창업실패를 학습하는 능력은 감정의 다른 작용 때문에 어떤 경험을 얻었는지에 대한 내용에 의해 영향을 받는다고 주장하였다.
하규수 (2012)	창업가 640명	실패경험의 유무, 실패에 대한 인식차이	사업운영경험이 있거나 현재 사업을 운영하고 있는 대상자는 고학력자이며, 사업실패 두려움에 대해 강하게 인지하고 있었고 적극적인 태도를 보이는 것으로 나타났다. 그리고 나이가 많을수록 사업실패 두려움이 적을수록 창업의사가 적극적인 것으로 나타났다. 실패와 실패자에 대한 추가적인 심층 연구를 제안하였다.

출처: 연구자가 선행연구를 바탕으로 구성함

런 영향을 주지 못한 것으로 나타났다. 결과적으로 실패로부터 학습되는 능력은 감정의 다른 작용으로 어떤 경험을 얻었는지에 대한 내용에 의해 영향을 받는 것으로 나타났다.

위의 선행연구를 종합하여 볼 때 창업성공과 실패가 동일 선상에 있는 개념이 아님을 알 수 있다. 창업실패의 경험은 재창업을 할 때 부정적으로 작용하고 있음을 여러 연구결과를 통해 확인하였다. 하지만 제품에 대한 지식과 경험을 활용한 경우에는 긍정적인 자산효과가 있음을 알 수 있다. 창업실패 경험의 내용, 개인의 학습능력과 감정과의 복합 작용으로 창업실패 경험은 재창업가에게 이로울 수도 해로울 수도 있음을 알 수 있다.

(2) 창업실패 과정에 관한 질적 연구

창업실패과정에 관한 질적 연구는 크게 세 가지 방향으로 나누어져 수행되었다. 결과는 <표 8-2>와 같이 제시한다. 먼저, 파산과 관련한 연구로는 Lee et al.(2011), Moulton & Thomas(1993), Peng et al.(2010), Sutton & Callahan(1987) 등이 있다. 그리고 파산한 기업의 창업가를 대상으로 창업실패의 과정과 학습에 관한 연구(Cardon & McGrath, 1999; Cope, 2011; Huovinen & Tihula, 2008)와 기업가와 벤처 자본가를 대상으로 창업실패의 원인과 창업실패를 바라보는 창업가와 자본가의 인식차이를 파악한 연구가 있었다(Cope et al., 2004; Zacharakis et al., 1999). 마지막으로 창업실패 사례와 문헌을 분석한 연구(정성민 외, 2008; 신중경·하규수, 2013; Rerup, 2005) 등이 있었다.

우리나라에서는 창업실패의 관점으로 파산을 연구한 선행연구는 거의 없는 편이나 외국에서는 창업실패의 결과로서 파산의 현상과 파산법의 영향력 그리고 파산법이 기업가정신에 미치는 영향까지 고려한 연구가 소수이지만 다양한 관점으로 진행되었다. Sutton & Callahan (1987)의 연구에서 파산은 흔히 회사와 그 창업가의 지도력에 대해 부정적인 인지를 만드는 불명예스러운 꼬리표라고 정의하였다.

Sutton과 Callahan(1987)은 4개의 컴퓨터 기업에서 인터뷰, 기록 그리고 관측 데이터를 가지고 연방 파산법 제11장의 내용이 최고 경영자와 기업의 이미지를 해치는 방법에 대해서 이론을 개발하였다. 연방 파산법 제11장은 주요 조직과 창업가를 이탈시키고, 참여의 질을 감소시키고, 더 유리한 환율의 관계에 대한 협상과 조직과 그 기업가를 깎아내리는 등 기업을 향한 부정적인 반응을 가지게 하는 원인이 되는 불신 레이블이라고 제안한다. 이러한 부정적인 반응은 조직에서 조직 해체의 가능성을 증가시키고, 관리 경력을 위협할 것이고, 기업가 또는 최고 경영진과 기업을 파괴하는 이미지를 피하게 하거나 보완하는 등 그들의 노력에 사용할 수 있는 낙인 관리 전략의 계층 구조를 제안한 것에 큰 의의가 있다. 하지만 기업가는 파산의 낙인을 줄이거나 피하기 위해 감추거나, 부정하거나 책임을 받아들이거나 져버리는 방법을 사용할 것으로 예상 할 수 있다.

파산과 파산개편은 재정난에 대한 구제로 정의할 수 있지만, 기업은 관리자와 일반 경제의 가치에 거의 합의가 존재하고 있다(Moulton & Thomas, 1993). Moulton & Thomas(1993)는 파산전략의 간단한 논평과 함께 73개 파산회사의 실증적인 연구 성과와 파산법 개편의 비용과 혜택에 대한 몇 가지 대안을 제공하였다. 이 연구에서는 여러 가지 검증에 의해 성공적인 파산법 재편이 있음을 시사하였는데, 파산은 재정난에 대한 비싼 대응이며, 파산기업 경영자의 선택은 매우 단단히 외적 압력에 의해 제약되고 있으며, 이해관계자들에게 이익의 다양성은 파산전략의 성공 여부에 대하여 가치의 판단을 제한한다고 하였다.

또한 기업규모는 재편과정의 완성에서 성공을 예측하는 모든 다른 요인을 지배하여 지연된 서류는 파산을 피하기 위해 실패한 노력을 주요하게 반영하고 있으며 높은 비용에도 불구하고 파산이 사용되어야 하는 이유를 설명하였다.

Peng et al.(2010)과 Lee et al.(2011)의 연구는 기업 친화적 파산법은 기업가 정신을 장려하는 중요한 수단으로서 옹호하고 있었다. 관대한 기업 친화적 파산법은 기업가정신의 발전 수준에 유의한 영향을 미치는 것으로 나타났다.

Peng et al.(2010)은 재구성 파산옵션의 가용성, 파산절차에 시간을 보내는 것, 파산절차의 비용, 파산청산에서 새로운 시작을 하는 기회, 파산재편동안 자산의 자동적인 축적에 대한 기회, 기업가와 경영자를 위한 기회가 파산신청 후 남아있는 것 등 기업친화의 6개의 영역에 초점을 맞추었다. 즉 이러한 파산법이 세계의 기업가정신을 고취하는데 중요한 역할을 담당할 것으로 기대하였다.

Lee et al.(2011)에 의하면 파산기업이 창업실패에 대해 지나치게 처벌을 받는다면 잠재적인 높은 수익을 포기해야 하고 신규 사업을 시작하면서 높은 위험을 가정하게 된다고 보았다. 19년 동안 29개국의 자료를 집결해 보았을 때 기업친화 파산법은 새로운 회사의 진입비율로 측정된 기업가정신 개발 수준에 거의 일치하는 것으로 나타났다.

Cardon & McGrath(1999)는 파산한 기업의 창업가를 대상으로 창업실패의 과정과 학습에 관한 연구를 하였다. 기업가정신의 성향이 높은 대학생 집단을 대상으로 기업가정신의 정도에 따라 창업실패에 대한 감정적 학습법을 제안하였다. 기업가정신이 높은 학생들은 창업실패에서 2가지 귀속 스타일이 있음을 밝혔다. 먼저 무기력한 성향을 들 수 있는데, 실패는 능력에 귀속되어 포기하는 성향으로 이끌어진다는 것이고, 둘째는 숙달된 성향을 가진다는 것으로 숙달된 성향은, 실패는 노력에 대한 부족으로 귀속되어 부가적인 노력에 대한 동기를 만드는 것으로 나타났다. 그리고 숙달된 성향을 보이는 학생들 사이에는 강한 기업가적 성향과 함께 다양성이 공존함을 밝혔는데, 숙달된 성향과 다양성 사이에는 유의한 상관관계가 있다는 연구 결과이다.

Huovinen & Tihula(2008)은 창업실패에 대한 호의적인 환경뿐만 아니라 창업실패의 경험은 개발될 수 있다는 것을 제안하였다. 이 연구에서는 하나의 포트폴리오 기업에 초점을 맞추어 기업의 경력개발과 현재 상황을 먼저 연구자에게 자료를 제공하고 이를 바탕으로 창업가를 인터뷰함으로써 자료를 수집하였다. 실패기업의 지식과 창업경험은 개발할 수 있는 것이라는 관점을 가지고 있다. 기업 지식의 발전은 조직과 창업기업 경영관리의 새로운 방법에 대한 선도 역할로 볼 수 있으며, 이전의 실패 경험을 통해 배우는 것은 기업지식을 강화하고 경영팀 형성에 이바지할 수 있다고 강조하였다. 협력적 위임과 책임의 공유 없이 성공적인 포트폴리오 기업에서 기업가정신이 실현되지 않았을 것이며, 실패에서 배우는 것은 사업가의 개인적 배경에 많이 의존하게 됨을 밝혔다. 같은 맥락으로 창업가의 사전경험이 창업실패경험에 영향을 미치는 것을 알 수 있다. Rerup(2005)은 문헌고찰을 통해 창업가의 사전 경험을 사용하고자하는 기업들의 의식 정도가 창업가의 도움과 기회를 발견하고 활용하는 능력을 해칠 수 있다고 주장하였다. 창업가들의 개인적인 삶과 일의 경험이 창업실패에 대한 창업가의 태도를 형성한다고 보았다.

Cope(2005)는 경험적 학습이론에 바탕을 두고 창업가적 행위에 초점을 맞추어 창업가가 실패 경험으로부터 학습할 수 있다는 관점을 제시하였다. 실패를 통한 창업가적 학습에 그의 연구 중심을 두고 있

<표 8-2> 창업실패 과정과 경험에 관한 질적 연구

저자 /년도	조사 대상	변수	주요 연구결과
Sutton & Callahan (1987)	컴퓨터 회사 (4개사의 관찰기록)	최고경영자와 기업의 이미지	연방 파산법 제11장이 최고 경영자와 기업의 이미지를 해치는 방법에 대한 이론을 개발하였다.
Moulton & Thomas (1993)	73개의 무역회사.	파산	파산은 재무적 고통, 괴로움에 대한 비용적 반응이다. 그리고 파산한 회사에서의 경영적 선택은 극히 제한되어 있음을 확인했다.
Cardon & McGrath (1999)	학생 (높은 기업가정신 성향을 가진 자)	기업가정신 성향	높은 기업가정신 성향을 가진 학생들은 2가지의 귀속 스타일을 나타낸다. 무기력한 성향은 실패는 능력에 귀속되어 포기하는 성향으로 이끈다. 숙달된 성향은 실패는 노력에 대한 부족으로 귀속되어 부가적인 노력에 대한 동기를 만든다. 숙달된 성향에 대한 샘플들 사이에는 강한 기업가적 성향이 있었고 다양성 또한 있는 것으로 나타났다.
Zacharakis et al.(1999)	기업가 8명 벤처자본가 5명	실패원인	기업가들은 실패의 원인을 외부적 요소로 탓하는 벤처자본가와 비교하여 실패의 원인을 내부적 요소의 탓으로 본다는 가능성이 높았다. 그러나 두 기업가와 벤처 자본가는 다른 벤처기업들의 실패 원인을 내부적 요소로 탓하는 경향이 있는 것으로 나타났다.
Cope et al. (2004)	벤처자본가 (영국 4명, 미국 2명)	실패의 차이점	사업 실패는 자동으로 벤처 자본가에 의해 블랙 마크로 여겨지지 않음을 보여주었고, 두 나라의 벤처 자본가들은 종종 실패에 대해 관대하고, 유연하고 개방적 사고 적 태도를 보여주었으며 실패의 원인에 대해 이해하려는 애를 쓰는 모습을 보여주었다.
정성민 외 (2008)	사례연구 (CIT방법) 10년 이상 경영 유지한 기업	시장지향성, 경영 전략, ceo 중심경영	지방 벤처기업을 대상으로 실패 요인을 살펴보았는데, 시장지향성, 경영 전략 및 마케팅 부재전략, 지나친 CEO중심경영 등이 지방 벤처기업들만의 두드러진 실패 요인임을 확인하였다. 앞으로 지방벤처기업들의 성공적인 전략지침을 위한 시사점을 제공하였다.
Rerup (2005)	문헌연구	창업경험	이전 경험을 사용하는 기업들의 유념 정도는 기회를 개척하거나 발견하는 그들의 능력에 도움을 주거나 저해할 수 있다고 주장한다.
Huovinen & Tihula(2008)	싱글 포토폴리오기업	실패경험	실패는 기업가의 지식뿐만 아니라 설립경험의 발전을 이끌 것이다. 그러나 실패로부터의 학습은 사업가의 개인적 환경에 달려있다.
Cope et al. (2008)	벤처창업가 (영국인 4명 미국인 4명)	창업실패	창업실패가 창업가의 사고방식, 그들의 수행하는 사업, 그들의 창업가 정신을 근본적으로 바꾸는 변형적인 학습의 행태를 자극할 수 있다고 나타났다.
Peng, Yamakawa, &Lee (2010)	파산법상의 기록자료	파산법	파산법은 새로운 기업의 창업 비율에 영향을 미치는 중요한 규제이다. 더욱이 기업 친화적 파산법에 대해 기업가 정신을 장려하는 수단으로 옹호할 수 있다.
Lee et al.(2011)	1990년에서 2008년까지 기록 자료	파산법	관대하고 친 기업가적 파산법은 새로운 기업의 진입 비율로 측정된 기업가정신 발전의 수준과 거의 일치한다.
Cope(2011)	사업가 (영국인 4명 미국인 4명)	실패경험	학습은 하나의 과정으로 보이고 실패 극복과 재출현은 기업가가 자기 자신과 기업가 정신에 대해 배울 수 있게 하는 더 높은 학습 과정의 특별한 기능으로 보았다. 실패가 차후의 기업가적 활동을 위한 기업가적 준비를 향상할 수 있음을 알 수 있다.
신중경 · 하규수(2013)	창업실패사례 25건	연구개발의 어려움	기업의 신생 어려움과 ERIS모델 관점에서 창업실패 요인을 도출하였는데, 한국벤처기업들이 다른 나라와는 달리 연구개발 인력의 부족이나 제품개발 실패와 같은 연구개발의 어려움이 강하게 존재하는 차이점을 발견하였다. 사업 준비 부족형, 자원 획득 실패형, 전략 부재형, 마케팅 실패형 등 실패유형을 4가지로 구분하였다.

출처: 연구자가 선행연구를 바탕으로 구성함

는데, 창업실패가 고통스럽고 내적으로 바람직하지 못한 경험이지만 실패는 피할 수 없는 실수를 포함해서 기대하고 희망한 결과를 벗어난 상태뿐 아니라 피할 수 없는 경험의 산물과 위험감수 요소이며 모든 창업가가 창업에 성공할 수 없으므로 일정 수준의 창업실패 감수는 불가피한 요소로 지적하였다.

Cope et al.(2008)은 영국 내 4개 벤처 창업가와 미국 실리콘밸리의 4개 벤처 창업가와의 심층 면담을 통해 창업실패가 재정적, 감정적, 육체적, 사회적, 창업가적 및 전문가적으로 어떤 영향을 미쳤는지에 대한 연구를 수행하였는데, 위의 주장을 뒷받침해 주고 있다. 창업실패가 창업가의 사고방식, 그들의 수행하는 사업, 그들의 창업가 정신을 근본적으로 바꾸는 변형적인 학습의 행태를 자극할 수 있다고 하였으며, 철수에 대한 대처능력과 자기관리, 환경 변화에의 적응 등 개인적 관리에 대한 교훈을 받아 후속 벤처를 준비하는 주요한 동기 요소가 될 수 있음을 강조하였다.

Cope(2011)는 Cope et al.(2008)의 연구를 보다 깊이 있게 확장하였는데, 창업실패를 경험한 영국, 미국의 창업가 각 4명을 대상으로 현상학적 분석을 통해 창업실패에 대한 학습 내용과 과정에 대해 좀 더 깊은 개념화를 정립시키는데 이바지하였다. 이 연구에서는 창업실패 복구 및 재출현은 높은 수준의 학습 과정의 특별한 기능으로 보이는데, 이 연구는 창업가 자신과 창업기업의 죽음에 대한 것뿐만 아니라 네트워크와의 관계 및 투자 관리의 '압력점' 등 많은 것을 배울 수 있음을 보여주었고, 창업실패 경험이 차후의 기업가적 활동을 위한 기업가적 준비를 향상할 수 있음을 주장하였다.

Zacharakis et al.(1999)는 귀속이론의 관점을 사용하여 기업가와 벤처 자본가의 두 관점에서 새로운 창업실패를 확인하는 연구를 하였다.

이 연구는 8명의 기업가와 5명의 벤처 자본가와의 인터뷰를 통해 기업가와 자본가들이 바라보는 창업실패의 관점 차이를 밝혔으며, 귀속이론의 관점으로 기업가는 기업내부요인이 창업실패에 공헌한 것을 인정했다. 자본가는 외부적 요인에 의하여 창업실패가 이루어진다고 보았고, 기업가 자본가 모두 내적 요인에 따라 창업실패가 이루어질 가능성이 높음을 확인했다. 이 연구의 시사점은 창업가와 자본가가 창업실패를 바라보는 관점이 다르다는 것을 확인했다는 것에 큰 의의가 있으며, 이러한 관점의 차이는 창업자원의 부족함을 일으킬 수 있음을 나타내는 것이다.

창업가에게 있어서 연구개발 인력의 부족이나 제품개발 실패와 같은 연구개발기업의 마케팅 차별화 전략의 중요성을 강조하고 있는 정성민 외(2008)의 연구는 국내 지방 벤처 기업의 실패에 관한 탐색적 사례연구이다. 정성적 연구방법인 CIT 방법과 시간에 따른 사건 정렬 방식을 사용하여 실패 원인을 도출하였는데, 지금까지의 연구에서 밝혀진 원인과 달리 정보를 풍부하고 신속하게 획득하여 대처하는 시장지향성, 경영전략 및 마케팅 전략 부재, 지나친 CEO 중심경영들이 지방 창업기업들에 있어 두드러지게 나타나는 핵심 실패 요인임을 밝혔다.

신중경·하규수(2013)의 연구는 중소기업청에서 실시한 창업실패 사례공모전에 응모한 사례들을 ERIS 모델을 중심으로 창업실패 요인과 실패 패턴을 분석하였다. 이 연구에서는 창업 시점부터 창업실패까지 평균 41.56개월이 소요된 것으로 나타났는데, 이는 세계 기업가 정신 연구(GEM)에서 창업 안정기를 42개월 이상 임금이 지급된 시기로 본다는 것이 현실적으로 의미가 있음을 보여주었다. 실패한 창업가의 상당수는 산업 환경요인과 정부 정책의 변화로 실패하였다고 하지만,

실제로 크게 영향을 미치지 않은 것으로 나타났으며, 이보다는 창업가들이 기업 활동의 어려움으로 자주 지목하는 마케팅의 어려움, 인력확보의 어려움이 창업실패의 주요요인임을 강조하였다.

위의 선행연구를 종합하여 볼 때 질적으로 이루어진 선행연구에서는 창업실패 경험이 재창업을 할 때 자산으로서 높은 수준의 학습효과가 있음을 알 수 있다. 기업 친화적 파산법 또한 창업기업의 기업가정신을 고취하는데 영향을 줄 수 있으며, 이는 기업의 성과를 제고시킬 수 있는 주요 요인이 됨을 알 수 있고, 창업가와 자본가가 창업실패를 바라보는 기본적인 관점의 차이를 인지할 수 있다. 따라서 한국의 재창업 생태계 조성을 위해 창업실패를 바라보는 자본가들의 시각이 어떠한지를 파악해 볼 필요가 있음을 시사한다.

(3) 창업실패의 심리 사회적 비용에 관한 선행 연구

창업가의 창업실패 결과에 관한 연구는 Shepherd(2003; 2004; 2009; 2009; 2011)를 중심으로 창업실패에 관한 학습 과정에서 경험하게 되는 심리적, 사회적 비용과 관리에 초점을 맞춘 연구가 지속해서 이루어 졌고, 개념적으로 발달 되었다. Shepherd(2003)는 부정적 감정의 포괄적 개념으로 슬픔에 집중하였다. 위의 연구들은 이러한 심리적 사회적 비용과 관리에 대한 교육적 사회적 대안들을 제안하였고, Coelho & McClure(2005), Ucbasaran et al.(2003) 등의 연구가 뒤를 이었다.

창업실패 결과에 관한 연구를 시작한 Shepherd(2003)는 창업실패를 경험한 자영업자들을 위한 슬픔 회복에 관한 연구에서 실패와 관련된 손실에서 발생하는 부정적인 여러 감정 상태를 포괄하는 용어로 슬픔에 초점을 맞추었다. 슬픔은 사업 손실에 대한 부정적인 행동, 경험 및 생리적 증상에 대한 부정적인 감정 반응으로 개념화하였으며, 손실을 둘러싼 여러 사건으로부터 배울 수 있는 능력을 방해하는 요소로 보았다. Shepherd(2003)는 슬픔을 회복하는 손실/복원의 이중 프로세스를 단독으로 사용하는 것보다 슬픔을 더 빨리 줄일 수 있고, 더 빠른 회복은 개인이 사업 손실에 대한 정보를 더 빨리 배울 수 있음을 확인하였다.

Shepherd(2004)의 교수법은 학생들이 생각하는 방법보다 어떻게 느끼느냐에 초점을 둘 것을 요구하였는데, 학생들이 실패로부터 배우는 감정을 관리하는데 도움을 주려는 교육적 변화에 대한 제안과 학생들이 실패에 대해 가졌던 반감의 편견을 줄이는 방향으로 나아갈 수 있게 하는데 이바지하였다.

Shepherd(2009a)는 기존 연구를 확장하여 창업실패에 대한 사회적 비용, 심리적 비용 그리고 관리에 집중하여 창업실패에 따른 기업의 손실로부터 슬픔 회복 시간에 관한 중간 단계의 이론을 발전시켰다. 슬픔의 역동성이 개인적 수준에서 감정적 지능을 통해서 어떻게 가족 그룹 수준의 감정적 수용성과 상호작용하는지에 대한 통찰력을 제공해 주었으며, 다양한 계층과 사회학적 시각에서의 사업실패에 대해 더욱더 많은 이바지를 하였다.

Shepherd et al.(2009b)의 연구는 경제적 비용이 많이 드는데 왜 자영업자들은 창업실패를 지연시킬까의 의문에서 출발하였다. 창업실패의 감정적 재정적 비용의 균형이라는 관점에서 기존의 사회적 심리적 비용과 관리 측면에서 재무적 비용의 측면까지 고려하여 살펴보았다. 창업실패로 일어나는 슬픔의 단계를 감소시키는 예상 가능한 슬픔에 대한 생각을 하나의 메커니즘으로 발전시켰다. 즉, 창업실패를 예상하는 슬픔의 기간은 창업실패에 의한 슬픔의 수준을 감소시키고, 감정적인 회복을 향상할 수 있다고 보았다. 회복은 창업실패의 감정적 재정적 비용 양면에서 기능하게 되는데, 창업실패를 지연시켜 회복을 최적화하기 위해 사업 실패의 재정 및 감정적인 비용의 균형을 잡을 수 있었다는 것을 제안한다.

가장 최근의 연구에서 Shepherd(2011)는 창업실패의 심리적 사회적 비용과 그 관리에 초점을 맞추는데, 특히 사회적 비용으로 창업실패에 대한 사회적 낙인에 집중하였다. 이는 인상관리 이론과 귀속이론 그리고 낙인 효과의 이론적 근거에서 출발한다. 창업실패의 오명과 관련된 부정적인 반응으로 인상관리 이론을 채택하는 방법을 이해하기 위한 이론적 기초를 제시한 것이다. 실패로 자극을 받은 기업가들은 자아개념과 비록 이것이 부정적인 자기인식을 수용하는 것이라도 다른 사람이 나를 어떻게 보는 것과 일치시키기 위해 인상관리 전략을 사용할 수 있으며, 일반적 관점의 행동은 기업가의 심리적 안정에 긍정적인 영향을 미칠 수 있다.

Ucbasaran(2013)의 관점은 불확실성이 있는 창업시장에서 실패할 가능성은 항상 존재하기 때문에 창업실패는 그리 놀랄 일이 아니라는 것을 전제로 한다. Ucbasaran et al.(2013)의 연구는 2,000개의 학술지 논문을 대상으로 35편의 논문을 추려서 창업실패과정에 대한 문헌분석을 통해 창업에 실패한 창업가의 창업실패 후 생활에 관해 주목하였다. 창업실패의 결과와 과정에 초점을 두고 창업가들이 창업에 실패했을 때 그들에게 무슨 일이 일어났는지에 초점을 맞추었다. 실패의 여파는 종종 심리적, 사회적 그리고 금융 대란으로 채워졌다. 이 연구는 극복과 재출현으로 사업 실패 이후 사업가들의 삶에 대한 조사를 재검토하였다는데 의의가 있다.

Coelho & McClure(2005)는 창업실패의 정의적 문제와 사회적 비용에 초점을 맞추어서 창업실패의 부분적 이익에 관해 주장하였다는데 비경제적인 벤처에 대해 희망의 의지를 확대하는 것보다 일찍이 손을 떼는 것이 더 효율적일 수 있고, 성공과 실패의 과정에 통찰력을 제공하기 위해 경쟁시장 분석을 하였다. 창업실패를 경험한 창업가에게 있어서 인내와 긍정은 사업가적 자질이나 이성과 지식에 의해 관리되어야 하며, 긍정 주의와 무기력함 사이의 상호작용과 높은 자신감이 창업실패로부터 다시 재기할 가능성을 높일 수 있는 것으로 나타났다.

위의 선행 연구결과를 종합해 볼 때 창업실패 과정을 경험하게 될 때 사회적, 심리적, 관리적 비용이 필수적으로 발생하게 됨과 관리의 필요성을 알 수 있다. 창업실패에 대해 효과적인 대처와 빠른 회복은 창업실패경험을 자산화 할 수 있고, 기업가로서 재기하는데 긍정적 영향을 미치는 것으로 나타났다. 이는 본 연구에서 재창업가가 창업실패를 경험하는 과정의 중심현상을 보다 심층적으로 설명할 수 있는 중요한 요인이 될 수 있다.

2. 창업실패 대처 과정

본 연구에서는 창업가가 창업실패 과정에 대해 어떠한 대처 과정을 경험하는가에 관심을 가진다. 정서와 문제의 경험은 자신이 지닌 자원에 대한 평가나 구체적인 행동 경향성과 함께 대처과정으로 이어진다 (Lazarus, 1993). 일반적으로 사람들이 사용하는 대처 행동은 상당한 일관성을 가지며 보다 기본적이고 폭넓은 개인의 경향성을 나타낸다. 이를 위해 대처 과정에 대한 이론적, 실증적 연구에 대해 검토하고자 한다. 하지만 창업영역에서 이론적, 실증적 연구가 거의 없으므로 전반적인 대처 과정에 관한 검토를 하기로 한다.

1) 대처의 개념과 대처 방식

대처(Coping)는 자신의 자원으로 감당하기 어려운 특정한 외적 요구와 내적 요구, 혹은 그 둘 간의 갈등을 통제하려는 인지적, 행동적 노력을 말한다(Folkman & Lazarus, 1980). Lazarus & Walkman(1984)은 대처를 한 개인의 자원을 청구하거나 초과하는 것으로 평가되는 외적 혹은 내적 요구를 다루어 가는 과정으로 정의하였다. 대처를 다른 한편으로는 스트레스를 다루어 가는 노력으로 정의할 수 있고, 다른 한편으로는 상황을 직접 다루어 그 상황을 좋게 만들거나 참을 수 없는 상황에서 이를 극복해 나가는 방법으로 사용할 수도 있고, 문제 자체를 다룰 수 없는 경우에는 위협이나 해가 되는 장면에서 기분을 좋게 유지하도록 노력하는 완충적인 대처 방식도 사용할 수 있다(김정희, 1987 재인용). 같은 상황이라도 어떻게 대처하느냐에 따라 그 결과는 크게 달라지므로 대처는 재창업가가 최초 창업에 실패 후 재창업을 하게 하는 중요한 요인이 될 수 있다.

대처를 바라보는 시각에는 두 가지가 있다. 하나는 개인과 환경과의 상호작용과정으로 보는 것이고, 다른 하나는 개인적 성향으로 보는 것이다. 환경과의 상호작용 과정으로 보는 시각은 개인이 직면한 상황과 당사자가 가진 자원을 가지고 대처 행동의 유형이 결정된다는 것이며 상황에 따라 변화하는 것을 전제로 한다. 나머지는 개인적 성향으로 보는 시각이다. 개인의 대처 행동이 개인적 성향에 의해 결정된다는 것이다. 시간의 흐름이나 상황과 관계없이 일정하게 일관된 모습을 보이는 것에 주목한다. 이러한 시각은 대처 방식의 양면을 적절히 설명하는 것으로 인식할 수 있다(Lazarus, 1993). 본 연구에서 재창업가들이 창업실패를 경험하는 과정에서 어떠한 대처 양상을 보이는 지를 주목할 필요가 있다.

대처방식은 그 기능에 따라 두 가지로 구분할 수 있다. 스트레스를 유발하는 상황과 개인 간의 관계를 변화시키는 문제 중심대처 방식과 스트레스를 주는 감정을 다루는 정서 중심 대처 방식이 있다(Folkman & Lazarus, 1980). 먼저 문제 중심 대처방식은 심리적인 고통을 초래한 문제 자체를 변화시키거나 관리하려는 적극적인 행동이나 노력을 말한다. 인지적 문제 해결과 의사결정, 정보수집, 목표설정, 계획수립 등의 전략을 포함한다. 상황을 개선하기 위한 직접적 행동을 포함하는 반면, 정서 중심 대처방식은 상황에서 형성된 감정에 대한 생각을 변화시킴으로써 부정적인 감정을 최소화하려고 하는 간접적인 행동을 포함한다. 즉, 스트레스 요인에 의해 유발된 정서를 통제하고 조절하려는데 그 목적이 있으며, 소망적사고, 거리두기, 긴장감소, 격리, 자기비난 등의 전략들이 해당한다. 이는 Shepherd(2003)가 제안한 슬픔의 복원프로세스와 맥을 같이한다.

운명주의와 같은 정서 중심 대처 방식은 문제 중심 대처 방식 보다 문제를 해결하는데 덜 효율적인 것으로 여겨지기도 하지만, 사람들이 경험하게 되는 스트레스는 실제로 분노, 불안, 죄책감, 수치, 슬픔, 질투심 등 갈등 상황에서 유발되는 감정으로 이루어져 있고 또한 개인적 의미에 따라 그 중요성이 달라지기 때문에 감정을 다루는 것도 중요하다(조성은, 2004). 사람들은 상황에 따라 적절한 대처방식을 선택하게 되는데, 문제를 유발하는 상황이 조절 가능하다고 여겨지면 문제 중심 대처 방식을 선택하고, 상황이 변화되기 힘들다고 인식할 때 정서 중심 대처 방식을 사용하게 된다(Lazarus, 1993).

대처 방식에 관한 연구들은 스트레스 상황과 요인에 따라 어떤 대처 방식을 사용하는지, 그리고 그 효과는 어떤지에 주목한다. 대처전략 선택에 영향을 미치는 개인적인 특성들로는 인구통계학적 변인인 나이, 교육수준, 성별, 결혼 상태 등이 포함되고, 성격특성으로 성 역할 특성, 자존감 수준, 그밖에 이전 직업에 대한 애착 정도, 고용 성공, 실패에 대한 과거 경험들이 포함될 수 있는데, 개인이 이러한 특성들을 가지고 있는 정도에 따라 취하게 될 대처에 영향을 미치게 된다(Lazarus & Folkman, 1987; Benett, Martin & Bies, 1995). Eyesenck의 성격모델을 근거로 한 연구들은 여러 하위 요인 중 외향성이 높을수록 문제 중심대처, 사회적 지지 추구를 더 많이 사용하며 정서 중심 대처나 회피 등의 전략을 사용하는 경우는 적다는 결과를 보였다(임유경외, 1993). 죽음이나 이혼과 같은 상실의 상황과 질병이나 실직과 같은 도전의 상황에 다른 방식으로 대처하며(McCrae, 1984), 만성적인 질병과 실생활 문제에 대해서도 다른 대처전략을 사용하는 것으로 나타났다(Mattlin et al., 1990). 정서중심대처는 생활스트레스에서 우울을 증가시켰으며, 문제 중심대처는 우울을 감소시킨 것으로 나타났다(공수자·이은희, 2006).

Folkman & Lazarus(1980)는 대처 방식에 관한 68개 문항을 제시하였는데, Lazarus(1993)는 이를 다시 직면, 거리 두기, 자기 통제, 사회적지지 추구, 책임의 수용, 회피, 계획적인 문제 해결, 긍정적 재평가의 8가지로 분류하였으며, Mattlin et al.,(1990)은 회피, 재평가, 종교, 적극적 사고, 적극적 행동, 사회적 지지의 6가지의 대처전략을 다시 수동적 방식과 다면적 방식으로 구분하였다(손상희, 2013)

McCrae(1994)는 대처 방식은 넓은 범위로 묶는 것을 지양하고 세분된 척도를 사용했는데, 적대적 반응, 합리적 행동, 도움추구, 인내, 감정의 격리, 운명주의, 감정의 표현, 긍정적 사고, 외면, 현실도피의 환상, 지적부정, 자기비난, 한 단계 나아감, 진정, 자제, 역경으로부터 힘을 끌어냄, 감춤, 적응, 소망, 적극적 망각, 유머, 수동성, 미결정 등 총 118개의 대처 방식 문항을 제시하였다.

2) 창업실패의 대처에 관한 선행 연구

창업실패와 관련한 대처 과정에 관한 연구는 <표 8-3>에서 제시하듯이 매우 소수이다. 창업에 실패한 창업가들은 슬픔, 불안, 공황발작, 공포증, 분노를 수반한 감정을 경험하고 피로, 고혈압, 불면증, 체중감소 등의 생리적 증상을 경험한다(Singh et al., 2007).

Singh et al.(2007)에 의하면 실패한 기업가는 대부분 문제 중심적인 대처에 초점을 맞춘다. 친구와 가족으로부터 돈을 빌려 재무적 측면의 문제를 해결하려고 하거나 자산을 매각하여 채무로부터 해방되어 안도감을 가지고 싶어 하거나 법적 대안을 위한 여러 시도를 하거나, 이와는 대조적으로 감정에 초점을 맞춘 대처 행동이 나타내기도 한다. 보통 창업실패 기업가에게 나타나는 실패의 결과는 현실왜곡과 자기기만의 두 형태로 나타나는데, 이는 죄책감과 무력감으로 이어질 수 있다. 또한 창업실패기업가는 종종 실패자라는 사회적 낙인으로 인한 사회적 비용을 지불해야 할 때도 있는데, 이러한 사회적 비용은 경제적 부분에 영향을 미칠 수 있다. 이러한 사회적 비용을 줄일 수 있다면 기업실패의 재정적 영향도 줄일 수 있다는 것으로 사려 된다.

Subramanian & Kumar(2009)의 연구에서는 자아존중감과 정신건강수준이 크게 대처전략유형에 유의미하게 작용하는 것으로 나타났으며, 창업실패 기업가의 내적 강화와 내적능력을 향상시킬 수 있어야 함을 강조하였다. 즉, 창업에 실패한 140명의 창업자를 대상으로 이들의 정신건강의 상태, 자아 존중감, 대처전략인지 등을 파악하는 것은 불쌍한 창업가들에게 적합한 지원으로 많은 도움을 줄 수 있다고 보았다.

창업자의 심리적 특성 중 스트레스를 주요인으로 보고 창업자의 순기능적, 정서 중심적 방법인 희망전략을 사용한 연구도 있다(신종철, 2012). 희망은 장기적인 심리적 스트레스에 직면하고 있는 사람들에게 필수적으로 필요하며 희망은 불확실한 기간 동안에 불안을 만들어 내는 내적 그리고 대인 관계 모두에 균형을 제공하고, 이러한 경우에 있어서 희망은 감정에 초점을 둔 대처 전략으로서 희망전략은 창업성과를 향상시키는 주요인임을 밝혔다.

<표 8-3> 창업실패에 대한 대처방식 관련 선행연구

저자 /년도	방법	주요 연구 결과
신종철 (2012)	설문지	창업가의 심리적 특성 중 스트레스를 주요인으로 보고 창업가의 순기능적, 정서 중심적 방법인 희망전략을 사용하였다. 희망은 감정에 초점을 둔 대처 전략으로서 작용을 하였다. 희망전략은 창업성과를 향상시키는 주요인임을 밝혔다.
Singh, Corner, & Pavlovich (2007)	질적 연구, 5명의 기업가	실패 비용과 사용된 전략 대응에 대해 강조한다. 기업가 삶의 경제학적 관점에서 사회학적, 심리학적 관점 보다 더 많은 대응과 학습이 일어난다.
Subramanian & Kumar(2009)	양적연구 실패한 창업자 140명	실패한 창업자들의 미래의 경력의도와, 정신건강, 대처스타일의 유형보다 더 자주 보고된 사업 운영의 실패에 관한 부가적 탐구에 관한 실증연구이다. 자아존중감과 정신건강수준이 크게 대처 전략유형에 유의미하게 작용하는 것으로 나타났다. 즉, 창업 실패기업가의 내적 강화와 내적능력을 향상시킬 수 있어야 함을 강조하고 있다.

출처: 연구자가 선행연구를 바탕으로 구성함

이러한 연구 결과는 문제 중심적 혹은 정서 중심적 대처 방식에 따라 그 효과가 다른 것이 아니라 세부적인 내용에 따라 순기능으로 또는 역기능으로 작용할 수 있음을 보여 주는 것이며, 이는 이 두 가지 대처 방식이 모두 스트레스 감소에 중요하다는 Lazarus(1993)의 견해를 지지하는 것이다. 위의 선행연구를 바탕으로 하여 대처과정을 정리하면 8개로 구성된 대처 과정 유형의 틀을 만들어 낼 수 있다. 재창업가의 대처 행동에 관한 유형의 틀은 <표 8-4>와 같이 제시하며 구체적인 설명은 다음과 같다.

<표 8-4> 대처행동의 유형의 틀

대처를 바라보는 시각 / 대처방식	순기능		역기능	
	개인과 환경의 상호작용	개인적 성향	개인과 환경의 상호작용	개인적 성향
문제중심 해결방식	a	b	e	f
정서중심 해결방식	c	d	g	h

a유형은 개인과 환경의 상호작용을 통해 문제를 중심으로 해결방식을 가지는 것이며, 상황과 자원에 따라 유형이 바뀔 수 있다. b유형은 개인적 성향을 따라 일정한 모습으로 문제 중심 해결방식을 가지는 것이다. c유형은 개인과 환경의 상호작용을 통해 감정을 다루어 정서적인 문제를 중심으로 해결 하는 방식이며, 상황과 자원에 따라 유형이 바뀔 수 있다. d유형은 일정한 모습의 개인적 성향을 따라 정서중심 해결방식을 가지는 것이다.

위의 a, b, c, d 네 가지 형태의 유형은 내용에 따라 대처행동이 순기능으로 작용하는 유형이다. 위의 네 가지 유형이 내용에 따라 역기능적으로 작용할 때 e, f, g, h 유형으로 대처가 이루어진다.

·· 제 8 장 ··

재창업가의 창업실패과정과 대처과정

이 장에서는 창업실패 과정과 대처 과정에서 체험한 독특한 경험이나 총체적인 맥락을 탐구하는데 있어 구조화된 설문지로 접근하는 것이 한계가 있다고 판단되어 질적인 연구방법을 선택하였다. 그리고 본 연구자는 실제 자료에서 이론을 발달시키는 과정을 체계적으로 지원할 때 적합한 귀납적인 연구방법인 근거 이론적 접근방법(손상희, 2013 재인용)을 연구에 활용하였다.

1. 연구방법

1) 조사대상의 선정

본 연구는 재창업가의 창업실패 과정과 대처 과정을 분석하였다. 선행연구의 검토를 통해 본 연구에서는 재창업가의 창업실패를 사업이 중단되었거나, 채무관계를 이행하지 못한 공식적 파산, 그리고 사업의 중단과 지속적인 사업운영이 실패한 것과 창업자가 목표달성을 하지 못하여 창업자가 주관적으로 창업을 실패하였다라고 느끼는 판단까지 포함한 포괄적 개념을 창업실패의 개념으로 정의하였다.

연구를 위한 사전 준비로 2013년 5월 한 달 동안, 재창업 한 사업장을 42개월 이상 성공적으로 유지하고 있는 대상자 11명을 선별하여 예비심층면접을 실시하였다. 예비연구의 결과를 통하여 연구 진행과정에서 고려해야 할 사항을 확인했다. 첫째, 재창업자의 창업실패 과정과 대처 과정에 관한 전형적인 사례를 설명할 수 있는 연구 참여자를 선정하여 참여시킨다. 글로벌 기업가 정신연구(GEM)에 의하면 현재기업체를 소유함과 동시에 경영하고 있으면서 42개월 이상의 기간 동안 급여를 지급한 개인들을 안정기 창업가라고 부른다. 안정기 창업기업 소유자들은 회사를 42개월 이상 소유하고 경영해 온 사람들이다. 따라서 본 연구에서는 창업실패 후 재창업을 하고 현재 42개월 이상 사업장을 안정적으로 유지하고 있는 재창업가를 그 대상으로 한다.

둘째, 질적 연구의 포화성 개념을 사용하여 표본추출은 자료 수집과 분석을 동시에 진행하면서 유망자료를 얻을 때까지 표본을 단계적으로 추가로 추출하여 더 새로운 것이 나오지 않게 될 때 종료하였다.

2) 심층면접 질문지

<표 9-1> 심층면접 질문지

과정	주요 질문
최초창업	* 최초창업과정에 대하여 편안하게 설명해 주시기 바랍니다
	1. 최초 창업의 계기에 대하여 설명해 주시기 바랍니다
	- 혹시 부모님께서 창업을 하신 경험이나, 사업을 지속적으로 하고 계신지요? - 창업하신 영역과 전공과, 하시던 일과 어느 정도 관련이 있으신가요? - 창업을 하시기 전과 창업을 하신 후 창업자를 바라보는 시각이 있으신지? - 창업은 어떤 사람들이 하는 것이라고 생각하시는지요? 창업자가 갖추어야 할 능력에 대하여 말씀해 주시기 바랍니다 - 귀하께서 창업을 하실 때 중점적으로 차별화한 전략이 있으신지요? - 창업 준비 기간은 어느 정도였는지요? - 창업 아이템은 어떻게 선택하시게 되었습니까? - 창업하실 때 기대 목표는 무엇이었습니까?

	2. 창업 구상을 하실 때 주 대상(소비자)는 어느 정도 고려하셨는지요? - 구체적은 고려방법이나 소비자를 대상으로 한 구체적인 전략 등에 대하여 설명해 주십시오 - 경영을 하시는 동안 소비자(주 대상)는 어느 정도 귀하의 경영성과에 영향을 미쳤는지요? (구체적인 사례가 있으시면 말씀해 주십시오) - 경영을 하시는 중에 어려웠던 점을 구체적으로 설명해 주십시오. 3. 창업을 하려면 창업자는 어떤 사람이어야 할까요? - 경영을 하는 동안 창업자에게 가장 필요한 능력은 무엇입니까?
창업실패와 대처 과정	* 창업실패 과정에 대하여 구체적으로 설명해 주시기 바랍니다 1. 언제 창업(하시던 일)이 실패 했구나 라고 판단하셨습니까? - 창업실패 시점에서 가장 먼저 떠오르는 생각은 무엇입니까? - 창업실패 과정에서 가장 우선적으로 고려한 사항은 무엇이었습니까? 2. 창업실패과정에서 어떤 경험을 하셨는지요? - 창업 실패시 사회적으로 어떤 경험을 하셨는지요? 사회적 경험들을 어떻게 극복 하셨는지요? (창업 실패시 가족 간의 관계, 친구 동료들 간의 관계는 어떠하셨는지요? 주변 사람들의 어떤 감정적 지지가 있으셨는지요?) - 창업 실패시 심리적으로 어떤 경험을 하셨는지요? 심리적 경험들을 어떻게 극복 하셨는지요? (어떤 감정 경험했고, 자기 자신에게는 어떠한 지지를 하셨습니까? 사회 시스템적인 지지는 어떤 것들이 있으셨습니까?) - 창업 실패시 재정적으로 어떤 경험을 하셨는지요? 사회적 경험들을 어떻게 극복 하셨는지요? (주변의 재정적 지원은 어느 정도였는지?, 재정적 지원과 처리에 대하여 구체적으로 말씀해 주세요) - 창업 실패시 최우선적인 주변 정리는 어떤 경험을 하셨는지요? 주변 정리 경험들을 어떻게 극복 하셨는지요? 3. 귀하는 왜 실패를 해야만 했습니까? - 창업실패의 원인? 요인? 과정상의 여러 변수? - 창업실패를 극복하는 과정에서 소비자는 어떤 존재로 영향을 미쳤습니까? 4. 한국 사회에서는 실패를 어떻게 이해하는 것 같으신지요 - 창업실패의 낙인을 혹시 경험해 보신 적 있으신지? 있으시다면 구체적으로 경험을 말씀해 주시겠습니까? - 창업실패의 낙인은 우리사회에서 어떤 효과를 가지는 것 같으신가요? 어떻게 극복 하셨는지요? 5. 창업실패의 경험은 귀하께 어떤 역할을 하였습니까? - 창업실패 경험은 현재 재창업을 하는데 어떤 역할을 하였습니까? - 실패가 차후의 창업을 위한 창업가로서의 준비를 향상시켰습니까? - 창업실패시 대처에 대해 아쉬운 점이 있으신가요? 6. 새롭게 창업을 하는 사람(최초창업과 재창업 모두 포함)에게 조언을 해 주시겠습니까?

3) 자료의 수집 및 분석 방법

본 연구의 조사 대상자선정을 위한 표본 추출에는 Strauss & Corbin (1998)이 제시한대로 충분함과 적절성이라는 두 가지 원리를 반영하였다. 따라서 참여자는 최근 42개월 이상 안정적으로 사업장을 운영하고 있으며, 과거 창업에 실패한 경험을 가지고 있는 재창업가로 한정하였다.

전체 연구과정은 근거이론의 방법을 따랐고 연구 자료의 수집은 근거 이론의 이론적 표본 추출방식을 선택했다. 자료의 분석은 근거이론의 이론적 코딩 방법에 의해 개방 코딩, 축 코딩, 선택 코딩의 방법을 채택했다. 자료를 수집할 때는 창업을 처음 시작한 초기부터 현재까지의 경험을 구술하고 시간변화에 따른 변화를 볼 수 있게 포괄적으로 자료를 수집하였다. 이를 통해 표본 추출, 자료수집, 자료 분석의 과정을 순환적으로 수행하며 새로운 분석을 이끌어 낼 수 있는 표본을 극대화 할 수 있었다. 분석된 자료를 근거이론의 패러다임을 사용해 재배치하여 이론을 완성 하였으며, 재창업가의 실패 과정 후 중심현상과 관련하여 경험하게 되는 행동/상호작용전략, 그리고 결과에 초점을 둔 실제이론적 모형을 개발했다.

조사 대상자의 자료를 모으는 과정, 코딩 과정 그리고 분석 과정을 동시에 하였다. 근거이론의 강점인 순환성을 살리기 위해 표본추출, 자료수집, 자료 분석의 단계를 순환적으로 수행하면서 새로운 분석을 끌어낼 수 있는 표본을 추가로 찾아 추출했다.

대상은 Morse(1998)의 좋은 정보제공자의 기준에 맞춰 적합한 사례로 수집하였다. 좋은 정보제공자는 사건이나 대상에 대한 필요한 지식과 경험을 가지고 인터뷰를 진행할 때 질문에 응답할 수 있는 위치에 있으며, 연구와 관련이 있는 실천을 할 수 있는 입장에 있어야 한다.

또한 성찰을 하고 그것을 언어화 할 수 있는 능력이 있고 질문, 관찰에 응할 시간이 있으며 연구에 참가할 준비가 되어 있어야 한다(Morse, 1998).

본 연구의 자료 수집은 2013년 7월부터 10월까지 14명의 재창업가와 개별 심층 면담을 통하여 이루어 졌다. 자료의 수집방법은 비 구조화된 면담을 사용하였다. 처음 창업을 할 때부터 창업에 실패하고 재창업을 하기까지 사업장을 운영하면서 겪은 경험, 관련한 사건, 그리고 느낌들을 자유롭게 이야기 하도록 하고 이야기 하는 관점에 공감을 표시하면서 중간에 방해하지 않도록 노력했다.

그리고 창업실패와 대처 과정을 거치면서 환경과의 상호작용, 심리적 혼란 및 갈등요소, 긍정적·부정적 대응방식 등에 대한 질문을 기반으로 하고 충분하지 않았던 구술 내용에 대해서는 질문을 던져 추가적인 이야기를 유도했다. 특히 발단에서 결과에 이르도록 끊이지 않고 전개될 수 있도록 유의했다. 이러한 심층 면담을 통해 조사 대상자가 민감한 화제나 영역까지 언급할 수 있게 했다.

면담 자료를 통해 어떠한 이론을 도출할 수 있을까에 예민하게 반응하는 이론적 민감성을 유지하도록 하였다. 자료수집과 분석은 순환적으로 진행되었으며 수집한 자료를 통해 1차 범주화 작업을 실시하고, 심층면접 가이드를 토대로 반 구조화된 인터뷰가 추가 진행되었다. 3회에 걸쳐 심층면접이 진행되었다.

심층면접이 이루어지기 전에 연구의 목적과 익명의 보장, 연구 과정에 대한 정보를 미리 제공하였으며 연구자와의 면담 자료는 연구 이외의 목적으로 사용하지 않을 것과 참여자가 원하지 않을 때에는 언제든지 연구의 참여를 철회할 수 있음을 알려주었다. 동의서에 서명확인 후 면담을 녹음 하였다.

심층면접은 1인당 2~3시간 정도가 소요되었으며, 면담을 실시할 때 녹음기를 사용하여 녹음했으며, 녹음된 자료는 전사 자료를 만들었다. 수집된 자료로 작성된 텍스트는 연구 흐름에서 연구 대상인 현실의 대체물로 취급된다는 점(전혜숙, 2010)에서 주의 깊게 다루었다.

4) 조사대상자의 일반적 특성

이 과정을 거쳐 최종적으로 14명의 대상자로 구조화된 표본이 만들어 졌다. 연구에 참여한 재창업가의 일반적인 특징은 <표 9-2>와 같이 제시한다.

<표 9-2> 조사대상자의 일반적인 특성

사례	성별	연령	학력	재창업년도	업종	이전업종	재창업소요자금	월매출
사례1	남	36	대졸	2007	제조업	동일	3000만원	2억
사례2	남	42	대졸	2009	교육업	판매업	1000만원	500만원
사례3	남	55	대졸	2004	판매업	동일	3000만원	5000만원
사례4	남	48	대졸	2007	건설업	음식업	1억	1억
사례5	남	43	고졸	2007	제조업	동일	8000만원	2000만원
사례6	남	45	대졸	2009	교육업	판매업	1000만원	500만원
사례7	남	53	대졸	2007	제조업	동일	5억	-
사례8	남	46	대졸	2007	중간도매상	판매업	5억	-
사례9	남	47	대졸	2009	건설업	판매업	2억	1억
사례10	남	41	고졸	2007	미용업	동일	1억 7천	5000만원
사례11	남	49	대졸	2007	인쇄업	동일	2500만원	1억
사례12	남	52	초대졸	2009	음식업	동일	500만원	400만원
사례13	남	54	대졸	2004	대여업	동일	2500만원	-
사례14	남	47	대졸	2004	대여업	동일	4000만원	-

5) 자료 분석의 타당도 작업과정

(1) 타당도

연구자가 보고자 하는 것을 실제로 보고 있는가 라는 연구의 타당도를 검증하기 위해 Lincoln & Guba(1985)가 개념화 시킨 질적 연구의 타당도를 조건들을 적용했다. 이들은 질적 연구의 질을 조절하는 개념으로 신빙성이라는 용어를 도입했으며 이는 연구 결과의 가치와 진정성을 인정하고 믿어주는 정도를 말한다. 신빙성에 속하는 네 종류의 하위개념으로 진실가치, 적용가능성, 일관성, 중립성이 이에 해당한다.

본 연구에서는 그들의 제자인 Lather(1986)가 제안한 검증 방법으로 연구 참여자에 의한 연구 결과의 검토와 평가 방법을 사용했다. 연구에 참여했던 참여자의 일부를 선정하여 연구 결과를 검토하고 평가하도록 했다. 연구결과의 분석과정에 참여자를 참가시킴으로써, 조사대상자의 생활세계에서의 의미를 얼마나 근접하게 표현하고 분석하였는가를 물었으며 그 결과를 확인했다.

(2) Nvivo 프로그램의 활용

본 연구는 Nvivo 프로그램을 이용하여 자료를 분석 하였다. Nvivo 프로그램은 방대한 양의 질적 자료를 신속하게 처리할 수 있게 고안된 프로그램이다. 근거이론 연구 방법 뿐만 아니라 다른 질적 연구에서도 쉽게 이용할 수 있는 프로그램으로 본 연구에서는 다음과 같이 활용하였다.

첫째, 많은 양의 원자료를 일목요연하게 처리 하였다. 근거이론 분석을 위해 가장 먼저 개방 코딩을 하게 된다. 원자료를 개념화하기 위해 전사된 자료를 읽어가며 개념을 붙이게 된다. 각 개념들을 유사한 개념으로 합치고 지속적 비교를 통해 배타적 상위 범주로 묶는 작업이 매우 어려운 게 사실이다.

Nvivo 10 프로그램의 Report 기능에서는 부호화 요약본, 노드(개념) 분류 요약본, 노드(개념) 구조 보고, 노드(개념) 요약 보고, 프로젝트 요약보고, 자료 분류 요약, 자료 요약 보고 등을 볼 수 있어서 지속적 비교하기를 통한 상호 배타적인 범주 도출이 보다 용이 하였다. 본 연구자는 조사 대상자의 녹취된 자료를 전사 하여 사용하였으나 녹취된 자료를 오디오 자료 그대로 코딩할 수 있는 장점이 있다.

둘째, PDF 화일, 페이스북, 트위터 등 사회 미디어 자료, 오디오, 비디오 형식을 불러 올 수 있다. 연구와 관련된 사람, 조직 또는 집단의 게시물이나 논평을 모으기 위해 Ncapture 기능을 사용하여 원자료를 그대로 코딩할 수 있는 장점이 있다. 본 연구에서는 개념 코딩, 상위 범주, 하위 범주로 추상화 하는 과정에서 자료를 분석할 때 Nvivo 10 프로그램을 사용하였다.

2. 실패과정과 대처과정 분석

재창업가의 창업실패과정과 대처 과정을 이해하기 위해 근거이론을 토대로 재창업을 하고 안정기에 접어든 창업가 14명을 대상으로 심층면접을 통해 자료를 수집하였다. 수집한 자료를 토대로 재창업가가 창업에 실패하면서 겪게 되는 현상과 이에 대처하기 위한 전략과 결과를 분석하였다. 도출한 범주 간의 연계를 만들어 최종적으로 재창업가의 창업실패 과정과 실패에 대한 대처 과정에 관한 이론적 패러다임 모형을 도출하였으며 그 결과는 <표 9-3>과 <그림 9-1>과 같이 제시한다.

인과적 조건으로는 '투철한 기업가정신', '성공과 안정에 대한 조급함', '창업에 대한 환상'이라는 상위 범주가 도출되었다. 이러한 요인에 의해 재창업가는 창업을 하게 되었다. '현실왜곡'과 '능력의 한계' 등이 맥락적 조건으로 영향을 미쳤다. 현장과 현실을 제대로 직시하지 못하는 현실왜곡 정도에 따라, 그리고 개인이 극복할 수 없는 경제적, 환경적 대처능력과 현장 대응 능력 등 능력의 한계에 부딪히면서 창업의 유지 정도가 영향을 받아 실패 과정을 거치게 되었다.

중심현상은 재무적 실패, 심리적/생리적 실패비용과 관계단절로 인한 '사회/경제적 존재감 상실', '희망이 없는 일상'이라는 두 개의 범주로 파악되었다. 이러한 중심현상은 이를 극복하고 대처하기 위한 후속활동과 전략을 유발했다. 행동/상호작용전략은 '현실과 정면 맞대응', '실패에 대한 정교한 대처', '소비자 지향' 등 이러한 개념들이 행동/상호작용전략의 상위 범주로 도출되었다.

이 과정에서 조사대상자들은 중재 조건에 따라 창업실패에 대처하고자 하는 행동/상호작용전략에 차이가 있는 것으로 나타났다. 행동/상호작용전략에 영향을 미치는 중재적 조건은 '강력한 지지자', '자기확신', '자산이 된 실패경험'이었다. 중재적 조건은 행동/상호작용전략을 촉진하기도 하고 방해하기도 한다. 조사대상자들은 창업실패에 대처하는 행동/상호작용전략에 따라 창업실패와 대처과정을 통해 '생존'과 '성장'이라는 전략 결과로 분석되었다.

재창업가의 창업실패 과정과 대처 과정에 관한 이론 틀을 토대로 16개의 범주가 도출되었고, 이 범주들을 중심으로 창업실패 과정과 대처 과정을 이해하기 위한 '이야기 라인(Story Line)'을 재창업가의 이야기 전개를 통하여 서술하고자 한다.

<표 9-3> 재창업가의 창업실패 과정과 대처 과정에 관한 개념

패러다임	상위범주	하위범주	개념
인과적 조건	혁신적 기업가 정신	혁신적 기업가 정신	자율성 원함(자율성), 돈을 버는 능력에 대한 자신감(민첩성), 돈을 번다는 것에 대한 당당함과 자부심, 실패에 대한 불안감 부재(위험 감수성), 돈을 벌어본 경험에 대한 행복함, 돈이 효용에 대한 편리함을 일찍 인식함, 돈 버는 재미 인식(진취성), 창업 시작 접근방식의 혁신성(혁신성), 자기 주관에 대한 확신이 강함(적극성).
	성공과 안정에 대한 조급함	뒤쳐짐에 대한 조바심	동기들보다 출발이 늦은 것에 대한 불안감(재수, 군대, 휴학, 가정 사정 등), 빚을 갚고 생활까지 해야 하니 더 많은 수입에 대한 필요, 기존 투자금에 대한 빠른 회수 욕망, 급여에 대한 부당함, 악조건 속에서 시작하므로 빠른 성공에 대한 열망.
		가족/구조적 상황	가족 내에서 항상 기대주이자 지지를 받는 역할, 장남으로서 제대로 된 역할을 수행하고 싶은 욕망, 가장, 부모님 봉양에 대한 조바심, 가족들의 자원과 인력 투입에 대한 신뢰.
			중·장년 실업으로 인해 취업할 수 없는 상황, 매장에 매여 있는 것에 대한 스트레스 가중(자율성 제한), 생활의 안정을 위해 업종을 무시하고 생계형 창업.
	창업에 대한 환상	무모한 자신감	창업에 대한 설렘, 주위의 만류가 들리지 않음, 잘 모르는 영역, 성실함에 대한 낙관적 결과의 자신감(무조건 열심히 하면 잘 된다), 주위 인맥을 동원한 자금 집중, 월급쟁이 보다 나을 거라는 기대감, 창업의 위험에 대한 인지 불능, 창업 성공에 대한 안일한 낙관, 매장문을 열어 놓으면 당연히 소비자는 찾아올 것이다.
		주먹구구식 창업	짧은 준비기간, 일단 시작, 그냥 주위에 있던 아이템, 친지가 하고 있던 일, 단독판단, 하고 싶은 건 하고 만다.
			민첩성(사전 대응성/기회 포착력)이라고 오인, 창업에 올인, 끈질기게 주위 인맥을 설득함, 주위 자원을 최대한 모으기 시작, 지나친 열정은 독, 업종에 대한 판매 메커니즘의 무지, 소비자의 욕구 파악 불가.
맥락적 조건	현실 왜곡	자기 기만	수익성은 좋지만 재미없는 일, 끝이 보이고 수지가 계속 악화됨에도 잘 될 것이라는 자기기만, 나만은 잘 될 거라는 자기 최면 강화, 무리한 투자.
		실패지연	인정되지 않는 창업 현실, 현장 정보를 뒤늦게 알게 됨, 인정할 수 없는 현장 상황, 더 몰입적인 자원 투입, 실패의 원인은 내가 아니야, 부정적 정보를 늦게 인지하거나 거부함.
	능력의 한계	극복할 수 없는 경제적 환경	IMF로 인한 연쇄 부도, 억울한 부도, 연대 보증의 족쇄에 대한 부당한 피해와 부담감, 사회적 지원체계의 부재에 대한 막막함(소상공인들이 이용할 수 있는 정책 부재), 위험과 고비를 넘길 수 있는 지원 정책 없음, 소액대출(MICRO CREDIT)의 소중함 절실, 사채 투입, 예상치 못한 어려움과 위기 발생.
		현장 대응 능력 부족	직업 가치관 부재, 직원관리의 어려움, 현장성의 무능력과 무대응, 기술적 분석 부족, 역량부족.

패러다임	상위 범주	하위 범주	개념
중심 현상	사회/경제적 존재감 상실	경제적 무능력자 (재무적 실패)	매출부진, 비체계적 위험에 노출, 고정 비용 감당 불가능, 수입저하, 사회적 비용 감수(법적 책임), 멈추지 않고 자금 구하기, 빚잔치, 신용불량자, 세금 연체자, 내 이름으로 아무것도 할 수 없는 상태, 수입이 없는 것에 대한 공포감, 경제력을 전가받을 수 없는 막막함.
		심리적/생리적 실패비용	슬픔, 회피, 화, 좌절, 피해의식, 불안, 공황발작, 공포증, 분노, 죄책감, 무력감, 피로, 고혈압, 불면증, 체중감소, 건강악화.
		사회적/개인적 관계 단절	공동사업자에 대한 원망, 가족과의 갈등 유발, 부부관계 갈등, 가족해체, 친지와의 단절, 친인척과의 관계에서 고립.
	희망이 없는 일상	현실 회피	죽음에 대한 생각, 살기 위해 술과 게임과 도박과 친구 되기, 이대로 주저앉는 것에 대한 절망감, 삶의 끝을 경험, 노숙자가 현실이 될 것 같은 공포.
		내일을 생각할 수 없는 생활	가족의 미래가 보이지 않는 것에 대한 막막함, 실패자라는 사회적 낙인, 사채업자의 횡포, 매일매일 일상을 살아가는 것에 대한 고통, 희망이 없는 삶, 새롭게 무엇인가를 시작할 수 있다는 생각을 할 수 없음.
중재 조건	강력한 지지자	강력한 지지자	든든한 지지자, 경제력이 든든한 아내, 막다른 골목에서 항상 지지해 주시는 부모님, 자녀들에게 받는 지지, 멘토(같은 산업군에 있는 선배)의 적절한 조언
	자기 확신	성취 욕구	변화무상한 일상에 대한 흥미로움, 할 수 있는 일은 무조건 시작함, 확고한 성취 욕구, 비참한 삶의 결과 거부, 오기(인생의 목표에 대한 확신), 내 땅에서 내장사 하는 자부심, 기본에 충실, 실패하면 안 되는 가장 큰 이유 가족, 천성적인 부지런함, 무한한 책임감(가족, 친인척, 직원)
		자기 지지	강력한 긍정, 반드시 성공할 수 있다는 것에 대해 의심을 하지 않음, 여행/휴식을 이용한 자기 충전, 재산 같은 인맥의 존재, 도움이 절실함을 토로함
	자산이 된 실패경험	제대로 지불된 실패 비용	창업 경험은 창업함에 있어서 절대적, 창업실패에 대한 긍정적 태도유지, 산업 환경 변화에 대한 적절한 적응, 철수에 대한 대처능력, 철저한 자기 관리, 창업실패에 대한 감정/경제적 경험(압력점), 기업에 대한 지식 강화, 창업 이후 창업에 대한 필요성 절감
		실패요소 확인	정신건강, 구태의연한 발상, 생존력 부재, 자아 존중감 결여, 사회적 낙인에 대한 열패감, 안일한 안주, 무리한 투자, 인맥의 배신
행동/상호작용 전략 (대처)	현실과 정면 맞대응	적극적인 결자해지	문제를 찾아서 해결하기, 끝까지 대금을 갚을 것을 약속(도의적인 책임까지 다함), 악조건 속에서도 신뢰를 쌓아감, 재창업 자금 융통의 원활함, 빠른 빚 해결, 채권자들의 재투자 성과.
		짧은 슬픔	사회적 낙인 무시, 짧은 방황, 이른 시간 제자리 복귀, 건강회복, 심신을 다스리는 기제 활용(독서), 먼 미래를 보고 여러 자격증 취득, 돈이 되는 일은 닥치는 대로 시작.
		회복탄력성	내가 제일 잘하는 일이 무엇인가 인식, 현실에 맞는 적절한 자기 지지, 제일 잘하는 일을 직업화하는 데 성공, 일상의 만족감 증대, 가족의 화목한 모습 되찾음, 자녀들의 지지와 인정

패러다임	상위 범주	하위 범주	개념
행동/상호작용 전략(대처)	실패에 대한 정교한 대처	실패에 대한 안전 장치	기업가정신 발휘(새로운 조직과 자원의 결합), 자율성 (조직구조의 역할 원활-안정된 동업 실현), 심리적/신체적 안정감 유지조건 강화, 실패에 대한 안전장치 강구(거래처, 직원, 비용 등).
		기술적 분석	제품과 서비스 차별화, 브랜드화 전략, 상권의 중요성 인식 및 파악, 소비자에 대한 배려와 상식은 절대적, 지원제도 활용능력 강화, 소비자를 찾아오게 하는 아이템, 적절한 전략적 제휴, 탁월한 기술력 확보
	소비자 지향	다시 찾는 소비자	최고의 서비스 지향, 고객에 대해 금전적인 것과 관심의 적절한 조화, 항상 배려된 소비자, 소비자와 채권자의 재투자 유치, 소비자에게 먼저 이득이 되는 일을 한다(항상 당당함을 유지), 손님 입안의 혀처럼 했다, 지속적인 영업력 강화(만나고 또 만나고 또 만나고….)
		내부고객과 함께 가기	직원들과 함께 잘 사는 방법 강구, 인센티브제 강화, 우수한 인력확보, 내부고객에게 계속된 동기부여 정책, 인격적 존중과 신뢰 쌓아가기, 수익을 직원들과 함께 나누기, 사업을 내 자식에게 물려준다는 생각을 버려야 함.
결과	생존	생존	모노레일 위에서 죽을 때까지 페달을 밟아야 하는 자전거 타기, 잠시라도 쉬면 넘어진다, 계속된 재투자, 계속된 고비 넘기, 버티기, 살아남는 자가 강한 자, 앞뒤 살필 겨를 없이 앞에 닥친 앞에 일만 처리, 하루…. 한 달…. 일 년…. 이렇게 넘어가는 것.
	성장	개인의 성장	겸손하고 감사한 일상 느끼기, 사람으로서 삶을 알아가는 과정, 당당함 잃지 않기, 좋아하는 일을 더 재밌게 만들 수 있는 능력, 기업가로서의 정체감 확립, 내 인생을 벌었다, 살아볼 만한 가치가 있는 것
		가족의 성장	평안하고 안정된 가족의 일상, 자녀들의 미래를 준비해 줄 수 있는 뿌듯함, 성실한 재테크로 인한 풍요로운 가정생활, 당당한 가장, 가족의 고마움, 생활의 안정감.
		일의 성장	사회적 관계 확대, 사람을 벌었다, 꿈 너머 꿈이 보이고 더 많은 꿈을 꿀 수 있다, 현재를 넘어서 미래를 준비할 수 있는 아이템 구축 능력 향상, 머무르지 않기 위한 지속적인 부추김, 좋은 사람들과 더불어 좋은 것을 배우고 좋은 것을 공유하면서 함께 가는 것

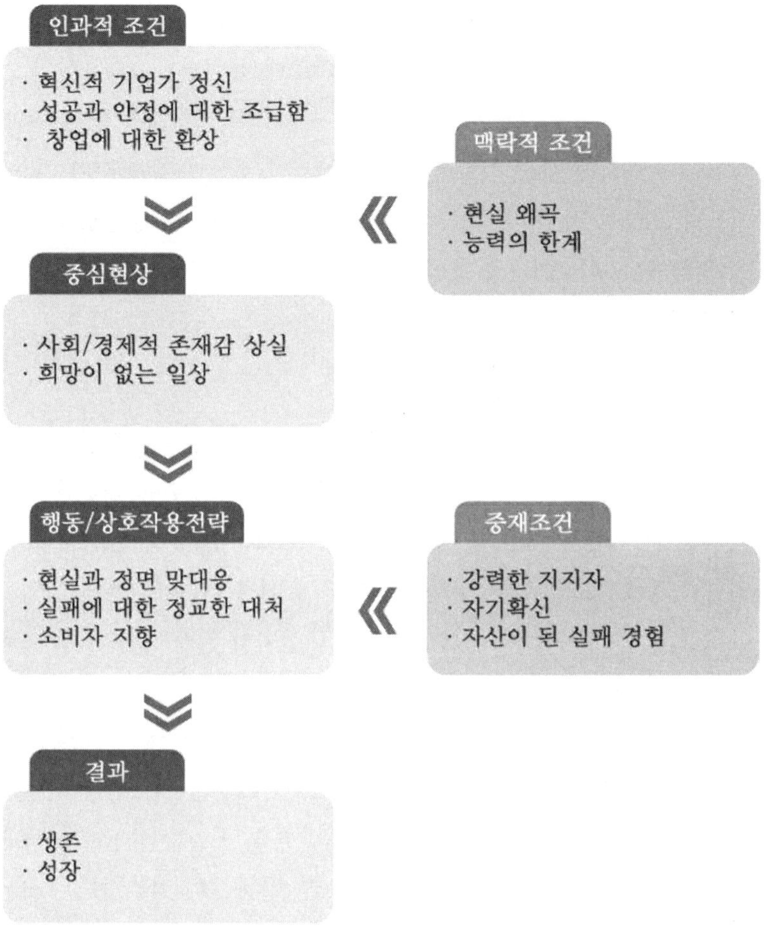

[그림 2] 창업실패 과정과 대처 과정에 관한 패러다임 모형

1) 인과적 조건

인과적 조건은 어떤 현상이 발생하거나 발전하도록 이끄는 사건이나 일들을 의미한다. 재창업가들은 공통적으로 '혁신적 기업가정신', '성공과 안정에 대한 조급함', '창업에 대한 환상' 등으로 인해 창업을

하고 창업실패 과정을 경험하게 되는 것으로 나타났다. 이는 창업 성공 과정에 대한 연구(서정희·백재화, 2013)에서 나타난 '자아실현 가치', '물질적 가치실현' 등의 인과적 조건과 확연한 차이를 보인다. 창업을 실현하게 하는 인과적 조건이 창업의 성공과 실패를 가늠하는 중요한 요인이 될 수 있음을 알 수 있다. 재창업가들이 창업실패 과정을 경험하게 되는 인과적 조건의 각 범주를 구체적으로 살펴보면 다음과 같다.

(1) 혁신적 기업가정신

창업실패 경험을 가진 재창업가들의 공통점은 어릴 적부터 돈이라는 자원을 활용해 본 경험이 많다는 것이며, 자기 주관에 대한 확신이 매우 강한 특성을 지니고 있었다. 이를 통해서 자율적 환경에 대한 열망이 상대적으로 강한 경향을 가지고 있어서 대학에서부터 취업이 아니라 창업을 준비하고 있었다. 조사 대상자의 절반 이상이 중·고등학교 시절부터 아르바이트를 통해 돈을 벌어본 경험이 있고, 돈의 효용에 대한 편리함을 일찍 인식하고 있었다. 이를 토대로 돈을 버는 것에 대한 자신감과 상당한 자부심을 가지고 학창시절을 보냈다. 조사 대상자 중 3명은 고등학생 신분으로 동생의 졸업식에 가서 꽃을 팔아보기도 하고 방학 동안 군고구마 장사를 직접 해보기도 하고, 여러 가지 경험을 하면서 부끄러움이나 두려움을 전혀 느끼지 않았고, 오히려 이러한 일을 계기로 돈을 버는 것에 대한 재미와 필요성을 크게 인식하게 되었다.

이러한 경험을 통해 창업을 준비하면서 접근방식의 혁신성을 보여주었다. 미용실 창업을 하면서 미용 재료판매 도매업을 같이 병행하기도 하고, 좋은 상권이라고 판단되는 곳에 상가건물이 없자 땅 주인을 설득해서 상가 건물을 짓게 하고 임대 분양을 적극적으로 도와주면서 주요 상권에 매장을 얻어 영업을 하기도 했다.

선행연구에서 언급한 것처럼 창업과 관련된 현상을 이해하기 위해 가장 폭넓게 사용된 개념이 기업가정신이다. 많은 학자에 의해 기업가정신의 기본 속성으로 혁신성, 자율성, 진취성, 위험감수성 등이 언급되었는데, 본 연구의 조사 대상자들도 접근 방식의 혁신성, 자율성, 돈 버는 재미에 대한 인식(진취성), 자기 주관에 대한 확신(경쟁성), 실패에 대한 불안감 부재(위험 감수성), 돈을 버는 능력에 대한 자신감(민첩성) 등의 기업가정신 속성들이 나타났고 이를 개념화 하였다. 이는 기업가정신이 내포하고 있는 기본 속성을 이해하는 것은 창업을 이끌어 가는 과정과 관행, 의사결정 등을 전체적으로 포함하는 개념으로써, 창업의 성공과 실패를 가늠하는데 영향을 미치는 주요 요인이 될 수 있다는 Gartner(1990)의 연구결과와 맥을 같이 한다. 이를 본 연구에서는 '혁신적 기업가정신'이라고 범주화하였다.

---

① 직장생활을 아침부터 규칙적으로 하는 게 체질적으로 안 맞았고.....(사례10).

② 저는 그냥 돈을 잘 벌 자신이 있었어요. 어릴 때 딱지를 치든 늘 땄고. 그리고 운동선수였기 때문에 점심때 사발면 받으면 그거 팔아서 돈으로 바꾸고....
내 것은 팔고, 애들 것 빼앗아 먹고... 그냥 돈 버는 게 재밌었어요(사례2).

③ 제일 처음 돈 벌어본 건 아르바이트죠. 중학교 때부터 했는데, 그냥 항상 돈이 모자라서 했어요. 돈 쓰는 것을 좋아하고, 얻어먹는 걸 싫어해요. 어디 놀러 가고 하면 제가 사는 쪽이거든요. 더치페이도 싫어하고. 제일 처음 돈 벌어본 건 아르바이트죠. 중학교 때부터 했는

데, 돌, 기와 지어서 봉정암에 날라주면 한 기와당 3,000원씩인데 10장 하면 3만원. 저 산악회 다니고 해서 재밌었어요. 그게 처음 돈을 벌어본 거고..... 고등학교 때는 회사 다니면서 벌었고.....(사례2).

④ 돈 버는 게 뭐 부끄러울 게 있노...고등학교 때 동생 중학교 졸업식장 가서 꽃 팔았고, 고등학교 졸업하고 술집 많은 거리에서 군 고구마 팔았고, 길에서 다 못 팔면 봉지에 담아가 술집 들어가서 손님들한테 다 팔았다. 한 번도 재고 남겨본 적 없다. 군고구마 연통 버스에 싣고 다니면서도 좀 힘들었지 창피한 거 없었다(사례9).

⑤ 그 황무지를 얻어서 땅 주인한테 전세 500인가 주고 땅 주인하고 제가 공동투자해서 건물도 희한하게 지어서 점포 겸 사무실 겸 창고 겸 한 7평? 그렇게 하다보니까 자동차라 하는 게 타이어가 수량이 많잖아요. 엄청나게 많다보니까 창고에 갖다 넣기가 벅찼겠죠... (사례3).

(2) 성공과 안정에 대한 조급함

창업실패 경험을 가진 재창업가들은 공통적으로 빨리 무엇인가가 되고 싶어 한다. 그래서 이 범주를 '성공과 안정에 대한 조급함'이라고 명명하였다. 조사대상자는 크게 두 가지 요인으로 동기들보다 졸업과 출발이 늦어졌다. 먼저 재수, 휴학, 군대 그리고 가정형편에 따라 진학과 졸업이 늦어진 경우가 많았고, 다음으로 가족 내에서 가장 역할, 장남, 외아들 등 가족 구조적 상황으로 동기들보다 사회진출이 늦어졌다. 구체적으로 살펴보면 다음과 같다.

① 뒤처짐에 대한 조바심

조사 대상자는 재수, 가족의 병간호로 인해 휴학, 군 입대, 그리고 가정형편이 어려워 제때 졸업을 할 수 없는 상황 등의 요인들로 동기들과 동일하게 졸업과 출발이 되지 않았다. 그래서 늦은 출발을 만회할 수 있는 가장 좋은 대안으로 창업을 일찌감치 고려하게 되었다.

이들에게 취업은 대안이 되지 못했다. 그래서 고등학교를 졸업하고 곧장 창업을 하거나, 직장 생활을 그만두고 창업을 하게 된 것이다.

이미 창업에 실패한 경험이 있는 대상자는 기존 창업실패에 대한 부담감을 가지고 있었다. 기존채무 및 생활비 등 급여생활을 통해 빚을 갚고 생활을 유지할 수 있을 만큼의 수입을 확보할 수 없어서 창업을 선택하게 되었다. 그리고 기존 창업 투자금에 대한 이익 회수욕망으로 창업하게 된다.

창업 전 취업경험을 가진 대상자들은 공통적으로 급여에 대한 부당함을 토로하였다. 이는 학력, 나이, 직업군, 거주지 등으로 인해 발생하는 인적자본의 차별이라고 인식하고 있었고, 정당한 대가가 아니라는 의식을 분명히 가지고 있었다. 이를 뒤처짐에 대한 조바심으로 명명했다.

---

① 근데 실제로 한 달에 월급 80만원 이래 받아서 뭘 모으겠습니까. 또 더군다나 남자애가 맨날 술 먹고 다니고.... 정말 뭐할게 없잖아... (사례3).

② 그때 직장생활 하기 어려우니까 시작했는데, 당시 돈에 대한 가치는 제쳐놓고 일단, 그 동기 중에 빠지면 안 되는 거 하나가 직장생활에 대한 묘한 두려움도 있었어요. 왜냐면 늦게 학교에 갔으니까. 학교를 2년 늦게 갔지. 개인적으로 공부 안 하고 다른 거 하려고.. 그래서 사회생활을 늦게 한다는 강박관념도 있었고, 뒤처질까봐 그런 게 좀 있었죠. 친구들은 졸업하고 2년 차, 3년 차 대리쯤 달았는데 나는 이제야 사회 나간다 생각하니까(사례11).

③ 일단 직장생활을 해보니까 회사 들어갔을 때 첫 봉급을 수습기간 3개월 7만원을 받았는데, 3개월 지나니까 기본급 34만원 받았어요. 그 때가 2003～4년도에. 근데 우리 그 고등학교 졸업했던 그 친구들

이 일반 회사에 들어간 거 보면 급여가 한 70만원 정도 되는 상황인데 우리는 30 얼마밖에 안 되더라고......기가 막히지!(사례10).

② 가족 구조적 상황

조사대상자들은 가족 내 위치가 장남이고, 형제 서열에서 장남이 아니라고 해도 가정에서 장남 역할을 하는 경우 부모님께서 연로하시거나 퇴직을 하시게 되면 곧장 가장 역할을 해야 하는 상황을 경험한다. 연구자가 의도하지 않았지만, 대상을 수집하는 과정에서 조사 대상자가 모두 남성이다. 대한민국 남성으로 살아가는 상황적 부담감을 충분히 가지고 있었다. 부담감에 반해 장남, 가장이기 때문에 가족 내에서 기대와 지지를 함께 받을 수 있는 장점이 있다. 그로 인해 창업할 때 신뢰를 바탕으로 자원과 인력에 대한 지원을 더욱 수월하게 받을 수 있었다.

구조적 상황으로는 시민단체에서 근무했거나, 취업생활을 몇 년씩 하고 퇴사를 한 경우 사회적으로 재취업을 하기에 애매한 위치에 있거나, 취업생활에 대한 염증으로 더는 취업을 희망하지 않게 되었다. 당장 수입이 끊겨 모아놓은 돈을 생활비로 써야 했고, 생활의 안정을 위해 돈이 된다고 하는 일이나 잘되는 음식점 등 손쉽게 창업할 수 있는 업종으로 결정하고 무조건 빨리 영업을 하기 시작한 것이다.

그리고 서울 종로 보석거리에서 금은방을 운영했던 한 사례자는 수익성은 매우 우수했지만, 매일 같은 장소에 머무르며 매장을 방문하는 손님을 맞이하는 판매형태에서 일에 대한 재미와 흥미를 망각하게 되었다. 주인이 일과 손님이 재미없다고 느끼기 시작하자 저절로 매출이 줄었다. 게다가 더 많은 수익을 내기 위해 밀수로 금 반입을 시도하다 세금을 2억 정도 추징당하면서 폐업을 할 수밖에 없었다. 즉, 새로운 성취감과 자신의 기질에 맞는 일의 형태를 추구하기 위해 다시 창업을 선택했다. 이를 가족/구조적 상황이라고 명명했다.

---

① 초기 자본금... 그 때 지금은 돌아가신 아버지한테 셋방 하나 얻는다 얘기하고 좀 쉽게 돈을 얻었죠. 그 돈으로 삼백만원? 전세금 그런 걸로 내고 숙식해결 하면서 한거지. 거기서 출발했어요. 그러면서 학생들 학생회 일이나 그런 걸 좀 했죠. 지금은 좀 변경이 되었지만 기본적인 구조나 하는 일의 성격은 연관성은 갖고 있지. 아예 다른 일은 아니니까 지금 하는 일도...(사례11).

② 피자집. 처음에는.. 생활에 쫓겨서 그냥 한거지, 준비 없이 그냥. 갑자기 ***에 있다가 나오면서 막연하게 생활에 쫓겨서 어쩔 수 없이 창업을 하게 된 거고....(사례4).

③ 하도 부모님이 취업하라 해서 회사를 딱 갔는데, 그래도 기계공학 전공으로 대학도 나왔는데, 내보고 커피 뽑아 오라는 거야...손님 왔다고.....커피 뽑기 싫어서 그만뒀지....(사례9).

④ 내가 재미가 없어지면. 그런데 재미없어 지는 거 하고 돈이 안되는 거 하고는 달라요. 돈이 많이 들어오면 재미가 없어도 그 사업을 영위해 갈 순 있거든요. 근데 재미가 없어지고 하면..어우 안되는 거 같아요. 실패를 하기 전에는 재미가 없어지고, 그렇게 잘 안되고 그랬죠(사례2).

재창업가들은 사회진출 시기에 대해 매우 민감하게 생각하는 것으로 나타났다. 동기라는 존재가 단순하게 같은 또래 이상의 의미를 가지고 있는 것으로 나타났다. 조사 대상자들은 동기들보다 사회적, 경제적으로 뒤처지는 것에 대한 조바심이 매우 큰 것으로 나타났다. 그리고 가장, 장남 등의 가족적 상황에 대한 심리적 부담감을 매우 크게 느끼고 있었는데 이는 대한민국 남성들이 성장과정에서 자연스럽게 학습된 역할 때문이라고 할 수 있다. 이러한 요인들을 '성공과 안정에

대한 조급함'이라고 명명하였고 창업실패과정의 중심현상에 많은 영향을 미치는 것으로 나타났다.

(3) 창업에 대한 환상

창업실패 경험을 가진 재창업가들은 창업을 하기 전에 창업에 대한 환상을 가지고 있는 것으로 나타났다. 재창업가들은 창업에 대한 전문지식이 없는 상태에서 창업에 대한 막연한 희망을 키워가다 현실적 여건이 구비 되거나 취업상황이 변경 되면서 실제 빠르게 창업을 하게 되는 것으로 나타났다. 재창업가들은 치밀한 준비와 정교한 지식 없이 '무모하게 정립된 자신감'과 '주먹구구식 창업' 등 두 가지로 구분하여 중심현상에 영향을 미친 것으로 나타났다.

① 무모한 자신감

재창업가들은 공통적으로 급여생활 보다는 정당한 대가와 부를 축적할 수 있을 것이라는 기대를 가지고 있었다. 평소 소망하던 일을 한다는 설렘과 급여생활자보다 더 자유로울 거라는 기대를 가지고 창업을 하게 된다. 창업결심은 주로 독단적으로 이루어진다. 결심을 하고 나면 주위의 반응과 권고, 조언 등이 전혀 영향을 미치지 못한다.

재창업가들은 대부분은 타고난 부지런함을 가지고 있었고, 이전 창업이든 직장생활이든 매우 성실하게 열심히 일하는 사람들이다. 그래서인지 열심히 하면 무조건 잘 될 수 있다는 막연한 자신감을 충만하게 가지고 있었다. 그래서 매사 판단을 할 때 긍정적인 측면만 고려하게 된다.

대부분 '나는 잘 될 거야' 라는 안일한 낙관을 가지고 있었다. 이러한 안일함은 최초 창업을 할 때 가지고 있던 예산을 두 배 이상 초과하게 되는 결과를 초래 하였다. 심지어는 매장 문을 열어 놓으면 당연히 소비자가 찾아와서 매출이 상승할 것이라고 생각했던 사례자가 여러 명 있었다. 창업이라고 하는 것이 직접 경험하는 것과 바라보는 것과 극명한 차이가 있는 분야임을 알 수 있다. 이상을 무모한 자신감이라고 범주화하였다.

---

① 배수의 진을 치고 하는 사람들이 많아요. 이거 아니면 죽는다. 근데 진짜 죽어요. 그렇게 하면 열심히 할 거 같은데, 창업이나 사업이나 이런 게 자기만 열심히 한다고 되진 않아요(사례2).

② 소매판매를 하면서 사람이 오기를 기다리고 있는데, 티셔츠 하나라도 못 팔면 밥을 못 먹어요. 적정 가격수준을 알았어야 했는데 잘 몰랐죠. 준비가 전혀 안되어 있었고 오로지 내가 가지고 있던 자신감 하나(사례6).

---

② 주먹구구식 창업

재창업가들은 공통적으로 열정이 강한 특성을 가지고 있다. 그리고 창업에 실패한 조사 대상자들은 이구동성으로 지나친 열정은 창업에 오히려 독이 된다고 한다. 창업은 일단 시작할 때 많은 인력과 자원을 필요로 한다. 필요한 재화와 서비스를 구매하는 과정을 감안해 볼 때 누구든 심사숙고 하게 된다. 하지만 재창업가들이 창업을 결심하고 나면 정교한 분석보다는 자신의 직관을 더 많이 신뢰하고 실행에 옮기게 된다. 의사결정은 두 가지 측면에서 이루어진다. 먼저 가장 빠른 시간 내에, 손쉽게 주위에 있는 아이템이나 친한 지인이 하고 있는 아이템을 가지고 영업을 시작하게 되고, 다른 한편으로는 자신의 판단을 기회포착 능력이 탁월하고 민첩성이 뛰어난 것이라고 오인 하면서 가지고 있는 자원을 집중하여 창업에 올인 하게 된다.

업종에 대한 준비나 지식이 부족한 상태에서 끈질기게 주위 지인들을 설득하고 가능한 한 많은 자본을 확보한다. 판매 매커니즘, 소비자에 대한 파악은 전혀 되지 못한 상태에서 조사 대상자들이 하고 싶어 하고 보고 싶어 하는 정보만을 취하게 된다. 조사 대상자들은 이 과정을 남녀가 사랑을 시작할 때 서로의 단점은 전혀 보이지 않고 장점만 보이는 시기와 거의 유사하다고 하였다.

창업가중 상당 부분은 업종 및 창업에 대한 경험이 거의 없는 상태에서 자신의 사업체를 창업하는 것으로 나타났고, 특정사업에서 수행해야 할 기본적인 능력과 사업체 전체 기능을 올바로 이해할 수 있는 경영능력이 매우 미흡한 상태에서 창업이 이루어지고 있다. 이는 정성한·김해룡(2001)의 선행 연구 결과와 맥락을 같이 한다. 베이비붐 자영업자의 52.5%가 창업 준비 기간이 채 3개월이 안되었다. 주먹구구식으로 창업이 이루어지는 현상이 매우 심각한 수준임을 알 수 있다. 이상을 주먹구구식 창업이라고 범주화 하였고, 주먹구구식창업이 창업실패의 주요 원인이 됨을 알 수 있다. 주먹구구식 창업을 근본적으로 지양할 수 있는 훈련, 지원 프로그램의 개발이 시급하다.

---

① 열정이 지나치면 독이 되는 거거든. 절대 그런 멍청한 짓은 하면 안 된다. 뼈저리게 느꼈죠(사례6).

② 창업 준비는 별로 못했죠. 거의 없었죠(사례10).

③ 그냥 쉬워보였어요. 스물 넷, 그냥 했죠 뭐. 그 때는 뭐 문 열어놓으면 다 잘되는 때였거든요....(사례2).

④ 내 사업을 할 수 있는 절호의 기회다 라고도 생각을 했어요. 그래서 어떤 것을 창업을 할까 많이 고민을 했었죠. 그러던 참에 내가 잘

알던 후배가 옷가게 창업을 했어요. 그래서 가서 보니까 뭐 괜찮은 거 같더라고요. 나도 하면 잘할 수 있을 것 같고.. (사례6).

⑤ 형 친구가 와서 자기가 현장에 있어 보니깐 정말 잘 될 아이템 같다고 혼자서 자금이 부족해서 안되서 같이 회사를 하나 만들어서 **하청을 하면 된다고 하더라고....형 친구니깐 의심의 여지없이 1억 딱 넣어가....6개월 만에 아무 일도 못하고 그냥 돈만 썼다. ㅎㅎㅎ 그 땐 그 형 말대로 진짜 될 것 같은 거야....(사례9).

재창업가는 무모한 자신감이 매우 높고, 주먹구구식 창업이 주로 이루어지는 것으로 창업에 대한 환상이 매우 높음을 알 수 있다. 이러한 조건들이 중심현상인 '사회/경제적 존재감 상실'과 '희망이 없는 일상'으로 이어지는데 영향을 미쳤다. 재창업가들은 과거를 회상하면서 창업에 반드시 실패 할 수밖에 없었다고 말한다. 창업과정을 학습할 수 있는 프로그램을 통해 창업가들의 능력을 향상시켜 이를 극복할 수 있는 방안이 절실함을 시사한다.

2) 맥락적 조건

맥락적 조건은 중심 현상에 영향을 미치는 특별한 조건이나 현상이 나타나는 구체적인 상황을 뜻한다. 재창업가들은 '현실왜곡', '능력의 한계'에 봉착할 때 그 정도의 차이가 혁신적 기업가 정신, 성공과 안정에 대한 조급함, 창업에 대한 환상에 의해 창업실패에 이르는 과정에 영향을 미치는 맥락조건으로 작용했다. 각 범주를 구체적으로 살펴보면 다음과 같다.

(1) 현실왜곡

재창업가들의 '현실 왜곡' 정도는 창업실패에 영향을 미쳤다. 현실왜곡 범주는 자기기만과 실패지연 두 가지로 나누어 살펴 볼 수 있다.

① 자기기만

창업과정을 경험한 재창업가들이 가장 먼저 수지의 악화를 경험한다. 영업수지가 계속 악화됨에도 불구하고 '열심히 했으니깐 곧 좋아질 거야, 나는 잘 될 거야'라는 자기 최면을 더 강화시킨다. 그러면서 결과를 낙관적으로 전망했고, 현실적인 판단력을 상실하게 된다. 당장 수입이 적어져 운영이 막막하다는 것을 인식하면서도 내일이 되면 괜찮아 질 것이고, 해결 방법이 생길 것이야 라고 자신을 속이게 된다. 이를 자기기만이라고 명명하였다. 재창업가들은 이런 상황이 시작되면 사업장을 거의 정리해야 할 단계라고 표현했다. 그리고 조바심과 조급함이 더 강해지면서 수지악화의 원인을 자금의 부족이라고 몰아가게 된다. 조사 대상자들은 그 상황에서 왜 그렇게 판단했는지 이해가 되질 않지만 그렇게 상황을 몰아가게 되었다고 표현했다. 그러면서 더 집중적으로 자금을 모아 더 이상 자금을 마련할 수 없을 때까지 투자를 하게 된다. 이를 자기기만이라고 명명했다. 이는 Singh et al. (2007)의 연구에서 창업실패의 결과로 표현되는 것 중의 하나가 자기기만이라는 결과와 부분적으로 일치한다.

---

① 제일 중요한 게 나를 속이면 안된다 이거죠. 이 정도면 괜찮겠지 하고 나를 속이는 움직임이 들 때가 있어요(사례2).

② 장사가 잘 안되니깐.....물량이 적어서 그런가 라는 생각이 들고..그래서 다시 대출을 내서 물량 확보를 하려고 했지요 (사례6).

③ 발을 빼야할 시점인데......그걸 모르고 퇴직금 정산한거 하고 나머지 다 긁어모아서 계속 쏟아 부었죠....(사례11).

---

② 실패지연

무리한 투자를 하면서 현장 정보에 대한 인지가 계속 지체되는 현상을 경험한다. 수입은 계속 줄어들고, 자금 회전이 되지 않는 상황에서도 곤경에 처한 창업 현실에 대해 수용하지 못하게 된다. 눈뜬 봉사가 된 것 같은 경험을 한다. 본능에 따라 부정적 정보를 늦게 인지하려고 하거나 거부하는 경향까지 보이게 된다. 창업이 치밀하게 준비되지 않았기 때문에 부정적 정보에 대한 인정, 수용, 대처가 모두 지체되는 현상을 보였다. 실패 원인을 파악해도 창업자 자신과 관련된 문제는 보이질 않는다고 한다. 그리고 더 몰입적인 자원의 투입은 경제적 무능력자와 희망이 없는 일상을 촉진하는 주요 원인으로 작용하게 되었다. 이를 실패 지연이라고 명명하였다.

---

① 그 속에서 이제 판단을 다시 해야 하겠죠. 그러다가 저 같은 경우는 무리한 곳에 투자를 하면서 박살이 났지 (사례11).

② 빨리 거기서 발을 빼고 다른 곳으로 가는 것이 차라리 나았어요. 그걸 정리하고 구루마를 끌고 가더라도....그런데 이곳에 이미 들어간 돈도 있었고....상권을 볼 줄 몰랐죠.....(사례6).

③ 남들이 부정적인 정보들을 가지고 오면 다 자금이 부족하니깐 ... 이런 식으로 결과가 나니깐...(사례1)

---

(2) 능력의 한계

재창업가들이 창업과정에서 늘 어려운 고비에 직면하게 된다. 이를 '능력의 한계'로 범주화하였는데, 능력의 한계 범주는 극복할 수 없는 경제적 환경과 현장 대응 능력 부족 등 두 부분으로 나누어 살펴보았다.

① 극복할 수 없는 경제적 환경

조사대상자 중 직장 생활을 하던 2명을 제외한 12명은 IMF를 통해 고비를 경험했거나 창업실패를 경험하게 된다. 특히, 자영업자인 조사대상자는 본인의 영업수익구조 문제 보다는 거래처의 부도로 인한 연쇄 부도 처리를 받는 경우가 많았다. 조사대상자 모두 억울함을 느끼고 있었다. 물론 이런 현상은 산업계의 시장 환경 특성을 잘못 이해한 데서 기인한 것이다. 특히, 연대 보증에 대한 상당한 부담감과 죄책감 그리고 부당피해에 대한 억울함도 토로하였다.

여러 번의 고비를 경험하지만 위기가 닥쳤을 때 사회적으로 이용할 수 있는 지원정책이 거의 없어서 막막함을 느낄 때가 많았고, 결국은 주위 인맥을 통한 수습이 대부분 이었다. 대부분 소상공인 자영업자여서인지 소액대출의 절실함을 느끼고 있었다. 자금의 수익구조가 돈이 들어올 시기와 대금이 결재될 시기가 달라서 총수익은 흑자를 내지만 이 두 기간에 예기치 않은 일이 생기면 많이 난감하다는 것이다. 특히 물건 대금으로 어음을 받게 되면 항상 두세 달 정도 현금이 묶여 있기 때문에 현금 회전이 그만큼 힘들어 진다는 것이다. 이렇게 되면 어쩔 수 없이 사채를 사용하게 된다. 물론 고 금리 이긴 하지만 위기를 넘길 수 있는 유용한 수단이 된다는 것을 조사 대상자들 모두 인정했다.

여러 가지 중소기업 정책들이 난무하고 있지만 현장의 필요를 채워줄 수 있는 실효성 있는 지원정책이 시급함을 시사한다. 이는 현재 정부가 높은 창업실패율을 낮추기 위해 연대 보증 및 재기 지원제도 개선방안의 일환으로 2013년 7월부터 연대보증을 전면 폐지하기로 한 정책과 맥을 같이 한다(금융위원회, 2012). 이를 극복할 수 없는 경제적 환경이라고 명명하였다.

① 부도도 많이 맞았지. 3년 전에는 1억 6천 부도 맞았고, 작년 9월에는 1억5천 부도 맞았지.
지금 또 돈 못 받는 악성 채권들이 한 2억 정도 되니까 돈 못 빌리면... 돈 안주는 거지 자기들도 어려우니까. 구조자체가 이제 그 땅만 빌려가지고 집 지어지고 팔아가지고 대금을 결재하고 이 방식이 되다보니까 돈을 잘 못 받고, 이자부담도 많고 그런 악순환이 계속.. (사례4).

② 첫 번째는 백화점 부도가 있고, 백화점 어음이... 의존도가 커서.... 생산할 수 있는 능력은 한계가 있으니깐 큰 오더에 대해 거기에 집중할 수밖에 없고...(사례11).

③ 8월 달에 납품하면 8월달 것은 9월 말에 제가 수금을 해요.
그럼 항시 두 달 정도를 회사가 어음을 안고 가는 거야. 3개월짜리 끊어도 제가 현금을 가지려고 하면 5개월이고. 그럼 그동안 깔고 가는 거야. 한 방 터지니까 3～4천만원...한 번 터지니까 1억8천. 그게 순차적으로 터지다보니까 99년? 2000년도? 그 때까지 막 줄줄이 사태가 터졌죠. 정말 피 말랐죠.
그래 2001년까지 토탈 맞았는게 7억8천6백이에요. 2000년도 말 되니까 7억8천 맞고 나니까 물건을 공급을 못해요. 고객들한테....(사례3).

④ 사채 4700인가 썼는데......3년 동안 갚은 돈이 1억 4900해서 제가 다 갚았죠. 부담스럽지만 그 땐 너무 아쉬웠어요. 돈이.....
1년으로 치면 이득이구요. 들어오는 달과 나가는 달이 틀리잖아요. 타이밍이 안 맞잖아요. 그런데 저희는 유지도 그런데 계속 투자가 들어가야 하니까. 그런 상황에서 돈이 들어가는데 그래서 급하게 필요할 때가 있죠. 그게 힘들었죠. 전에 있는 것 다 갚아 나가는 와중에 그런 걸 같이 하다보니까 힘들었고.....(사례1).

⑤ 기존 거 안 갚고 바로 일을 했으면 좀 더 일찍 일어설 수 있었을 텐데 이런 생각이 들지만...그래도 급할 때 빌려 주니 ...
그건 많이 고맙지요....좀 정상궤도에 올라서서 갚았으면 좋지 않았을까.... 하는 아쉬움이 있어요. 돈 백 만원 빌리기도 힘든 상황 이예요....(사례9).

② 현장 대응 능력 부족

최초 창업은 주로 생계형 창업이 주를 이룬다. 그래서 특별한 직업 가치관이 정립되기 어려운 상황이다. 정교한 상권분석, 고객 분석, 산업동향에 대한 분석이 실행되어야 하고 제품 차별화, 프로모션 등의 시의 적절한 마케팅 전략이 우선되어야 하는데 이런 전략들에 대한 분석 능력이 떨어지므로 그 중요성을 잘 인식하지 못하게 된다. 이는 정성민 외(2008)의 연구에서 지방벤처기업의 실패요인과 부분적으로 일치함을 보여준다. 생계형 창업이다 보니 사례별로 대응해야 하는 현장 능력이 현저히 떨어지게 된다. 주인이 판매하는 제품과 서비스에 대한 확신을 가지고 있지 못하면 현장에서 능력을 제대로 발휘하기가 싶지 않다. 현장에서의 무능력과 무대응은 자연스럽게 직원관리를 어렵게 한다. 직원관리가 제대로 되지 않으면 현장에서의 안정된 매출을 기대 하기가 어렵고 자연스럽게 고객은 이탈하게 된다. 앞서 서론에서도 밝혔듯이 생계형 업종이 주를 이루고 있는 현재 창업시장에서 자영업자 절반이상이 3년 이내 폐업한다는 통계가 이 결과와 같은 맥락이다. 이를 현장 대응능력 부족으로 명명하였다.

---

① 제일 중요한 건 재미있는 걸 안해서 라니까. 사업을 하는데 대부분이 먹고살라고 한다고 대답을 해요(사례4).

② 사실 뭔가 얼마 이런 것만 생각을 하고 있지, 또 장사하고 원가구조하고 또 많이 달라지더라고요. 그러니까 옷도 잘 모르고 아무것도 모를 때 시작을 해놓으니까 적정수익률이 얼마나 되어야 하는지도 모르고, 그렇다고 내가 패션 이런 쪽으로 해서 정말 좋은 옷을 갖고 오는 그런 것도 아니고, 그런 모든 것들이 실패요인의 종합상자죠. 맨 땅에 헤딩하는 그 정신 하나가지고 했던 건데 그거 밖에 없었던 거예요(사례2).

③ 그 당시에는 소비자에 대한 고려가 전혀 없었죠. 지금 한다면 일단 유동인구, 주변 상권, 연계상권, 소비자의 체류시간, 소비 능력 등을 분석을 했을 거예요. 그 땐 전혀 안했죠. 만약 그런 것을 했다면 거기 창업을 안 했을 거예요(사례6).

3. 중심현상

조사대상자들은 기업가적 성향, 성공과 안정에 대한 조급함, 창업에 대한 환상으로 인해 다음과 같은 중심현상을 경험했다. 창업실패를 경험한 재창업가의 중심현상은 '사회/경제적 존재감 상실'과 '희망이 없는 일상' 등 두 가지 범주로 파악되었다. 각 범주를 구체적으로 살펴보면 다음과 같다.

1) 사회/경제적 존재감 상실

재창업가의 사회/경제적 존재감 상실범주는 크게 경제적 무능력자, 심리적/생리적 실패비용, 사회적/개인적 관계 단절이라는 세 개의 하위 범주로 구성되었다.

(1) 경제적 무능력자

창업을 실패한 재창업가들은 가장 먼저 매출부진으로 인해 수입저하를 경험하게 된다. 그리고 특정기업이 가지는 매출액변동, 조업상태, 관리능력, 광고캠페인, 소비자의 반응, 소송, 기업이미지 등 비체계적 위험에 노출되고, 고정비용을 감당할 수 없게 되면서 경제적 상황이 나빠지게 된다. 수입이 없는 것에 대한 공포감과 경제력을 전가받을 수 없는 막막함을 경험하면서 가능한 많은 인맥을 통해 멈추지 않고 자금을 구하게 된다. 그런 과정에서 조사 대상자 14명 중 2명을 제외한 나머지 12명은 모두 신용불량자가 되거나 세금 연체자가 되어 본인 명의로 아무런 신용거래를 할 수 없게 된다. 이런 경우 대부분 아내나 친지의 명의로 회사의 명의를 양도하거나 돈을 빌린 친지로 하여금 자신의 회사를 압류하게 만들어 대금변재 등의 명목으로 사용하게 되는 경우가 대부분이다. 결국 최종부도를 경험하면서 일명 빚잔치를 하게 된다.

이는 Cope et al.(2008)에서 창업실패가 창업가에게 재정적으로 어떠한 영향을 미쳤는가의 결과와 맥을 같이 한다. 차이점은 창업에 실패 했을 때 외국의 경우는 대부분 파산을 하는 경우가 많고, 파산에 대한 결과는 창업가가 온전히 책임을 지게 되어있다. 그에 반해 한국에서는 창업에 실패 하게 되면 창업가와 창업가 주위의 가족과 친인척들이 재정적으로 많이 타격을 입게 되는 경우가 많다. 창업실패가 예견된 경우 본 연구의 사례는 창업실패 직전에 일반적인 창업가가 창업실패를 준비하는 전형적인 방법으로 진행된다. 이런 방법을 사용하지 않으면 재기하기가 쉽지 않다는 견해가 지배적이다. 이를 경제적 무능력자라고 명명하였다.

---

① 고정비가 많이 나가게 되고. 혼자하면 고정비가 별루 없잖아요. 근데도 그게 나는 다음 달에는 괜찮을 거야 하고 저를 속여요. 현실을 직시하고 거기에 맞춰서 상황판단을 하고 움직여야 하는데, 그게 안될 때 위험해졌어요(사례2).

② 제일먼저 직원을 내 보내야 했어요, 고정비를 아껴야 했으니깐.... 근데 직원들을 내 보내면 일을 해 나갈 수가 없는 거예요. 참으로 난감하죠....끝이죠....(사례11).

③ 그래서 내 한테 와서 세금을 때려가지고.. 그 때 부턴 하늘이 노랗

죠. 그 때 제가 뭐했느냐! 제 앞으로 물건도 못 가져가고 세금을 추징을 맞으니까 세무서에서는 제 이름 앞으로 된 전부를 차압 해가지고 제 앞으로 돈 10원도 안들어와요. 추징 맞음과 동시에 저도 사업자를 바꿨어요. 폐업은 안하고 두 개를 운영했지. 와이프 앞으로 명의를 돌려서 거래를 한거죠. 내만 신용 버리면 된다 해서 세금을 갚아야 하니까 벌어야 하는거 아닌가 해서. 걔들이 한번 조사를 나오면 최소 2억 이상은 추징을 해 가야 된대요. 그래야 돈이 나오고 하하하하(사례3).

(2) 심리적/생리적 실패비용

창업 실패 과정을 경험한 재창업가는 대부분 슬픔, 회피, 주위 지인들에게 끊임없이 화와 분노를 표출하기도 하고 좌절된 모습을 보여주게 된다. 그리고 심하게는 계속된 불안으로 공황발작증상과 공포증을 느끼게 되면서 죄책감 무력감을 지속적으로 가지게 된다. 실제 병원의 도움을 받기도 하고 약물치료를 받기도 했다. 생리적 현상으로는 피로, 고혈압, 불면증, 체중감소, 건강악화 등을 조사 대상자 모두 정도의 차이만 있을 뿐 이와 같은 심리적/생리적 실패에 대한 대가를 치르는 것으로 나타났다. 이는 Ubasaran(2013)이 제시한 창업실패에 대한 심리적/생리적 비용의 결과와 부분적으로 일치함을 보여 주었다.

제일 처음에는 좌절이에요, 배신감. 그게 다 좌절로 가더라구요. 화를 넘어서. 화는 풀면 되는데, 이건 풀 수 있는 대상도 없으니 좌절이고. 그러니까 또 술. 하루에 한 3~4병씩 먹었어요. 그리고 몰두. 제가 멘탈 상태가 좋을 때는 사람들 앞에서 떠들고, 나가서 이야기 하는 저였는데 안 좋아지면 콕 틀어박혀서 한 곳에 집중하는 그게 있어요. 그럼 게임이나 만화책을 보는데 막 한 3일씩 잠도 안자고. 그럼 머릿속이 깨끗해지면서 편해져요. 약간의 회피죠. 근데 그 회피 시간이 길면 길수록 힘들어 지는 거 같아요(사례2).

(3) 사회적/개인적 관계 단절

창업실패 과정에 있는 재창업가는 가장 먼저 가장 친한 아내와의 갈등을 경험한다. 실제 이혼으로 이어진 사례도 있고, 이혼 직전의 상황까지 경험한 사례자가 대부분이다. 그리고 아내와 잦은 분쟁이 생기면서 자녀와도 소원해 지고, 경제적 상황이 좋지 않게 되자 자연스럽게 조부모나 동생가족에게 자녀를 맡기게 된다. 그러면서 일과 가족 모두 분리 되는 현상을 경험하게 된다. 시간이 지나 빚을 다 변제 하고, 창업실패에 대한 수습이 마무리되기까지 친인척과의 관계에서 고립되는 현상을 맞게 된다.

가족의 분리, 해체, 친인척과의 관계단절 및 고립이 실제 조사 대상자가 가장 힘들어했던 부분이다. 그리고 사채 추심으로 인해 가족이 위해를 입을 위기를 경험하게 되면서 재기에 대한 오기를 가지게 된 경우도 있다. 창업에 실패한 창업가들은 슬픔, 불안, 공항발작, 공포증, 분노를 수반한 감정을 경험하고 피로, 고혈압, 불면증, 체중감소 등의 생리적 증상을 경험한다. 이는 Singh et al.(2007)의 연구 결과와 맥락을 같이한다. 그리고 Ucbasaran(2013)의 연구에서 창업실패로 인해 가장먼저 경험하게 되는 것이 가장 친한 아내와의 관계가 소원해 지는 것이라는 결과와 부분적으로 일치함을 보여준다. 주목할 점은 이와 같은 경험을 하지만 대부분 사회/경제적 존재감 상실을 빨리 극복한다는 특징을 가지고 있다. 이를 사회적/개인적 단절이라고 명명하였다.

---

① 근데 경험해보셨잖아요. 가장이 돈을 못 버니까 가장 먼저 아내와의 관계, 자식과의 관계가 안 좋아지고......그럼 뭐 이혼해야죠. 아마 모든 가정에서 이혼이라는 단어는 한번 씩 떠 올렸을 겁니다 (사례10).

② 이혼하자고 내가 그랬죠...자존심 상해서 살수가 있어야지....돈을

하나도 못 벌었고...친구들이 정신차리라고 돈을 주고가면 그걸로 술 먹고...미안하고... 계속 이렇게 반복되죠. 제가 막 나가라고 했는데 ... 아내가 끝까지 버티고 있었어요. ㅎㅎ(사례2).

---

2) 희망이 없는 일상

재창업가들은 '희망이 없는 일상'을 경험하면서 먼저 현실 회피와 내일을 생각할 수 없는 생활 등 두 가지 범주의 상황에 직면하게 된다.

(1) 현실 회피

창업실패 과정을 경험하면서 가장 먼저 죽음과 노숙자를 떠올렸다. 조사 대상자들중 대부분이 죽음을 생각해 보았고, 죽음에도 대단한 용기가 필요함을 강조했다. 죽을 수 없어서 살아야 하므로 고통스런 현실을 잠시 잊기 위하여 술과 게임과 도박에 빠지게 된다. 그리고 지인들로부터 위로받는 자리를 가져도 마지막엔 싸움이 되거나 지인들에게 서운한 마음을 가진 채로 헤어지게 되어 차츰 술자리와 사람들과 관계를 가지지 않게 된다. 할 수 있는 한 멀리 도망가는 것이라고 표현한다. 이대로 삶이 끝날 것 같은 느낌에 사로 잡혀서 일상을 연명하게 된다. 그리고 노숙자처럼 생을 유지하게 될 것 같은 공포감을 가지게 된다. 조사 대상자중 10명 정도는 혼자라면 차라리 홈리스가 되어 홀가분하게 살았을 것이라고 고백한다. 4명은 노숙자처럼 살아야 한다면 죽음을 선택하겠다고 했고, 정말 가족이 없었다면 그냥 죽었을 것이라고 한다. 조사 대상자 모두 가족의 존재, 특히 자녀들로 인해 노숙자도 죽음도 선택할 수 없었다고 고백한다. 이를 현실회피라고 명명한다. 이는 창업실패자에게 보이는 전형적인 모습이다(Singh et al., 2007).

① 실제 혼자 봉고차 안에서 먹고 자고...1년 가까이를 그렇게 지냈죠.. 그래서 돈도 좀 모으고 ...돈이 있어야 뭘 할 수 있으니깐.. 그동안 와이프는 미용실 계속해서 돈 벌고... 애들은 할머니가 키우고.... 대부분 이렇게 지냈을 걸요......(사례10).

② 나도 아내도 상관이 없는데..애들 때문에 어떻게 할 수가 없었어요.....(사례3).

(2) 내일을 생각할 수 없는 생활

내일을 생각할 수 없는 생활이라고 명명한 범주는 앞서 설명한 것과 같이 자신과 가족의 미래가 보이지 않는 것에 대한 막막함을 가지게 된다. 그래서 어떤 출발과 준비를 해야 할지 난감해 하였다. 사회적으로는 실패자라는 사회적 낙인과 경제적 활동을 전혀 할 수 없어서 스스로 고립되었다. 위기 때 유용하게 사용했던 사채에 대한 사채업자의 추심 횡포를 경험해야 했다. 심지어는 아내와 딸에게 몸을 팔아서라도 빚을 갚으라는 협박들이 난무했고, 어떻게 그 고비를 넘겼는지 생각할 수조차 없다고 한다. 매일 매일 생명을 유지하여 일상을 살아가는 것이 공포였다고 한다. 재 창업가들을 가장 많이 괴롭힌 건 새롭게 무엇인가를 시작할 수 있다는 생각조차 할 수 없는 상황이라는 것이다.

이는 Shepherd et al.,(2011)의 연구에서 창업실패에 대한 사회적 낙인을 인상관리 이론과 귀속이론의 관점에서 창업에 실패한 창업가들이 나를 어떻게 보는 것과 일치시키기 위해 부정적인 자아인식과 자아개념을 수용하는 것이라는 연구결과를 일부 수용하는 것으로 나타났다. 더욱이 추심 횡포를 경험 할 때는 인격적 존재라는 존재감이 무색해 질 정도로 공포와 고통을 수반한다고 하였다.

부도나기 전까지 6개월 정도 그 절차들이 있으니까요. 정확히 얼마나 있었는지는 잘 모르겠는데 6개월? 그 정도 있었던 거 같아요. 전기도 끊기고, 기름도 못 넣고 하니까 냉방에 촛불 켜놓고 학교 다니고 했어요. 버스로 왕복 4시간정도 다니고. 그렇게 몇 개월 정도 살다가....... (사례1).

4. 중재 요건

본 연구에서 조사 대상자의 행동/상호작용전략과 결과에 영향을 준 중재 조건은 '강력한 지지자', '자기 확신', '자산이 된 실패경험'으로 나타났다. 세부적으로 자기 확신은 성취욕구와 자기지지로, '자산이 된 실패경험'은 제대로 지불된 실패비용과 실패 요인 확인으로 나타났다. 각 조건을 구체적으로 살펴보면 다음과 같다.

1) 강력한 지지자

창업실패를 경험한 재 창업가들이 재기 할 수 있도록 강력한 힘을 발휘 한 것이 강력한 지지자의 존재였다. 연구자가 의도한 바는 아니지만 조사대상자 모두 미용실을 운영하거나 선생님, 교육 공무원, 은행원 등 안정된 직장을 가지고 있는 아내가 있었다. 그래서 창업실패 과정에서 자녀들과 아내의 계속된 지지를 받을 수 있었던 것이 가장 든든한 힘이 되었다. 조사 대상자중 2명은 어릴 때부터 무조건 자기를 지지해준 어머니가 계셨고, 자신보다 더 슬퍼하거나 기뻐하는 존재라고 인식하고 있었다. 동종 업계에 멘토 역할을 해 준 선배가 고비 때마다 버틸 수 있는 정신적 지주 역할을 해 주어서 실제 현실과 정면 맞대응 하거나 실패에 대한 정교한 대처 전략을 할 수 있었다. 이는

Huovinen & Tihula(2008)의 연구에서 창업의 실패에서 배우는 것은 사업가의 개인적 배경에 많이 의존한다는 결과와 같은 맥락이다. 강력한 지지자의 존재로 인해 행동/상호작용전략이 더 긍정적으로 이루어짐을 알 수 있다.

---

① 한 명만 그 사람을 온전히 지지해주는 사람이 있으면 그 사람이 성공을 한 대요. 부자도 마찬가지고. 거기서 저는 느꼈어요. 저희 어머니 덕분에.....아버지한테 매일 맞고 했는데도 이렇게 피해의식 같은 게 없는 걸 보면 어머니 덕분이죠. 다. 우리 아버지는 약했는데 마음이 되게 약한 분이셨는데.. 술 먹으면 뭐. 인간이 아니었죠(사례2).

② 온전히 한 사람만 지지해줘도 자살도 막고, 안 좋은 방향도 막고.... 제가 사업실패 했다고 자살했으면 저의 어머니도 아마 빨리 돌아 가셨을 거예요....(사례6).

---

2) 자기 확신

본 연구의 조사 대상자는 창업실패 경험을 가진 재창업가 중 안정기에 접어든 창업가를 대상으로 하였다. 이들의 공통점은 확실한 자기 확신을 가지고 있었다. 자기 확신 범주는 두 가지 특징으로 나누어 분석되었다.

(1) 성취 욕구

아주 혁신적인 사고를 가지고 창업을 한 사례자는 변화무상한 일상에 대한 흥미로움을 많이 인식하고 있었다. 창업실패를 경험하면서 재창업을 하게 하는 힘으로 자신이 재미있어 하는 일 중에서 가장 잘 하는 일을 토대로 창업을 해야 성공할 수 있다는 의식을 강하게 가지고 있었다. 그리고 창업실패를 매우 긍정적으로 수용하였다. 확고한 성취 욕구와 비참한 삶의 결과를 거부하는 인식을 가지고 있었고, 나는 반드시 성공할 사람이기 때문에 이 정도에서 물러설 수 없다는 인생의 목표에 대한 확신을 가지고 있었다. 본 연구의 조사대상자는 창업실패는 창업을 하는 과정에서 피할 수 없는 경험이라고 여기고 있었으며 위험 감수 요소로서 창업실패 감수는 불가피한 요소라는 인식을 강하게 가지고 있었다.

조사대상자 모두 다시 창업을 시작했을 때로 돌아간다고 해도 다시 실패했을 것이라고 단언하였다. 창업실패 경험에 대한 무한한 신뢰를 가지고 있었다. 이는 Cope(2004)의 주장과 일치 한다. 개인적인 삶과 일의 경험이 창업실패에 대한 태도를 형성한다는 Rerup(2005)의 결과와도 부분적으로 일치하는 것으로 나타났다. 실제 이러한 경험은 창업실패에 대해 더욱 긍정적인 태도를 가지게 했고 장기적으로 성과를 향상시키는 기회를 제공한다는 Politis & Gabrielsson(2009)의 연구 결과와도 부분적으로 일치함을 보여 준다.

---

① 20년 전으로 얘기를 하지만 그 당시에는 상승욕구가 컸겠죠. 상승욕구가 기본적으로 내재되어있던 게 그게 자연적인 형태로 그걸 달성하겠다는 그게 앞섰겠지(사례8).

② 목표의식이 있어야 되고. 제일 중요한 건 자기가 좋아하고 그걸로 해서 뭔가 되겠다는 목표의식이 분명히 있어야 한다고 봐요. 그러니까 좋아하는 일을 찾아야 하는데 그 찾기까지 경험을 다들 안해요. 여행을 다니든 일을 하든 나에게 맞는지 체험할 시간이 필요하다고 봐요(사례3).

③ 저는 운 좋게 야간학교를 다니면서 많은 것을 체험하고. 그 중에서 제일 잘하는 것이 경매라고 생각했는데 그거보단 경매할 때 제가 강의를 했거든요. 근데 경매강의를 하면 그 사람들이 저에게 아주 시원

하게 강의 잘 들었다고 고맙다고 이야기를 해요. 그 거기서 느끼는 카타르시스 이게 너무나 좋았어요. 그래서 뭔가를 가르치는 일이 나에게 맞는 구나 처음 알았어요(사례2).

(2) 자기 지지

끊임없는 자기 지지 정도가 실제 행동/상호작용전략에 많은 영향을 미친 것으로 나타났다. 강력한 긍정, 반드시 성공할 수 있다는 것에 대한 확신, 그리고 대부분의 조사 대상자들이 적극적이며 긍정적인 대처전략을 하게 한 요소로 여행과 휴식을 들었다. 실제 자영업을 경영하면서 혼자만의 시간을 가지는 것이 쉽지 않았다. 실패를 계기로 하여 지난시간을 돌아보는 것이 매우 유익한 시간이 되었고, 계속된 자기 지지를 할 수 있게 되었고, 현실과 정면으로 맞대응 할 수 있는 능력, 고객의 힘이 자신에게 유익한 힘이 되어 줄 거라는 고객지향 등의 전략에 많은 영향을 미쳤다.

그냥 저는 될 놈이라서. 하하. 아닌가? 아 그리고 사람들이 내가 성공할 수 밖에 없다고 생각하게끔 만드는 그런 건 있어요. 새벽에 일찍 일어나서 움직이고 그걸 보여주고. 그렇게 해서 저는 꿈을 만들어서 이루도록 보여주도록 해요. 그렇게 믿을 수 있게...(사례2).

이러한 결과는 여행과 휴식이라는 기제도 자기관리의 일환으로 인식해야 한다는 것이다. 조사 대상자 대부분은 중·소 자영업자이다. 창업실패 경험을 하기 전에는 여행이라는 것은 엄두를 내지 못하는 상황이라고 호소한다. 현재 창업을 유지 하고 있는 상황에서도 여행과 휴식은 배부른 소리라고 인식하고 있었다. 즉, 여행과 휴식도 자신의 능력과 사회적 목표를 관리하는데 중요한 역할을 하는 요소임을 알 수 있다.

3) 자산이 된 실패 경험

조사 대상자들이 공통으로 인식하고 있는 것 중 가장 도드라지는 것이 실패경험의 자산화이다. 조사 대상자들은 현재 재창업을 하여 안정기에 접어든 창업가 인데, 현재의 안정을 가져올 수 있는 가장 중요한 중재 조건이 실패 경험이라고 하였다. 자산이 된 실패경험 범주는 크게 두 가지로 나누어 살펴 볼 수 있다.

(1) 제대로 지불된 실패 비용

조사 대상자들에게 있어 창업경험은 창업을 하는데 있어 절대적 영향을 미쳤다. 창업에 대한 긍정적 태도를 유지하게 하였고, 산업 환경 변화에 대한 적절한 적응력을 키울 수 있게 하였고, 특히 철수에 대한 대처 능력을 향상 시키는데 중요한 역할을 하였다. 선행된 실패 경험을 바탕으로 철저한 자기관리 능력과 창업실패에 대한 감정적 회복, 경제적 압력점을 적절히 통제 할 수 있었고, 기업에 대한 지식을 강화하였고, 특히 창업을 한 이후에 창업에 대한 필요성을 더 절감하게 해 주었다. Politis & Gabrielsson(2009)의 창업실패 경험이 창업에 더 긍정적인 태도를 가지는 것과 장기적으로 성과를 향상하는 기회를 가지는 것이라는 결과와 맥락을 같이 한다. Cope et al.(2008)의 창업실패가 창업가의 사고방식, 수행하는 사업, 창업가정신을 근본적으로 바꾸는 변형적인 학습의 형태를 자극할 수 있다는 결과는 대부분 일치함을 보여준다. 하지만 장수덕(2003), 이장우·이성훈(2003)의 연구결과에서는 창업실패 경험이 오히려 기업의 운영을 방해한다는 것으로 나타나 이와는 상반된 결과를 보였다. 이를 제대로 지불된 실패 비용이라고 명명하였다.

① 창업의 실패경험.........그럼요, 무지하게 중요하죠. 그건 당연하다고 생각을 해요. 창업 경험까지 아르바이트라도. 자기 스스로 돈을 벌어본 경험은 절대적인것 같아요. 자기가 일식집을 하려고 하면 일식집에서 일을 해보고, 그래야 한다고 보고요. 그런데 그렇지 않은 친구들이 요즘 많거든요. 그냥 취업이 안되니까 창업 한다 이런 친구들이 너무 많아요. (사례2, 사례4, 사례1)

② 10억 부도 맞았을 때...그때로 다시 돌아간다고 해도 나는 부도가 났을 거야. 아는게 아무것도 없었고, 주위에 있는 사람들은 100% 망한다고 했었거든. 이유는 경험이 아무것도 없었기 때문에...경기가 좋을 때는 상관이 별로 없어....경기가 안 좋아 지면 그때 대응할 수 있는 방안이 없는 거지....경험은 절대 적이다(사례9).

(2) 실패요소 확인

창업 실패 경험을 하는 과정에서 조사 대상자는 정신건강을 해치고, 창업 아이템이 구태의연한 발상 이었고 그로 인해 시장에서 생존력의 문제를 가지게 된다. 개인적인 자아존중감이 낮아지고 사회적 낙인에 휘둘려 열패감을 가지게 되고, 안일하게 유지 안주 할 수 있는 아이템과 영업력을 가지게 된다. 상황이 열악해 지면서 무리한 투자만 증가하게 된다. 그리고 공통적으로 가지는 실패요소로 인맥에 대한 배신을 들었다.

조사 대상자의 대부분은 한두 번 정도는 믿었던 직원과 동료에 대한 배신을 경험했다. 실제 동업자와 믿었던 직원에 대한 배신은 심적, 경제적 타격이 크다. 조사 대상자 중 3명 정도는 동업자의 배신으로 폐업을 한 경우도 있었다. 이를 실패요소 확인으로 명명하였다. 이는 장수덕(2003)의 실패한 기업은 조직의 배려, 동료 간의 유대감이 떨어진다는 결과와 부분적으로 일치함을 보여주었으며, Ucbasaran et al.

(2013)의 창업실패는 낙관적인 성향을 줄어들게 만드는 요인이며, 신중경·하규수(2013)의 한국 기업의 인력 부족, 제품 개발 실패 등의 실패 요인과 부분적으로 일치함을 보여 준다.

---

① 일본으로 물건 하러 간다고 해서.....물건 하라고 돈을 쥐어준 후배는 돈도 물건도 안 가져와서 도저히 버틸 수가 없었어요(사례6).

② 저는 어떤 핑계를 싫어해요. 다 제 잘못이에요. 뭐가 잘 못된 것인지는 잘 모르겠어요(사례2).

③ 어제 같이 일했던 직원이 바로 옆에 아무 말 없이 가게를 오픈하는데.....돌아 버리겠더라구요....우리 매장의 총 관리를 담당하고 있던 사람이니깐....거래처를 삼분이 일은 가져갔어...(사례11).

④ 지금 뭐 창업센터나 이런 데 가면 사람들이 많은데. 별반 다를 거 없는 똑같은 아이디어. 매장이 있어야하고, 돈이 있어야 돼요. 근데 돈이 없어요. 그 친구들이 하는 얘기가 다 그거에요. 그런데 그런 친구들 돈 줘도 안 될 거예요. 그 친구들이 다 대학 나왔고 했거든요? 제일 중요한건 교육이 잘못 된 거고, 다 똑같이 가르쳐놨잖아요. 일단 생존력이 없어요. 안타깝게도 아이 친구 창업하면 얼마 못 가겠구나.... 그런 게 보여요. 근데 할 게 없다고 하는 거잖아요. 이걸 해야 겠다 하는 친구들도 참 드물어요. 그냥 지원센터에서 돈 얼마 쥐어주니까 그냥 걸쳐져 있는 사람들이 많더 라구요. 그게 너무 안타까워요 (사례2).

---

5. 행동/상호작용전략

조사대상자는 기업가적 성향, 성공과 안정에 대한 조급함, 창업에 대한 환상으로 인해 사회/경제적 존재감상실과 희망이 없는 일상을 경험했다. 이러한 중심현상에 대처하기 위해 조사 대상자는 문제중심의 대처방식과 정서중심의 대처방식을 함께 사용하는 것으로 나타났다. 그리고 본 연구에서는 모두 순기능적인 대처가 이루어 졌다. 전략을 분석한 결과 '현실과 정면 맞대응하기'을 하기 위해 적극적인 결자해지, 짧은 슬픔, 탄력적인 회복을 하였고, '실패에 대한 정교한 대처'를 하기 위해 실패에 대한 안전장치를 강화하고 기술적 분석을 실시하였다.

'소비자 지향성'을 강화하기 위해 다시 찾는 고객, 내부고객과 함께 나아가기라는 과정을 겪었다. 이는 Singh et al.,(2007)의 결과처럼 채무로부터 안도감을 가지기 위해 법적조치를 하거나 재무적 측면의 문제를 해결하려고 하는 행동과 부분적으로 일치한다. 그리고 감정에 초점을 둔 대처 행동으로 이어지는데 이는 짧은 슬픔, 탄력적인 회복과 같은 맥락이다. 이러한 개념들이 행동/상호작용전략의 범주로 도출되었으며 각 범주를 자세히 살펴보기로 한다.

1) 현실과 정면 맞대응

조사 대상자는 창업실패 과정에 따른 중심현상에 대처하기 위해 현실과 정면으로 맞대응하여 적극적으로 문제를 파악하고 문제 해결을 한다. 이를 적극적인 결자해지라고 명명하였고, 사회적 낙인 등 자신이 처한 부정적 요소에 대해서 인식하기를 그만둔다. 이를 짧은 슬픔으로 명명하였으며, 가족과 자녀들의 지지를 바탕으로 가장 재밌고 잘하는 일을 통해 재기를 꿈꾸는 회복 탄력성을 보여준다.

(1) 적극적인 결자해지

조사 대상자들은 창업실패를 하면서 생존하고 버티기 위해 적극적으로 문제를 찾아서 해결한다. 빚잔치를 할 때도 먼저 사채업자와 돈을 빌려준 지인들을 모으고, 현재의 상황에서 빚을 탕감하기 어렵다는 사정을 먼저 설명한 다음 기다려 줄 것을 약속하고 추가 투자를 더 해 줄 것을 부탁했고, 그동안의 책임 있는 행동과 신뢰를 통해 재투자를 받아 재 창업을 할 수 있는 기반을 확보하였다.

조사대상자의 대부분은 친인척의 빚을 가장 먼저 변제 했고, 법적 책임을 감수 하였으며, 이후 재기하는 과정에서 친인척 및 친지들에게 진 빚은 모두 변제를 하였고, 이와 같이 끝까지 책임을 다하면서 결국 재기할 발판을 이들을 통해서 다시 재투자를 받게 되어 목숨 같은 인맥으로 자기 매김을 하게 된다. 결국 큰 자산의 역할을 하게 되었다. Singh et al.,(2007)의 연구결과에서 창업실패는 기업가의 삶을 경제학적 관점에서 더 많은 대응과 학습이 일어났다는 점과 부분적으로 일치함을 보여 준다. 이를 적극적인 결자해지라고 명명하였다. 적극적인 결자해지는 재창업가가 개인과 환경의 상호작용을 통해 문제를 적극적으로 해결하는 방식이라고 볼 수 있으므로 선행연구에서 밝힌 a유형의 대처행동이라고 볼 수 있다. 본 연구의 조사 대상자들의 개인적인 성향 또한 적극적인 기업가적 기질을 가지고 있다고 판단되어 b유형의 대처도 함께 이루어 졌고, 이는 상호작용을 거쳐서 순기능으로 작용하였음을 알 수 있다.

저는 회피를 안 해요. 빚이 생기고 하면 제일 멍청한 것이 전화 안 받는 거예요. 일반적인 사람들이 빚쟁이가 전화오고 하면 전화를 안 받으려 해요. 불편하니까. 그러면 빚쟁이들이 열이 받고, 소송으로 가게 되고 하거든요. 저는 아니에요. 전화 다 받고 만납시다 하고. 그리고 통장 보여주면서 나 지금 마이너스다 하고. 내가 돈 벌 일을 구할 때 까지 기다려줘 하고. 그래서 저를 한 번 믿고 투자한 사람들은 저를 또 믿고 투자해주거든요(사례2).

---

(2) 짧은 슬픔

조사대상자의 대부분은 사회적 낙인, 슬픔, 방황 등은 짧게 마무리 하였다. 어차피 성공할 사람이기 때문이다. 그리고 사회적 낙인, 슬픔, 방황 등을 가지고 있어야 도움이 될 만한 일이 없고, 다시 재기를 하기 위해서 우선적으로 심신의 건강을 회복하는 일이 중요했다. 그리고 심신을 다스릴 수 있는 기제를 확보하고 있었는데 조사 대상자의 대다수가 독서와 사회기관의 학습, 여행을 이용하였다. 사회기관의 학습을 통한 독서는 일상을 굳건하게 유지 할 수 있는 많은 에너지를 제공해 주었다. 미래를 준비할 수 있는 토대가 된다. 이를 짧은 슬픔으로 명명하였다. 이는 대표적인 정서중심 해결방식으로 개인과 환경의 상호작용(c유형)을 바탕으로 정서중심으로 문제를 해결하는 방식을 사용하였다. 그리고 심신을 다스리는 기제를 확보하는 데는 개인적 성향을 강화하는 전략을 사용하였음을 알 수 있다. 이는 Subramaniam & Kumar(2009)의 연구결과에서 창업실패 기업가의 내적강화와 내적능력을 향상 시킬 수 있어야 한다는 강조점과 맥락을 같이 한다.

---

① 내가 안 좋아 하지만 안타깝게 여기는 것 같지만 고소하다 라고 생각하는 사람들도 있어요. 뭐 그런 사람들에 대해서 충격 받고 이러진 않으니까 저는 뭐. 어차피 나는 잘 될 놈이니까 그렇게 해도 상관없다 생각해요(사례2).

② 술 먹고, 슬퍼하고 해 봐야 끝이 없어요. 재미도 없구요. 문제 해결이 안되죠. 살려고 마음먹었으니까...내가 할 수 있는 한 빨리 다 해줘야지..빚쟁이들 다 모아가 회의 했어요.......알아서 나눠 가졌을 거예요....(사례11).

---

(3) 회복 탄력성

회복탄력성은 스트레스로부터 회복하는 능력, 스트레스 상황에서 적응하는 능력, 심각한 역경에도 불구하고 평균 이상의 기능을 수행하는 능력이다(김수안과 민경환, 2011). 긍정심리학에서는 문제를 해결하고 개선할 뿐 아니라 평범한 구성원들의 감정과 역량 및 잠재력을 발견하여 육성시키고 발전시켜서 성과를 창출하는 방안까지 회복탄력성의 개념을 확장하고 있다(이동섭과 최용득, 2011). 카지노 종사원들을 대상으로 한 연구에서(박주희와 변미희, 2015), 회복탄력성의 하위차원인 정서조절력, 낙관성, 공감능력은 심리적 안정감에 영향을 미쳤으나, 원인분석력과 적극적 도전성은 의미있는 영향을 미치지 않았다. 정서조절력과 적극적 도전성은 조직몰입에 영향을 미쳤으나, 낙관성, 공감능력 및 원인분석력은 영향을 미치지 않았다.

실패를 경험한 자영업자는 다시 일을 하기 위한 준비를 하는 과정에서 자신이 더 잘하고 좋아하는 부분이 어떤 영역이라는 것을 조금씩 인식하게 된다. 그리고 실패를 통해서 현재 하고 있는 일이 자신이 좋아하고 자신에게 잘 맞는 일이라는 확신을 가지게 되었다. 좋아하는 일을 통해 자기 지지 기능을 강화하게 되고, 일상의 만족감을 조금씩 상승시켜 간다. 자녀들의 지지와 화목한 가족분위기를 통해 빨리 실패에서 회복되는 모습을 볼 수 있다. 이를 회복 탄력성이라고 명명한다.

본 연구의 조사 대상자들은 창업실패에 대한 대처를 대부분 적극적으로 한 편이다. 개인과 환경의 상호작용을 통해 상황과 자원에 따라 유형을 바꿔가면서 적극적으로 문제 중심으로 해결을 하였고, 정서중심 해결방식을 병행하면서 심신의 안정을 보다 빠르게 찾게 되는 모습을 볼 수 있다.

김재진 강남세브란스병원 정신건강의학과 교수와 김은주 연세대

교육대학원 교수 연구팀은 무작위로 선정한 40명(남자 20명, 여자 20명)을 대상으로 뇌신경 활성화 등을 측정한 결과 자기 삶에 만족하는 사람일수록 나쁜 정보를 접했을 때 뇌 기능을 활성화해 적극 대처한다고 밝혔다. 연구팀은 뇌 신경 중 외부 자극을 받았을 때 가장 핵심적인 역할을 담당하는 '안쪽 전전두피질'에 주목했다. 기존 연구에서는 안쪽 전전두피질이 개인의 자존감에 영향을 미친다는 사실까지 확인했지만 삶의 만족도에 따른 차이는 밝혀진 바 없었다.

연구진은 연구대상자들을 삶의 만족도가 높은 그룹(19명)과 낮은 그룹(21명)으로 나누어서 긍정적인 의미와 부정적인 의미가 담긴 단어를 본인이나 다른 사람의 얼굴 사진과 함께 보여줬을 때 안쪽 전전두피질이 어떻게 활성화되는지 기능자기공명영상(fMRI)으로 관찰했다. 긍정적인 의미가 내포된 단어는 자유, 존중, 사랑 등이고, 부정적 단어는 범죄, 실패, 공포 등이다. 그 결과 삶의 만족도가 높은 그룹은 부정적 단어를 확인했을 때 안쪽 전전두피질이 활성화됐고, 정서조절기능을 담당하는 다른 뇌신경 부분과 연계활동이 두드러졌다. 이와는 달리 삶의 만족도가 낮은 그룹은 긍정적 단어를 접했을 때 안쪽 전전두피질이 활성화됐으며, 다른 뇌신경과 연계활동은 관찰되지 않았다. 즉 외부 부정적 정보에 적극적으로 대처하는 사람일수록 삶의 만족도가 높다고 볼 수 있고, 삶의 만족도가 높은 사람은 부정적 자극의 영향을 최소화시키고 회복탄력성이 높은 뇌 구조를 갖고 있다고 볼 수 있다(한국일보 2016년 3월 14일).

---

① 근데 그 사람들이 낙인찍는 걸 가지고 나는 인정을 안 한다니까요? 니까짓게? 이런 식으로 감히 나한테 할 수 있는 사람이 없어요. 기본적으로 나는 될 놈인데 하하. 내가 쫄딱 망해서 울산 왔잖아요. 필요하면 다 또 생기더라구요(사례6).

② 역마살이 있다 그랬어요. 제가 귀금속을 좋아하는 이유도 아무것도 없는 걸 내가 주조를 해서 만들면 상품의 가치가 생기잖아요. 땅도 그래요. 어떻게 자르고 어떻게 계획을 해서 사람들한테 비싸게 팔 수 있게 만들 수 가 있거든요. 그런데 금방은 중간에서 그냥 이윤 먹고 가져다주는 거 팔기만 하거든요. 그건 재미가 없었어요(사례2).

2) 실패에 대한 정교한 대처

재창업가들은 공통적으로 실패를 두려워하지 않았지만, 다시 실패하지 않는 방법을 강구하였다. 특히 선행된 실패를 정교하게 분석하여 실패를 되풀이 하지 않는 전략을 사용하였다. 실패에 대한 정교한 대처 범주는 실패에 대한 안전장치와 기술적 분석으로 구체화 되어 생존과 성장에 영향을 미치는 것으로 나타났다.

(1) 실패에 대한 안전장치

조사대상자들은 기업가 정신의 기본 개념인 새로운 조직과 자원의 적절한 결합력을 보여 주었다. 직원들에게 오너인 본인과 같은 지분을 나누어 주기도 하고, 사업의 성장 확장을 위해 자신을 대신할 수 있는 신뢰할 만한 조력자를 두기도 하였다. 그리고 조직구조의 혁신적인 변화를 꾀하였다. 부분적으로 협력이 필요한 부분은 동업 구조를 두어 적절하게 자원의 효율성을 극대화 할 수 있는 전략을 사용하였다. 실패에 대한 안전장치를 강구하게 되는데 거래처를 정할 때는 기본적인 정보를 수집하여 믿을 수 있는 거래처인지를 확인하였고, 과거 대부분의 조사 대상자가 어음으로 인해 연쇄적 실패를 경험하여서 인지 현재 대부분의 조사 대상자는 현금 거래를 직접 하고 있었다. 그리고 직원을 채용 할 때도 집행 권한에 따라 책임을 나눌 수 있는 안전장치를 두었고, 비용처리방법도 최초 창업과 달리 안정된 구조를 가질 수 있도록 조처 하였다. 생존과 성장을 위한 치밀한 준비라고 할 수 있다. 이를 실패에 대한 안전장치로 명명하였다.

지금은 어떤 안전장치가 필요한거죠. 거래처가 튼튼한지. 일거리가 얼마나 되는지 연매출이 얼마나 되는지 그런 기본적인 실태를 파악하면 어느 정도까지 밀어줄 수 있겠다 하는 그런 아이템이나 그런게 나오는 거죠. 그런 아이템. 그리고 그 회사가 부실하다 이렇게 판단이 나왔는데 또 인맥은 있고 해서 그런 회사도 있긴 하고. 내가 넘어졌을 때 외상을 해준 사람들인데 내가 또 모른 척 할 수는 없고. 안전장치는 없지만 마지막으로 그 사람의 품성이나 이런 걸로 사전에 조회를 해놓지. 안됐을 때 압류라도 할 수는 있는지(사례3).

---

(2) 기술적 분석

재창업가들은 재투자를 실시하여 탁월한 기술력을 확보하기 위해 주력했다. 그 방편으로 제품과 서비스의 차별화, 브랜드화 전략을 사용 또는 준비 중에 있었다. 기본적으로 성장 요소를 준비하지 않으면 또 다시 위기가 왔을 때 그대로 자멸할 수밖에 없다는 판단이었다. 그 중에서도 소비자를 찾아오게 하는 아이템으로 재창업을 하면서 보다 쉽게 안정기에 접어 들 수 있었다. 즉, 소비자에 대한 배려와 상식은 창업의 성패를 결정짓는 절대적 요소로 인식하고 있었다. 그러기 위해 적절한 전략적 제휴도 필요한 전략 이였고 이렇게 정교한 대처를 통한 성장을 꾀하였다. 이를 기술적 분석이라고 명명하였다.

지금 제가 하고 있는 건 공급자체가 워낙에 부족하니까 소비자가 찾아올 수밖에 없는 구조니까 상대적으로는 소비자에게 조금 덜 신경을 써도 되는데, 소비층을 찾는 건 굉장히 중요하죠(사례6)

---

3) 소비자 지향

조사대상자는 대부분 소상공 자영업자로서 실제 소비자와 일선에서 만나는 일을 하는 업종이 대부분이다. 창업실패를 했을 때 먼저 다가와서 지지를 해준 존재가 고객이라고 고백한다. 그동안의 삶을 되돌아 볼 때 영업력 이상의 가치를 가지고 힘이 되어준 존재인 것이다. 그래서 재 창업가들의 주요한 전략중의 하나가 소비자 지향이다. 소비자 지향은 고객은 내부고객과 외부고객으로 나누어 세부 전략을 살 펴 볼 수 있다.

(1) 다시 찾는 소비자

조사 대상자들은 고객을 이익과 너무 연관 짓지 말라고 공통적으로 강하게 주장한다. 조사 대상자중 고객과의 관계에서 본인이 항상 갑이라고 생각하고 항상 당당하게 영업을 하는 사례자가 있다. 이유는 고객에게 이익이 되는 일이기 때문이다. 고객이 항상 배려되어 있기 때문에 돈 버는 것은 매우 수월한 일로 인식하고 있었다. 그리고 대부분의 자영업자들은 고객의 입안의 혀처럼 전략을 많이 사용하고 있었다. 그러면서 끊임없이 만나고 또 만나고 하면서 영업력을 확장해 나갔다.

---

① 나한테 돈 준다는 개념으로 듣지 말고 당신들이 뭔 가를 가지고 간다는 개념으로 들어라 이거죠. 좀 세게 이야기해요 전. 비싸다 하면 그냥 듣지 마라 하고. 그렇게 끝나요 전. 항상 자신감 있게 제가 하는 걸 즐기고 너무 재밌어 하잖아요(사례2).

② 영업 안해요. 알고 전화 오면 언제요? 해드리죠. 해요. 왜냐면 나는 좋은 것을 당신들에게 먹여주는 거니까. 근데 일반적으로 우리 사무실 직원들은 그런 게 없어요. 부탁하는 쪽으로 가요(사례10).

③ 내가 하는 일에 대한 자신감이요. 이 일을 하는 것은 내가 너희를

도와주면서 돈을 벌 수 있다면 하는 전제가 있어요. 그게 무너지면 저는 안할 거예요(사례11).

---

(2) 내부고객과 함께 가기

재창업가들은 내부고객의 지원을 적극적으로 배려한 전략을 사용한 것으로 나타났다. 직원들과 함께 잘 사는 방법으로 회사의 지분을 직원들에게 나눠줌으로써 직원들과 함께 이익을 나눠 가지고 있었고, 부가적으로 인센티브를 강화하여 우수한 인력을 확보하여 상생하는 전략을 사용하면서 일에 있어서 성장을 추구하였다. 세부적인 방법으로 인격적 존중을 바탕으로 상호 신뢰를 쌓아가기와 사업을 내 자식에게 물려준다는 생각을 버려야 직원들과 함께 성장할 수 있는 기반을 닦을 수 있음을 강조하였다.

---

① 그래서 인제 나는 내 직원들한테 내가 월급 150받는 애를 데리고 와서 300~400 받게 해줄게. 하는데. 그냥 주는건 아니고 걔가 그렇게 잘 하는 직원이 되게. 상생이지. 옛날에 교회가면 목사님이 십일조하라 하잖아요. 헌금하라고. 근데 만원 내는 사람도 있고 천원 내는 사람도 있는데 만원 내는 사람은 100만원 벌어오는 거고, 천원은 만원 벌은 거잖아요. 그럼 목사가 다음엔 천만원 내세요. 하는 그거는 이제 1억을 벌어라 이 말이잖아요. 좋게 생각하면. 반대로 생각하면 미친놈이라고 생각 할 수도 있는거고..... (사례10).

② 지금하고 있는 일을 내 자식에게 물려줄것도 아니고 해서 직원들하고 많이 나누죠...내 자식이 이일을 안했으면 하는 바램도 있고, 내 자식에게 물려준다고 생각하면 그때부터 욕심이 생기는 거예요....그러면 직원들하고 나누는게 안되지.....(사례11).

이상을 종합해 볼 때 행동/상호작용전략은 조사 대상자의 개인적

성향을 바탕으로 개인과 한경의 상호작용을 통한 상황과 자원에 따라 유형을 바꿔가면서 적극적인 문제 중심 해결방식과 정서중심 해결방식을 병행해 나갔다. 이는 창업실패 상황에서 순기능으로 작용하여 재창업가들이 다시 창업을 할 수 있는 토대와 함께 재창업이 성공할 수 있는 기반을 제공한 것으로 나타났다.

6. 결과

본 연구의 조사대상자는 현실과 정면 맞대응, 실패에 대한 정교한 대처, 소비자 지향이라는 행동/상호작용전략의 결과로 '생존'과 '성장'을 경험했다. 조사 대상자는 현장에서 앞뒤 살필 겨를 없이 눈앞에 닥친 일을 최선을 다해 처리해 가면서 현장에서 생존하였고, 사람으로서 기업인으로서 정체감을 확립하는 등 개인의 성장과 미래를 준비할 수 있는 '가족의 성장, 그리고 꿈 너머 꿈을 생각할 수 있을 정도의 일의 성장을 가져왔다. 각 결과를 구체적으로 살펴보면 다음과 같다.

1) 생존

한 사례자는 창업을 유지하는 것은 모노레일 위에서 죽을 때 까지 페달을 밟아야 하는 자전거 타기라고 표현하였는데, 대부분의 조사 대상자는 이 표현에 크게 공감하였다. 흔히 버티기, 고비 넘기라고 하는데 한순간도 위험이 없는 순간이 없었기에 매순간 매일 긴장해야 했고, 긴장감이 풀어지면 균형을 잃어 쓰러지게 된다는 것이다. 즉 살아남은 자가 강한자이며, 대부분의 일상이 이러한 살아남기 일환으로 매일, 매 주, 매 월 그리고 일 년 이렇게 버티며 넘어 가는 것이라고 하였다.

① 일단 버티기에요. 버티기..... 창의성 뭐 이런 것들도 좋은데 중간에 그만두지 않게... 최소 3년은 버텨야 해요. 한 3년 정도 되니까 주변에서 이 일을 계속하는구나 에 놀라고, 작년에 했던 사람들이 다시 전화가 오고..... 그런 것들이 유지되면서 더 좋아지고.(사례2)

② 의무감이지. 가장으로써 책임감, 의무감 그런 거지 뭐. 그러니까 가장으로써 생계나 이런 면에서 책임을 안질 수가 없으니까. 넘어져도 내혼자면 넘어져서 가만히 엎드려서 있으면 되는데 실제로 근데 그렇게 하면 안되는 거잖아. 그러니까 다시 일어나야 되는 거지. 그런 거 때문에 견디는 거지. 견뎌야 하고......(사례4).

2) 성장

창업에 실패하는 과정을 경험한 창업가는 생존과 더불어 성장을 경험하였다. 성장은 개인의 성장, 가족의 성장, 일의 성장 등 세부분으로 나누어 살펴보았다.

(1) 개인의 성장

조사 대상자의 대부분은 매우 겸손한 태도를 지니고 있었다. 인생의 롤러코스터를 타고 나면 진실한 인간이 된다고 표현하였는데, 어려움을 여러 번 겪고 나니 주위에 있는 사람들이 고맙고 평온한 일상이 너무나 감사하게 느껴진다고 한다. 사람 위에 사람 없고 사람 밑에 사람 없다라는 말을 실감케 된다고 한다. 매일의 일상을 감사함으로 시작할 수 있는 마음가짐을 가지게 된다. 그리고 무슨 일을 하든 당당함을 잃지 않을 수 있는 자신감과 함께 웬만한 위험에 대해서는 수용력을 가지게 되고 기업가로서 정체감도 확립하게 된다. 이를 개인의 성장이라고 명명하였다.

(2) 가족의 성장

재창업가들은 가족의 성장을 경험하게 된다. 평안하고 안정된 가족의 일상을 회복 확장하고, 특히 자녀들의 미래를 준비해 줄 수 있는 뿌듯함을 느낄 때 행복감을 경험하게 된다. 가장으로서 당당한 자리매김과 함께 가족구성원 모두가 실패를 경험하면서 상처를 주고받는 상호작용을 경험한다. 함께 극복했다는 기쁨을 공유하면서 서로의 고마움을 표현하게 되고 더 돈독해진 가족을 형성하게 된다. 전반적인 생활의 안정감을 누리게 되는데 이는 창업실패 경험을 함께 공유했기 때문에 누릴 수 있는 기쁨이라고 한다.

(3) 일의 성장

재창업가들은 사회적 관계를 확대하면서 재산 같은 인맥을 확보하게 된다. 즉, 좋은 사람들과 더불어 좋은 것을 배우고 좋은 것을 공유하면서 함께 일상이 진보하는 기쁨을 누리게 된다. 그리고 현재의 목표달성에 만족하지 않아야 하는 것도 배우게 되고, 그래서 꿈 너무 꿈을 계획하면서 현재의 목표가 달성되면 이 목표 달성을 계기로 또 다른 목표를 설정하여 일에 있어서 영역의 확장과 함께 만족감이 상승하게 되는 경험을 하게 된다.

---

① 그렇게 해야지 그 사람들하고 오래가고. 부동산을 할 때도 단 한 번도 내 거를 팔아먹어서 이윤을 남겨야하고 이런 생각으로 해본 적은 별로 없어요. 어떻게 하냐면 내가 경매를 해서 요만큼을 벌 수 있어요 그러면 그걸 사는 사람도 이걸 사가지고 벌 수 있는 만큼을 만들어주고, 전 팔아요. 그럼 달라요. 그럼 그 사람은 또 나한테 투자자로 남거든요. 이번에 책이 기브앤테이크 해서 나왔더라구요. 저도 그렇게 느껴요. 주는 사람이 성공한다고 보거든요.
하고싶은 대로 하면 돼요. 좋아하는 걸 정말 더 재밌게 만들고 싶은

마음만 있으면 된다고 생각해요. 며칠 전에 라면 만드는 사람 봤는데 라면이 너무 맛있어서 더 맛있는 라면을 선물해주고 싶어서 라면집을 하는 사람을 봤어요. 잠도 안자고 라면을 개발하고, 맛보여주고, 행복해하고 또 개발하고. 그런 게 정말 좋은 거 같아요(사례2).

② 창업을 해서.. 내인생을 벌었지...남들보다 몇 배 더 사는 기분이지.. 힘들지만 인간으로서 뿌듯함을 느끼게 되지..(사례1, 사례3, 사례7).

③ 사업하는 사람은 밖에 나와서 집에 일에 신경쓰면 일 못해요....경제적으로 어려워지면 그게 작용하니깐 일이 더 안되는 거지.....근데 일단 경제적으로 안정되면 잊어버리지...집에 일은..와이프가 다 알아서 하니깐....그런 존재가 있으니깐 기업가로서 내가 있는 것이고...기업가 로서 내가 있으니깐 아빠로서 가장으로서 남편으로서 살아갈 수 있는 것 아닐까요?(사례3).

·· 제9장 ··

창업실패 대처유형

이 장에서는 재창업가가 창업실패를 경험하고 창업실패에 대처하는 과정에서 일관되게 유지되는 핵심범주를 알아보고 창업실패에 대한 대처 유형을 도출하였다.

1. 핵심범주와 대처유형

핵심범주 :
생존과 성장을 위해 앞만 보고 달려가기

· 혁신적 성장 추구형(유형1)
· 적극적 안전지향 생존 추구형(유형2)
· 정교한 성공지향 성장 추구형(유형3)
· 정교한 낙관지향 성장 추구형(유형4)
· 수동적 낙관지향 생존 추구형(유형5)

[그림3] 핵심범주와 창업실패 대처 유형

근거이론의 마지막 단계인 선택 코딩을 통해서 핵심 범주와 재창업가의 창업실패 대처 유형을 도출하였다. 창업실패 과정을 통해 '생존과 성장을 위해 앞만보고 달려가기'라는 핵심범주가 분석되었다. 잠시라도 쉬거나 멈춰버리면 도태되기 쉬운 현장에서 코앞에 닥친 일을 적극적으로 해결하고 계속된 고비를 넘겨가면서 처절하게 하루, 한 주, 한 달, 이렇게 일 년을 현장에서 살아남기 위해 버티기를 힘겹게 하고 있었다. 그러면서도 좋아하는 일을 더 재밌게 만들고 싶고, 기업가로서의 정체감 확립 등 개인적 성장과 창업의 전 과정에 영향을 미쳤던 가족의 생활의 안정을 통한 가족의 성장과 좋은 사람들과 더불어 좋은 것을 배우고 좋은 것을 공유하면서 함께 가는 일의 성장을 이루었다.

조사 대상자의 '생존과 성장을 위해 앞만보고 달려가기 유형'은 '현실과 정면 맞대응', '실패에 대한 정교한 대처' 그리고 '소비자 지향'이라는 행동/상호작용전략에 따라 차이가 있었다. 조사 대상자는 창업실패를 극복하기 위해 창업실패 상황에서 겪게 되는 여러 가지 문제를 적극적으로 해결하고 대응해 나갔다. 즉, 위기는 기회인 것이다. 조사 대상자 모두 이번에 실패하지만 다음에 반드시 재기하겠다는 의지가 분명했기 때문에 채권자들과의 관계를 재정립할 필요성을 매우 절실히 느꼈다. 그리고 채권자들 대부분이 부모님, 지인이거나 친인척인 경우가 많아 창업실패 뿐 만 아니라 가족 속에서 고립이라는 또 다른 위기를 경험하지 않기 위해 그리고 재기를 위해 채권자들에게 적극적으로 책임을 다할 것을 약속하고 기존의 성과를 어필하여 재기하기 위한 방편을 마련하였다.

조사대상자들 중 일부분은 실패의 원인을 정교하게 분석하였다. 가장먼저 재 실패를 하지 않게 기술적 분석을 정교하게 실시하였고, 그에 따른 최적의 안전장치를 강구하여 안정 지향적으로 창업을 유지하였다. 또한, 조사대상자 대부분이 자영업자들이므로 예전보다 더 강한 소비자 지향성을 보였다. 창업실패라는 위기를 경험 할 때 가장먼저 위기 탈출의 힘을 고객들로부터 얻게 되었고, 따라서 장기간 창업을 유지 발전시키기 위해서는 고객에 대한 배려가 절대적이라는 의식을 가지고 있었다.

현실과 정면 맞대응, 실패에 대한 정교한 대처 그리고 소비자 지향을 주도성과 수용성으로 구분하여 생존과 성장을 위해 앞만 보고 달려가기 유형을 구분하였다. 각 변인의 속성에 따라 현실과 정면 맞대응과 소비자 지향은 주도적과 수용적으로 구분했다. 실패에 대한 정교한 대처는 정교함의 정도에 따라 구분하였으며 이 세 개의 중재 조건을 바탕으로 인과적 요인을 동기요인으로 구분하여 생존과 성장을 위해 앞만 보고 달려가기 방식에 차이가 있는 것으로 분석되었다. 그 특징에 따라 혁신적 성장 추구형, 적극적 안정지향 생존 추구형, 정교한 성공지향 성장 추구형, 정교한 낙과지향 성장 추구형, 수동적 낙관지향 생존 추구형으로 명명했다. 그 유형은 <표 9-1>과 같이 제시하며, 유형별 분포는 <표 9-2>와 같이 제시한다.

<표 9-1> 재창업가의 성장과 생존을 위해 앞만 보고 달려가기 유형

<table>
<tr><th>동기</th><th>실천행동</th><th>반응(대처)</th><th>결과</th><th>유형</th></tr>
<tr><td rowspan="2">기업가적 성향</td><td rowspan="2">사회/경제적 존재감 상실 희망이 없는 일상</td><td>현실과 정면 맞대응</td><td rowspan="2">성장</td><td rowspan="2">혁신적 성장 추구형</td></tr>
<tr><td>소비자 지향</td></tr>
<tr><td rowspan="2">성공과 안정에대한 조급함</td><td rowspan="2">사회/경제적 존재감 상실 희망이 없는 일상</td><td>현실과 정면 맞대응</td><td>생존</td><td>적극적 안정지향 생존 추구형</td></tr>
<tr><td>실패에 대한 정교한 대처</td><td>성장</td><td>정교한 성공지향 성장 추구형</td></tr>
<tr><td rowspan="3">창업에 대한 환상</td><td rowspan="3">사회/경제적 존재감 상실 희망이 없는 일상</td><td>현실과 정면 맞대응</td><td rowspan="2">성장</td><td rowspan="2">정교한 낙관지향 성장 추구형</td></tr>
<tr><td>실패에 대한 정교한 대처</td></tr>
<tr><td>소비자 지향</td><td>생존</td><td>수동적 낙관지향 생존 추구형</td></tr>
</table>

<표 9-2>를 바탕으로 유형별 특징을 살펴보면 다음과 같다. 첫째, 기업가정신의 속성을 강하게 갖추고 있었고, 주도적으로 현실과 정면으로 맞대응하고 주도적인 소비자 지향 전략으로 창업실패에 대처하는 혁신적 성장 추구형은 4명이었으며 모두 40대 이다. 이들은 공통적으로 자신의 현업에 대한 혁신적 기업가정신을 가지고 있었다. 이 유형의 조사 대상자는 다른 유형보다 강한 지도자 기질을 가지고 있었고, 대상인 고객(소비자)을 충분히 배려한 아이템에 집중해 있었다. 고객에게 이익을 먼저 제시해 줄 수 있어야 고객 앞에서 당당하게 자신의 제품과 서비스를 사용해 볼 것을 권유 할 수 있다는 의식을 강하게 가지고 있었다.

<표 9-2> 재창업가의 성장과 생존을 위해 앞만 보고 달려가기 유형별 분포

유형	연령	반응			유형
		현실과 정면 맞대응	실패에 대한 정교한 대처	소비자 지향	
유형1	43	주도적	수용적	주도적	혁신적 성장 추구형
	46	주도적	수용적	주도적	
	42	주도적	수용적	주도적	
	41	주도적	수용적	주도적	
유형2	48	반주도적	수용적/정교함	반 주도적	적극적 안정지향 생존 추구형
	49	반주도적	수용적/정교함	반 주도적	
	52	수용적	수용적	반 주도적	
유형3	36	주도적	정교함	주도적	정교한 성공지향 성장 추구형
	53	주도적	정교함	주도적	
	55	주도적	정교함	주도적	
유형4	45	주도적	정교함	수용적	정교한 낙관지향 성장 추구형
	47	주도적	정교함	수용적	
유형5	54	수용적	수용적	반 주도적	수동적 낙관지향 생존 추구형
	47	수용적	수용적	수용적	

둘째, 성공에 대한 조급함과 가족 구조적 상황에 의해 창업을 하게 된 적극적 안정지향 생존 추구형은 3명 이었으며 40대 후반 2명 50대 1명으로 장년층이라고 분류할 수 있다. 이들은 현실과 정면 맞대응 보다는 현실적 상황을 반 주도적으로 수용하는 경향을 가지고 있다. 현재까지 책임에 대한 민사 소송이 제기 되고 있는 부분도 있지만, 본인 역할의 한계를 넘은 부분이라 적극적인 대처를 하지 않고 있는 형편이다. 업종의 특성상 최일선에서 소비자와 만나지 않아 적극적으로 고객을 배려할 수 있는 마인드가 조금 적은 특징을 가지고 있다. 현업에서 자신이 할 수 있는 한 최선을 다한다는 마음가짐을 가지고 있는 특성이 있다.

셋째, 정교한 성공지향 성장 추구형은 세 명으로 30대 중반의 미혼 1명과 2명은 50대 중반의 기혼자 2명이다. 이들은 여러 번의 실패 경험을 가지고 있거나 부모가 심각할 정도의 반복된 실패 경험을 가지고 있어서 모두 성공에 대한 조바심을 강하게 가지고 있었다. 유형1과 같이 현실적으로 봉착한 문제에 대해서는 적극적으로 문제를 해결하여 문제를 해결하는 과정에서 더 많은 인적, 물적 자원을 획득하기도 한다. 이들의 가장 큰 특징은 실패에 대한 철저하고 정교한 대처를 들 수 있다. 실패원인을 철저히 분석하고, 현재 자신들이 가지고 있는 자원을 정확하게 분석하여 자신들의 역량으로 할 수 있는 정교한 전략을 바탕으로 창업을 유지, 확장하고 있다는 것이다.

그리고 소비자 지향적인 마인드가 아주 강한 특성을 가지고 있는데, 고객이 곧 자신들의 생존과 성장을 책임져줄 존재라고 확신하고 있었고, 창업을 유지한다는 데에 대한 의미부여 보다는 유지되기 위해서는 성장해야 한다는 분명한 의식을 가지고 있었다.

넷째, 짧은 준비기간과 하고 싶은 일을 한번 해보자는 자기 주관적인 판단에 의해 창업을 하게 된 정교한 낙관지향 성장 추구형은 2명이였으며, 모두 40대 중반이었다. 이들은 창업을 하면 어느 정도 수입을 기대 할 수 있다는 안일하게 기대를 하고 창업을 시작하였으며, 실패를 경험할 때 자신들이 반드시 실패할 수밖에 없었다는 정확한 요인을 들어 명확하게 실패를 수용하였다. 재창업을 할 때 최초 창업이 가지는 실패원인을 정교하게 분석하였고, 이용할 수 있는 창업지원 교육과 정부의 다양한 지원을 적절히 조화시켜서 재창업에 실패하지 않는 시스템을 구축함으로써 지속적인 성장을 추구하였다. 창업실패를 대처하는 과정에서 매우 적극적으로 현실적인 문제에 대처 하였으며, 적극적인 대처를 통해 오히려 신뢰를 더 많이 구축한 특성을 가지고 있다.

다섯째, 수동적 낙관지향 생존 추구형은 주위에서 창업을 하는 걸 보고 자신들도 성공할 수 있을 것 같았고, 초기에는 매우 성공적인 성과를 이루었다. IMF를 겪으면서 일시적인 자금난을 극복할 수 없어서 창업에 실패하게 되었는데, 실패에 대한 책임을 법적으로 치른 유형이다. 40대, 50대 각 1명씩 두 명이 이 유형에 속한다. 실패에 대한 정교한 분석 후 적절한 대처를 하였고, 이와는 반대로 실패를 반복하는 경우도 있었다. 지금부터 각 유형별 특징을 구체적인 이야기를 통해 살펴보고자 한다.

2. 창업실패 대처유형별 특성

1) 혁신적 성장 추구형(유형1)

조사 대상자중 혁신형 성장 추구형은 4명 이었으며, 모두 40대 초·중반 이었다. 이들의 주제어는 '내가 가장 잘하는 일을 하면서 재밌고,

당당하게 원하는 것을 이룰 때 까지 계속 성장하자'이다. 이들은 기본적으로 기업가적 성향이 뚜렷하고 투철한 창업에 대한 의식을 가지고 있으며, 현실적인 문제를 적극적으로 해결하려는 의지를 지니고 있다. 매우 열정적이며 삶에 대한 높은 만족도와 높은 자존감을 지니고 있었다. 타인을 많이 의식하지 않아 사회적 낙인을 경험하는 것에 별로 개의치 않는 특징을 보였다. 또한 이들은 현재에 만족하지 않고 끊임없이 새로운 시도를 하여 성장을 위한 발판을 확대해 나갔다. 창업가는 기본적으로 자신이 무엇을 잘 하는지를 알고 있어야 하고, 자신이 잘하는 일을 기반으로 항상 당당하게 일할 수 있어야 지속적인 성장을 할 수 있다는 관점을 가지고 있었다.

---

① 지금도 제가 강의를 하는 일을 하지만 트리즈 강의가 너무 재밌고 한 게 뭐냐면 듣는 사람들이 도움을 받는다는 것을 제가 느껴요. 그러니까 언제나 자신 있게 얘기하죠. 강의 들어라. 나한테 돈 준다는 개념으로 듣지 말고 당신들이 무엇인가를 가지고 간다는 개념으로 들어라 이거죠(사례6).

② 항상 자신감 있게 제가 하는 걸 즐기고 너무 재밌어 하잖아요. 그럼 거기 있는 사람들이 전화가 와서 해달라고 하지 제가 가서 부탁하는 쪽이 없어요 저는...(사례2).

③ 미용재료는 김해에서 하고, 미용실은 울산에서 하고. 미용실을 하면서 김해대학교 피부미용과를 다니면서 수료장을 받고, 미용실을 할 수 있는 입장이 된거죠. 미용실을 두 세 개씩 하기위해서 준비를 한거죠(사례10).

④ 지나고 보니까 내 적성에 맞는 게 보스인 거 같아. 대장이 되고 싶은 거. 내 위에 누가 없다는 게 제일 좋은 거고. 밑에 직원들을 보면 책임감도 느낄 수 있고. 리드를 해서 다 잘 먹고살게 해야 한다는 목표감도 생기고, 뿌듯함, 만족감도 생기고(사례4).

이 유형의 조사 대상자들은 현실적인 문제에 정면으로 주도적으로 맞대응하는 특성이 있었다. 일반적인 창업실패 기업가들처럼 방황 하고 가족 간 갈등을 경험하게 되는데, 짧게 끝내고 빨리 제자리를 찾는 특징을 지니고 있다. 그러면서 주위의 시선을 의식 하는 것 보다 더 내실 있게 기업을 경영하는 능력을 연단하게 된다. 또한, 조직 구조의 역할관계를 원활하게 하는 능력을 배양하였고 안정된 동업을 유지 성장시키고 있었다. 재창업을 할 때 고려한 영업 전략으로는 소비자 지향 전략을 사용하였다. 특히, 내부 고객인 직원들과 상생할 수 있는 전략을 적극적으로 사용하여 성장을 추구한 유형이다.

---

① 저는 회피를 안 해요. 빚이 생기고 하면 제일 멍청한 것이 전화 안 받는 거예요. 일반적인 사람들이 빚쟁이가 전화오고 하면 전화를 안 받으려 해요. 불편하니까. 그러면 빚쟁이들이 열이 받고, 소송으로 가게 되고 하거든요. 저는 아니에요. 전화 다 받고 만납시다 하고. 그리고 통장 보여주면서 나 지금 마이너스다 하고. 내가 돈 벌 일을 구할 때 까지 기다려줘 하고. 그래서 저를 한 번 믿고 투자한 사람들은 저를 또 믿고 투자해주거든요. 만약에 제가 사기 쪽으로 가면 사기꾼도 잘 맞을 거예요. 그런것 같아요 제가 제일 잘했던 건 힘들어도 회피 안했던 것. 항상 정면으로. 물론 욕먹을 때도 있죠(사례2).

② 나를 믿고 리드되어 온다면 저 사람을 더 잘되게 할 자신감이 있는 거거든. 매니지먼트처럼. 더 업그레이드를 시킬 수 있는데 안타까운 사람들을 보면 업그레이드 시킬 수 있거든. 그게 사장이면 따라오고 하는데, 그냥 미용사와 재료상과의 관계에서는 믿지도 잘 못해서 리드가 잘 안 돼. 그래서 인제 나는 내 직원들한테 내가 월급 150받는 애를 데리고 와서 300~400 받게 해줄게. 하는데. 그냥 주는 것은 아니고 걔가 그렇게 잘하는 직원이 되게(사례10).

창업실패 과정에 대한 혁신적인 대처는 개인의 성장, 가족의 성장

그리고 일의 성장을 가져왔다. 흔히 실패과정인 경제적 무능력자로서의 사회적 낙인, 슬픔, 회피, 불안 등을 극복하면서 삶을 돌아보고 알아가는 행복을 맛보았고, 좋아하는 일을 더 재밌게 만들고 싶다는 목표를 더욱 강화하게 된다. 특히 유형1은 창업가로서의 자기 정체감을 정립하는데 많은 도움을 주었다.

약간의 회피죠. 근데 그 회피 시간이 길면 길수록 힘들어 지는 거 같아요. 그리고 또 여행을 하고 하면서 다시 돌아보게 되고. 기본적으로 이렇게 살면 내 주변에 날 사랑하는 사람들이 실망 하겠다 이런 게 있어요. 그런 생각이 들었을 때 저를 가장 빨리 원위치 시켜줬던 거 같아요. 가족, 와이프, 그리고 또 뭐있죠? 주변 친구들? (사례13).

주도적인 현실 맞대응과 소비자 지향성이 높은 유형 1은 혁신적인 접근을 통한 성장을 계속 추구하고 있다. 유형1을 위한 제언은 다음과 같다. 유형1의 대상자는 창업실패를 2회 이상 경험한 창업가이다. 실패에 대한 책임이 본인에게 있다고 인정하지만 어떤 부분에 문제가 있는지 정교한 분석이 이루어 지지 않는다. 오랜 기간의 숙련된 직관에 의지해서 선택이 이루어지므로 실패가 반복 되었던 것이다. 실패경험을 더 활용해서 재 실패를 경험하지 않도록 정교하게 실패를 분석하는 능력을 배양하는 것과 창업기술 지원센터 등의 전문적 기술을 지원받는 것도 좋은 대안이 될 수 있을 것이다.

2) 적극적 안정지향 생존 추구형(유형2)

성공과 안정에 대한 조급함을 가지고 창업을 하였으며, 창업실패를 경험하는 과정에서 반 주도적으로 현실적인 문제에 대응하고 수용적/반 주도적인 실패에 대한 대처와 소비자 지향성을 함께 가지고 있는 적극적 안정지향 생존 추구형은 3명이였으며 40대 후반 2명과 50대 초반 1명으로 구성되었다. 이들의 주제어는 '모노레일 위에서 끊임없이 페달을 밟아야 하는 자전거 타기'이다. 이들의 특징은 안정적인 일상을 되찾기 위한 조급함에서 창업을 시작하였다. 중장년층의 특성을 많이 가지고 있는데 주요 공통점은 직장생활 경험을 모두 가지고 있고, 안정된 일상을 위해 주로 생계형 창업이 이루어졌다. 창업실패과정에서 사업파트너의 배신과 개인적으로 비체계적 위험에 노출되면서 고정비용을 감당하기 힘들어지고 이러한 과정을 통해 사업실패를 경험하는 유형이다. 실패 과정을 극복하면서 지속되는 위험에 처하게 되고 현실적으로 맞이하는 문제에 대하여 최선을 다해 해결하면서 한고비 한고비를 넘고 있는 실정이었다. 창업이 실패하면서 경제적으로 현실적인 문제에 접하게 되었을 때 반 주도적 성향을 가지고 있었다. 현실회피, 도피성향은 아니지만 문제에 직면하게 되었을 때 자신이 최대한 책임질 수 있는 부분은 책임을 지고 개인의 힘으로 책임 질수 있는 범위를 넘는 부분은 법의 힘을 빌려 책임을 다한 재 창업가들이다.

---

① 어렵지.... 내야 뭐 ...결제해줄 걸 빼서 뭐 돌려막기 형태지. 자체 수입이 생겨서 그런 건 아니지. 그렇다고 또 인건비를 안줄 수는 없으니까. 지금은 인제 그니까 내가 많을 땐 다섯명까지 썼는데 인건비 거의 천만원이 들어. 천만원 넘지, 한 천오백만원 들어갔던거야. 300만원씩만 줘도. 어 그러니까 줄인 거지. 줄여가지고 집사람이 경리를 맡고, 이사 한 사람 있고 내하고 세 명만. 고정비가 천 오백만원 그거에다가 전화비 그 다음에 식대비 뭐 다하면 이천만원 넘어버리는 거야. 월 2천만원 이란 걸.. 거기다가 또 이자, 임대료 이렇게 하면은 한 2500씩 나가면 유지가 안 되는 거지. 그러니까 결국 고정비를 줄이는 수 밖에 없으니까 매출이 적더라도. 그러니까 이제 그렇게 조정한 거지. 부도, 악성채권 이런 걸 대출로 막아야 하는거야(사례4).

② 하하하 몸으로 때웠지. 쉽게 보면 책임에 대한 문제가 있으니까 이걸 어떻게 해결할 것인가 고민 보다는 이걸 어떻게 정리할 것인가 라고 고민을 하거든. 좀 큰 문제가 생기면. 쉽게 말하면 부채를 해결하거나, 부채라는 게 연속성이 있어서 내가 부도가 나면 그걸 받은 사람도 똑같이.. 그게 연속이니까 그걸 해결하는데 주안점을 두지(사례11, 사례8).

③ 부도가 났어. 그럼 그걸 그 사람들하고 합의를 하거나 얘기를 해야 해. 돈만 많으면 해결할 문제긴 해도 100프로는 해결을 못하거든. 그럼 그걸 해결하는 방법이 내가 가진 역량 중에 하나가 돈으로는 해결 못해도 다른 일을 통해서 해결을 할 수 있거든. 부도가 나도 일은 계속 할 수 있는 상황을 만드는 거지. 부도나고 도망도 갔어요 어떨 땐. 부도 나가지고 해결을 못해서. 그리고 또 한 세 번째 크게 났을 때는 감옥도 갔다 오고 (사례10).

④ 고비가 딱 생겼다. 그럼 떠오르는 생각? 최소화해야 하는 거부터 생각했죠. 생존의 문제니까 힘들어도 하고, 복잡하지 뭐. 내가 쓰러지면 안된다 부터 해서 논리적인거하고(사례14).

고객과 최일선에서 부딪히는 업종이 아니라 직접적으로 고객을 배려하는 전략은 아니지만, 중간 개입자를 통해 충분히 고객(소비자)의 욕구를 인지하고 있었다. 다시 찾는 고객에 대한 세부전략으로 중간 개입자를 지속적으로 만남으로서 영업력을 강화하고 있었다. 이를 통해 잠시라도 쉬면 넘어질 수 있다는 조바심과 공포감을 함께 가지고 있었으며, 하루, 한 달, 일 년 이렇게 세월과 함께 넘어가면서 생존한다는 개념을 강하게 가지고 있었다.

부지런해야한다. 뭐 그거 말고는 없었기 때문에 어렸을 때부터 아버지한테도 여러 번 들었었고, 부지런한게 내 사업하고 연결시키면 결국은 영업이니까 사람만나고. 좋다하든 싫다하든 만났으니까. 거기에 특별

한 기술이나 기교를 배우기 위해서 노력했다는 것은 일단은 몸보다 마음으로 먼저 갔던거 같고....(사례11)

유형2도 소비자 지향성이 반 주도적인데, 유형1과 같이 내부 고객을 많이 배려하고 있었다. 결국 사람이 남아야 이익이 남는 것 이라는 의식을 공유하고 있었다. 한 사례는 직원들에게 지분을 고루 나누어 주어 누구나 열심히 일하고 이익을 똑 같이 나눠가지자는 의식을 실제 실현하고 있었다. 살아도 함께 죽어도 함께....

그런 책임. 자연스럽게 역할 분담이 되어있고, 우리는 물려줄 회사 그게 아니고 사람을 키우고 일을 키우는 것이 목적이다. 라고 직원들한테도 이야기하고, 또 이익금이 커지는 시너지효과 이런 걸 똑같이 나누기로 했고. 대충 이렇게 사업을 정리를 했어 (사례11).

주도적인 현실 맞대응과 소비자 지향성이 반 주도적인 특성을 보이는 유형 2는 적극적 안정 지향적으로 생존을 추구하고 있다. 유형2을 위한 제언은 다음과 같다. 유형2의 대상자는 직장 경험이 있어서 안정된 일상을 위해 급하게 생계형 창업을 한 경우가 많다. 생계형 창업의 경우 선행연구에서 창업실패를 높이는 주요 요인으로 밝혀진 것처럼 실패에 대한 정교한 대처와 유형1의 대상자처럼 좋아하고 잘하는 일을 시도할 수 있는 혁신적 변화가 필요하다. 이러한 변화를 실행할 수 있는 기업가 정신을 보다 더 제고시킬 필요가 있다.

3) 정교한 성공지향 성장 추구형(유형3)

실패에 대한 정교한 대처방법으로 여러 가지 시의 적절한 전략을 사용 또는 계획 중에 있으며 이 유형의 조사 대상자는 고객과 직접 최일선에서 만나는 업종을 하고 있어서 매우 주도적인 소비자 지향을 추구하는 정교한 성공지향 성장 추구형은 3명이었으며, 30대 중반과 50대 초반 2명으로 구성되었다. 이들은 오랜기간 창업을 유지하면서 여러 번 큰 고비를 넘겨본 경험을 가지고 있거나 부모가 반복된 실패 경험을 가지고 있어서 성공에 대한 조바심을 강하게 가지고 있었다. 여러 고비를 넘기거나 실패로 인한 도산으로 부채가 늘어난 경우 생활비와 부채에 대한 이자와 이익을 동시에 감당해야 하니 더 많은 수입이 현실적으로 필요하였다. 그래서 빨리 성장 할 수 있고, 빨리 수익을 내는 것에 많은 가치를 두었다.

---

① 직원들 돈 주고. 우리나라가 지금 세금이 워낙 세잖아요? 월 200에서 300정도가 세금이에요. 그런 어떤 세금이 나가다보니까 먹을 게 없잖아 정말(사례5).

② 지금과 같은 구조로는 그냥 먹고 살아요.....지금 조금 수익을 덜 가져가지만 전문 직원을 채용하고 해서 저의 회사를 어느 정도....년 매출 100~150억 정도 만들어 놔야지.....
그냥 먹고 살거면.....이렇게 ...힘들게 사업안해요.....(사례9).

현실적으로 당면한 문제에 대해서는 적극적으로 문제를 해결하여 문제를 해결하는 과정에서 더 많은 인적, 물적 자원을 획득하기도 한다. 이들의 가장 큰 특징은 실패에 대한 철저하고 정교한 대처가 이루어진다는 것이다. 실패원인을 철저히 분석하고, 현재 자신들이 가지고 있는 자원을 정확하게 분석하여 자신들의 역량으로 할 수 있는 정교한 전략을 바탕으로 창업을 유지, 확장 하고 있었다. 그리고 적절한 안전장치를 강구하는 것으로 나타났다.

① 나중에... 11～12년 전에 이 업종을 시작하면서 차용증으로 써드렸어요. 부모님을 생각하는 마음에서 제가 갚겠다고 써드렸어요. 갚은 것도 많고. 갚고 있는 것도 있고. 돈을 잘 갚으니깐 다시 돈 필요하냐고 오히려 물어 오셨고, 참....(사례1).

② 지금은 어떤 안전장치가 필요한거죠. 거래처가 튼튼한지, 일거리가 얼마나 되는지, 연매출이 얼마나 되는지, 그런 기본적인 실태를 파악하면 어느 정도까지 밀어줄 수 있겠다 하는 그런 아이템이나 그런게 나오는 거죠. 그리고 그 회사가 부실하다 이렇게 판단이 나왔는데 또 인맥은 있고 해서 그런 회사도 있긴 하고. 내가 넘어졌을 때 외상을 해준 사람들인데 내가 또 모른 척 할 수는 없고. 안전장치는 없지만 마지막으로 그 사람의 품성이나 이런 걸로 사전에 조회를 해 놓지. 안 되었때 압류라도 할 수는 있는지(사례3).

보석업을 하는 사례자는 잘 만들고 영업을 잘 해서는 어느 정도 한계를 가진다는 것을 경험했다. 브랜드화 하지 않고서는 변화무상한 이 시장에서 살아남기 힘들고 기업은 성장하기 힘들것 이라는 확고한 신념을 가지고 있었다. 업체를 브랜드화 할수 있는 특수 영역의 직원들도 이미 채용을 하였고, 지속적인 재투자를 통해 영업확장과 브랜드화 공정 프로세스화, 그리고 소비트렌드까지 전문적으로 연구하고 준비하고 있었다.

첫 번째는 매뉴얼화, 프로세스화가 되어야 한다는 거. 그 전에는 그걸 안해서 실패했다 그런 걸 느낀건 아니구요. 그냥 제가 하고 있는 이 업에 대해서 말씀을 드리면 공예품일 뿐입니다. 근데 중요한 건 이걸 브랜드화 시키느냐 못시키느냐 그 차이인거죠. 시장에서 파를 사실 때 천 원짜리 파가 있고, 콩나물 천 원 어치가 있는데 어떤 곳은 이만큼이고 다른 곳은 이만큼이면 많이 주는 곳 가잖아요. 콩나물을 살 때 같은 조건에 같은 국내산이라는 전제조건을 깔면, 무조건 싼 곳을 가요(사례1).

특히, 소비자 지향적인 마인드를 강하게 인지하고 있었는데, 고객이 곧 자신들의 생존과 성장을 책임져줄 존재라고 확신하고 있었다. 특히 타이어업을 하는 사례자는 고객의 입안의 혀처럼 고객이 원하는 대로 해 주어야 고객이 자신과 이 사업장을 믿고 고객의 자산을 맡긴다는 것이고, 창업에 실패해서 허우적거릴 때 가장 먼저 손을 내밀어 자신에게 투자해 준 존재도 단골 고객이었다는 것이다. 창업을 유지한다는 데에 대한 의미부여 보다는 유지되기 위해서는 성장해야 한다는 분명한 목표의식을 가지고 있었다.

---

① 재산 같은 인맥이지....(사례6).

② 여러 가지 생각이 많았지. 나를 도와준 고객, 가족들 때문 안 죽고 살았지. 약 10년 동안 뿌려놓은 씨앗들이 있다라고 드는 생각에 다시 일어날 수 있다고 생각을 했고....(사례1).

③ 젊으니까 영업을 막~ 젊으니까... 회사 댕기는데 카센터 가가지고 머리 숙이는 거예요. 명함 한 개 주면서 좀 사용해 달라. 도와주세요. 필요하면 연락주세요. 이 그런 생활을 한 두 세달 했어요. 한 두 세달 하니까 그게 효과가 있더라고. 젊은 놈이 와서 맨날 굽실대니까 이왕이면 써주지 (사례3).

---

4) 정교한 낙관지향 성장 추구형

짧은 준비기간과 하고 싶은 일을 한번 해보자는 자기 주관적인 판단에 의해 창업을 하게 된 정교한 낙관지향 성장 추구형은 2명이였으며, 모두 40대 중반이었다. 이들은 창업을 하기만 하면 어느 정도 수입을 기대 할 수 있고, 무조건 열심히 하면 잘 될 수 있다는 것과 월급쟁이 보다는 낫겠지 라는 안일한 낙관을 가지고 창업을 시작하였다. 공무원

이자 은행원인 든든한 아내가 있었으므로 다른 유형들보다 쉽게 자금을 융통할 수 있었고, 실패를 경험하는 과정에서도 다른 창업실패자들보다 조금 더 여유 있게 재기를 준비할 수 있었다.

---

① 아내가 은행원이여서 .....망했을 때도 자식들 걱정은 덜해도 되겠지 라고 솔직히 안도 했었고, 다시 재기할 때 자금적인 고비도 아내로 인해 잘 넘길 수 있었지...(사례8).

② 평생 월급쟁이로 열심히 일하는 부모님을 뵈었는데...생활이 별로 나아지질 않아서..나는 빨리 성공해서 부모님 편안하게 해 드려야지... 그렇게 다짐했고, 창업 전에 이모부한테 일을 배울 때 잘 했기 때문에 잘 될 줄 알았지....(사례9).

③ 공무원인 아내가 큰 힘이 되어 줬죠...지금도 급할 때 아내한테 한마디 해요....물론 잘 안하지만....(사례14)

④ 제가 수입이 없어도 아내가 있어서.....실은 다른 사람들보다 아이들 걱정도 덜 하고 훨씬 마음 편하게 살죠. 돈을 쓸 줄 모르는 것 같애서...평소엔 답답하다가고 위기때가 되면 어디서 났는지...딱 구해주죠(사례7).

⑤ 이꼴 저꼴 다 봤죠....아내가...
귀한집 딸래미가 책장사까지 하러 다녔으니깐......아직도 장모님은 저 보면 막 뭐라 그러죠
손에 물 한방울 안 묻히고 키운 딸인데.....데리고가서 온갖 일 다 시켜먹는다고.....
장모님이 때로는 스트레스 이기도 했는데, 많이 미안하죠......(사례11).

창업실패 과정에서 자신들이 반드시 실패할 수밖에 없었음을 정확한 요인을 들어 명확하게 시인하였다. 재창업을 할 때 최초 창업이 가지는 실패원인을 정교하게 분석하였고, 이용할 수 있는 창업지원

교육과 정부의 다양한 지원을 적절히 조화시켜서 재창업에 실패하지 않을 수 있는 시스템을 구축함으로써 지속적인 성장을 추구하였다. 특히, 창업실패를 대처하는 과정에서 매우 적극적으로 현실적인 문제에 대처 하였으며, 적극적인 대처를 통해 오히려 신뢰를 더 많이 구축하여 성장을 추구하는 특성을 가지고 있다.

---

① 빚잔치하고 ....다 털어 먹고 나서 2억인가 빚이 더 있었어....어음 받은걸 엄마한테 할인을 한거지...엄마 지인들 돈인데 갚을 수 가 없었지....그래서 모아가 다 갖다 줄꺼니깐 조금만 기다려달라고 했고, 최근 얼마전까지 해서 다 갚았지. 세금도 다 내고......약속을 지키니깐 지금 좀 자금 달리고 하면 잘 융통할 수 있지.....고맙지(사례11).

② 29살 때 자본금 10억 들고 중장비 사업 시작하는데...다들 내보고 1년 이내 망한다 했거든...근데 1년 만에 망했지. 남의 사업체가 가서 일 배우는 것 하고 내 사업하는 것 하고 하늘과 땅 차이더라고....(사례9).

---

5) 수동적 낙관지향 생존 추구형

수동적 낙관지향 생존 추구형은 주위에서 창업을 하는 걸 보고 자신들도 성공할 수 있을 것 같았고, 초기에는 안정적인 프랜차이즈 매장으로 시작하였으며, 매우 성공적인 성과를 이루었다. 40대, 50대 각1명씩 두 명이 이 유형에 속한다. 이들은 형제이다. 형이 회사를 그만두고 플랜차이즈 매장을 시작하였는데, 매우 성과가 좋았다. 옆에서 지켜보던 동생이 직장을 그만두고 함께 사업을 확장하였다. 사업을 확장하면서 대구 경북지역의 총판을 하면서 무리한 투자를 한 것이 화근이였다.

월급쟁이 하다 가게를 했는데, 수익이 괜찮은 거예요.....
저를 보고 동생이 다른 매장을 본사와 계약하고 같이 사업을 하다, 대구 경북지역 총판을 해 보는 게 어떻겠냐고 해서 무리하게 투자를 해서 사업을 확장했죠......
무리한건 항상 문제를 일으킵니다(사례14).

IMF를 겪으면서 일시적인 자금난을 극복할 수 없어서 창업 실패 경험을 하게 되었는데, 실패에 대한 책임을 법적으로 치른 유형이다. 이들은 현실적인 문제 발생에 대해서도 수용적인 대응을 하였고, 실패에 대한 정교한 대처 또한 수용적으로 수동적으로 이루어 졌으며, 소비자 지향도 수용적으로 이루어 졌다. 판매 매커니즘도 재대로 파악하지 못하였고, 실패에 대한 정교한 분석 후 적절한 대처를 강구하지 못하여, 실패를 반복한 측면도 있었다. 또한 수용적인 소비자 지향성향을 지니고 있다. 살아남는 자가 강한자라는 강한 신념을 가지고 있었다. 앞뒤 살필 겨를 없이 닥친 일만 처리하면서 계속 고비를 넘기며 시장에서 생존을 추구하는 유형이다.

① 앞 뒤 재 볼 여력이 없어요....숨고르기지 뭐...한 숨 돌리고 나면 또 한숨...
그래도 아내가 선생님이라 애들 걱정은 덜 해도 되니깐 그건 다행이지요...(사례14).

② 일단 시장이 흘러가듯이.....그냥 살아가는 거지요. 살다보면 수익이 늘어 날 때 도 안 있겠습니까? 그렇다고 지금 다시 취업을 할 수 있는 것도 아니고...방법이 없지요(사례15).

3. 창업연구의 미래

본 연구는 현재 운영하는 기업체가 안정기에 접어든 재창업자를 대상으로 창업실패 과정과 대처 과정에 대하여 분석하였다. 지금부터 본 연구의 제한점과 연구결과를 토대로 재창업가들의 창업실패를 극복하고 창업에 성공하기 위한 정책적·실천적 제언, 후속연구를 위한 제언을 하고자 한다.

1) 연구의 제한점

본 연구는 연구자가 의도하지 않았지만, 대상자가 모두 남성 창업가이다. 그래서 창업실패 과정과 대처 과정에서 범주화된 인과적 조건, 맥락 조건, 중심현상과 행동/상호작용전략 등 개념과 범주가 남성 창업가에게 집중되어 있음을 알 수 있다. 창업실패 과정과 대처 과정에 대한 패러다임 모형과 유형분석의 결과를 남성 창업자 관점으로 바라볼 수밖에 없는 실정이다.

다음으로 본 연구 대상자 14명 중 12명은 배우자가 사회적으로 안정된 직장을 가지고 있었다. 창업가에게 창업자금, 생활자금이라는 것이 상당한 부담으로 작용할 수 있는데, 본 연구의 대상자는 대부분 생활자금과 창업자금을 쉽게 지원받을 수 있는 상황이었다. 가정 내에 든든한 경제적 지원자의 존재 여부가 창업실패 과정과 대처 과정에 영향을 미칠 수 있을 것이다.

2) 정책적·실천적 제언

첫째, 재창업은 최초 창업과 다른 특징을 가진다. 본 연구를 통해 재창업가가 창업실패에 대한 대처를 통해 재창업에 성공한 유형과 특성을 분석 하였다. 즉, 재창업가의 특성을 고려한 차별적 정책을 실시하여 정책의 실효성을 재고시킬 필요가 있다. 재창업가를 대상으로 하는 창업지원프로그램은 2013년 중소기업청에서 발표한 300여개의 프로그램 중 재창업가를 대상으로 하는 프로그램은 재창업가에게 지원금을 지원하는 정책으로 한가지 밖에 없었다. 근거이론분석을 통해서 도출된 창업실패 과정과 대처 과정의 패러다임 모형과 유형의 분석을 통해 유형별 취약점이 진단되었다. 예를 들어 유형1은 혁신적 성장추구형으로 현실과 정면 맞대응과 소비자 지향 전략이 주도적으로 이루어지는데, 실패에 대한 정교한 대처를 정교하게 이루어 지지 못하여 수용적 대처에 그친다. 유형별 취약점에 대한 처방정책이 정교하게 이루어진다면, 재창업가의 반복된 창업실패를 줄일 수 있을 것이다.

둘째, 재창업가를 위한 창업교육의 내용은 현실과 정면 맞대응, 실패에 대한 정교한 대처, 소비자 지향을 향상 시킬 수 있는 것이어야 하며, 재창업가들이 경험하고 있는 구체적인 내용을 포함해야 한다. 그리고 재창업가들의 창업 능력을 향상시킬 수 있는 창업에 대한 기본개념을 다룰 필요가 있다.

이를 위해서는 창업을 실전처럼 경험해 볼 수 있는 정교한 교육프로그램의 개발과 함께 재창업가들이 적극적으로 참여하고 수용할 수 있게 프로그램이 개발되어야 할 것이다. 재창업가를 대상으로 창업교육프로그램을 구성할 때 본 연구에서 도출된 개념과 하위 범주들이 재창업가를 위한 창업교육 프로그램의 중요한 구성요소로 활용할 수 있을 것이며, 재창업, 대처, 재창업 성공이라는 확장된 패러다임을 도출할 수 있는 기본 자료로 활용할 수 있을 것이다.

셋째, 재창업가들은 기본적으로 창업에 대한 의지가 강한 사람들이다. 창업실패자들이 경험하는 사회/경제적 존재감 상실, 희망이 없는 일상을 보다 빠르게 극복하는 경향을 보였다. 창업지원정책의 실효성이 떨어지는 이유는 대상을 선별하지 않기 때문이다. 대상의 성향과 의지, 경험, 환경 등을 차등적으로 선별 고려해서 창업실패가 창업성공을 위한 귀한 자산으로서의 역할을 할 수 있는 창업 지원과 투자 프로그램의 마련이 시급하다.

넷째, 본 연구의 조사대상자들은 30대 1명을 제외하고 40대, 50대 중장년층이다. 사업장이 어려움에 처했을 때 창업지원프로그램을 이용해본 경험의 유무를 확인 했을 때 확연한 차이가 있었다. 30대인 사례자와 40대 중반인 2명의 사례자는 체계적인 창업지원 프로그램의 혜택을 많이 보았고, 현재도 지원을 받고 있는 것으로 나타났으며, 금전적 지원뿐 아니라 기술적 지원과 홍보, 판로 등 다양한 지원을 받고 있는 것으로 나타났다. 하지만 나머지 사례자는 지원프로그램에 자신이 해당이 안되는 것으로 인지하고 있거나, 어차피 지원받을 수 없는데 시도를 할 필요가 없다고 단정적으로 인지하고 있었다. 그래서 제대로 알아보지 않는 사례자가 대부분이었다.

창업지원 정책의 홍보 부족이라고 보기는 어려우나 대상 조건이 획일적이거나, 절차가 까다롭거나, 대상이 된다고 해도 관계기관에서 요구하는 서식이 복잡하고 까다로워 실질적인 지원을 받는 것이 불가능하다는 인식이 팽배하다. 창업지원관련기관이 여러 군데로 분산되어 있어서 지원 절차와 서식 등의 구조를 통일하는 등 구조를 단순화하기 위한 구체적인 대안의 마련이 시급하다.

3) 후속 연구를 위한 제언

첫째, 본 연구를 통해 도출된 재창업가의 창업실패 과정과 대처 과정의 유형은 근거이론이라는 질적 연구 방법으로 분석되었지만, 실패와 대처 유형을 정량적 연구로 확대하여 더욱 일반화된 이론체계로 검증 가능할 것이다. 본 연구에서 도출된 개념과 범주는 창업실패와 대처과정을 유형화하는 중요한 요인으로 작용할 수 있을 것이다. 더욱 일반화된 양적 연구방법으로 검증이 된다면 재창업가를 위한 보다 합리적이고 실효성 있는 창업지원정책을 도출할 수 있는 중요한 자료로 사용될 수 있다.

둘째, 본 연구는 현장에서 자료를 수집하여 창업현장에서 더욱 실효성 있는 창업지원 정책을 마련할 수 있다. 따라서 상대적으로 소수이고 소외된 장애인 창업자, 여성 창업자, 탈북 창업자 등을 대상으로 근거 이론적 분석이 시도된다면 각 대상의 창업현장에 대하여 가장 적절한 진단과 처방으로 이어질 수 있는 장점이 있어서 소수의 소외된 대상이 창업에 성공하기 위하여 요구되는 행위 및 사회 구조적 조건 모색에 이바지할 수 있을 것이다.

참고문헌

강영욱 (2012). 소상공인 예비창업자의 창업실행의지에 관한 연구: 창업지원제도와 자기효능감의 조절효과를 중심으로. 호서대학교 벤처전문대학원 박사학위논문.

강영욱, 하규수 (2012). 소상공인 창업자 특성과 창업 준비 과정이 창업성과에 미치는 영향에 관한 연구 : 자기 효능감 매개 효과를 중심으로. 디지털 정책연구, 10(9), 239-251.

강재학, 하규수 (2015). 대학생의 셀프리더십이 창업기회인식과 창업의지에 미치는 영향에 관한 연구 : 기업가정신의 매개 효과를 중심으로. 벤처창업연구, 10(4), 1-12.

고인곤 (2012). 우리나라 대학생들의 창업 및 사업계획에 관한 연구. 벤처창업연구, 7(2), 1-8.

공수자, 이은희 (2006). 여자대학생들의 생활스트레스와 우울간의 관계에서 대처방식의 매개효과. 한국심리학회지: 여성, 11(1), 21-40.

공재형, 성행남 (2014). 해외직구 소셜미디어 채널에서 웹메이븐의 지식공유동기와 정보확산에 관한 연구. 인터넷전자상거래연구, 14(6), 257-274.

곽원일, 노정구, 박남규 (2006). 항만용역업 경영합리화방안에 대한 연구: 부산항 화물 고정업을 중심으로. 경영교육연구, 10(1), 171- 195.

관계부서 합동 보도자료. 2013. 6. 13

권영국, 윤혜현 (2013). 관련공학의 창업동기가 창업의에 미치는 영향에 관한 연구. 한국리학회지, 19(4), 193-210.

권중돈, 김유진, 엄태영 (2011). 노년기 자살행동 경험의 의미와 과정에 관한 근거이론연구. 노인복지연구, 52(1), 419-446.

권혜진, 노은선 (2000). 노년기 여성의 분노현상: 근거이론적 접근. 정신간호학회지, 9(2), 220-230.

기영화 (2013). 지방정부 노인일자리 사업의 사회적 자본 효과 분석. 사회복지연구, 43(4), 195-230.
기영화, 김승현, 김남숙 (2013a). 성미산 지역공동체커뮤니티 웰빙의 패러다임 모형분석; Strauss 와 Corvin의 근거이론. 행정학보, 47(1), 295-320.
기영화, 신영재, 금남숙 (2013b). 부산광역시 주민자치센터 이해관계자의 역할과 상호작용의 탐색: 근거이론연구. 지방정부연구, 16(4), 207-229.
기현희 (1995). 중소기업의 부실 예측모형에 관한 실증연구. 제주경영학회지, 11(4), 69-99.
김경미, 김정혁 (2011). 감사 경험에 관한 질적 연구. 한국 심리학회지: 상담 및 심리치료, 23(3), 739-759.
김경환 (2009). 1인창조기업의 성장 방안. 한국 플랜차이즈 경영학회 2009년 추계 학술발표 논문집, 3-191.
김기남 (2003). 소상공인의 개인 및 창업과정 특성과 창업초기 성과와의 관계. 영남대학교 석사학위 논문.
김기옥, 김난도, 이승신, 황혜선 (2015). 초연결사회의 소비자정보론. 시그마프레스.
김기옥, 황혜선 (2009). 현대사회의 소비자역할 확장에 따른 소비자운동의 인식: 소비자역할과 소비자운동의 척도개발을 중심으로. 소비자학연구, 20(4), 153-186.
김동일, 정소라, 고혜정, 김주선 (2013). 장애대학생들의 대학생활적응과정에 관한 질적연구: 근거이론을 바탕으로. 지체부자유유아교육, 56(1), 241-262.
김미종 (2001). 초산모의 양육경험에 대한 근거이론적 접근. 부모자녀건강학회지, 5(1), 62-74.
김선순 (2014). 청소년 기업가정신 함양 및 창업역량 강화방안: 초등학교. 한국청소년정책연구원.
김선우, 이유리 (2013). 아름다움이란 무엇인가: 대한민국 30대 여성의 美의식에 대한 근거이론적접근. 소비자학연구, 23(2), 351-382.
김성봉, 오옥선 (2012). 근거이론 패러다임 모형으로 다문화가정 어머니의 자녀양육경험 들여다보기. 한국심리학회지: 문화 및 사회문제, 18(2), 235-260.
김성순 (2009). 한국과 중국의 잠재적 창업가의 창업의지에 관한 연구. 호서대학교 벤처전문대학원, 박사학위 논문.

김성화, 복경수, 박재춘 (2015). 예비창업자의 자기결정성이 기업가정신과 창업의지에 미치는 영향: 창업교육의 조절효과를 중심으로. 벤처창업연구, 10(6), 215-223.

김성환, 이종훈 (2014). 공기업원의 자기, 창업동기, 창업의지의 구조관계 분석. 벤처창업연구 9(6), 91-99.

김소선 (2003). 근거이론 연구방법의 이론과 실제. 간호학 탐구, 12(1), 69-81.

김수안, 민경환 (2011). 탄력성 척도의 비교 및 탄력성과 정서적 특성과의 관계 탐색, 한국심리학회지: 사회 및 성격, 32(2), 223-243.

김영수, 김지연 (2013). 중소기업의 대기업과의 협력이 기업성과에 미치는 영향: 기업가정신과 시장지향성의 조절효과를 중심으로. 기업경영연구, 48(1), 169-190.

김영실, 임성문 (2011). 남성 중심적 직업을 희망하는 여자 대학생들의 직업결정과정: 근거이론적 접근. 한국심리학회지: 상담 및 심리치료, 23(3), 603-634.

김융희 (2007). 모유수유를 중심으로 어머니 되어가기의 심리적 과정: 근거이론 접근방법으로. 여성건강: 다학제적 접근, 8(1), 59-86.

김정연 (2008). 펫(Pet)창업자의 개인적 특성 및 창업과정 특성이 경영성과에 미치는 영향을 관한 실증연구: 동물병원을 중심으로. 호서대학교 벤처전문대학원 박사논문.

김정인 (2013). 사회적 기업 목표달성 모형에 관한 연구 : 근거이론을 바탕으로 한 모범적 사회적 기업가 분석을 중심으로. 한국행정논문, 25(1), 39-66.

김정포 (2009). 한국 중소벤처기업의 시장지향성과 해외진출성과간 관계에 있어 기업가정신의 조절효과에 관한 연구. 국제지역연구, 13(3), 481-500.

김종관 (1994). 흡수성차단막과 골이식재가 성견 치주질환 치조골재생에 미치는 영향. 대한치주과학회지, 24(1), 51-63.

김종관 (2009). 군 퇴직자 창업의 성공과 실패 요인에 관한 연구. 진주산업대학교 벤처창업대학원. 석사학위논문.

김진숙, 이근무, 이혁구 (2011). 도박자 배우자들의 회복경험에 대한 질적연구; 해석학적 근거이론 방법. 사회복지연구, 42(3), 85-119.

김진아, 박병기 (2013). 학습몰입과정의 이론개발과 확인; 근거이론과 구조방정식 모형의 순차적 혼합연구. 교육심리연구, 27(1), 241-262.
김춘화, 강병오, 윤형보 (2013). 점포창업자의 창업 전 창업교육 및 현장 체험이 점포의 운영성과에 미치는 영향에 관한 실증연구. 한국산학기술학회논문집, 14(3), 1135-1147.
김태남 (2012). 우리나라 대학생들의 창업에 대한 의식조사연구: 건설업을 중심으로. 벤처창업연구, 7(1), 257-262.
김태한, 정홍상 (2012). 소방공무원의 직무수행 형태에 대한 근거 이론적 분석. 정부학연구, 18(2), 211-240.
김현정, 박선주 (2014). ICT를 활용한 프로슈머 창업의 의미와 정책방향: 해외 주요국 정책 분석을 중심으로: 해외 주요국 정책 분석을 중심으로. 정보통신방송정책 26권 22호, 21-44.
김홍 (2012). 대학생의 창업요인과 창업의지와의 관계연구. 벤처창업연구, 7(1), 263-271.
김효정, 김봉환(2011). 청년 구직자들이 진로 결정과정에서 겪는 경험에 대한 근거 이론적 사례분석. 한국 심리학회지: 상담 및 심리치료, 23(3), 785-810.
나홍아, 변용철, 김대현(2007). 초등학생이 일제시험기간 동안에 겪는 경험의 실체; 근거이론 방법론적 접근. 초등교육연구, 20(2), 113-138.
남수정, 유현정(2006). 아나바다 사이트 참여자의 비윤리적 행동과 반응양식; 근거이론적 접근. Family and Environment Research, 44(12), 189-201.
남정민 (2015). 기업가정신과 창업교육 성과간의 연구 - 해커톤 교육을 중심으로 한 변혁적리더십 효과성 분석. 벤처창업연구, 10(1), 45-53.
노규성, 강현직 (2012), 청년창업지원정책 실태와 활성화 방안. 디지털정책연구, 10(9), 79-87.
도승미 (2005). 교실토론상황에서 학생의 감정, 인지, 행동의 상호작용; 근거이론 분석법을 통한 모델을 중심으로. 사회복지연구, 43(4), 195-230.
문수영, 황보윤(2011). 청년창업가의 창업기회원천 분석 및 기회 탐색에 관한 탐색적 연구: 서울시 청년창업 1000프로젝트 참가자를 중심으로. 벤처창업연구, 6(4), 39-53.
민경세, 안상철(2011). 창업여성CEO 특성이 경영성과에 미치는 영향연구, 벤처창업연구, 6(4), 1-22.
박기용 (2009). 외식산업의 기업가 정신이 성과에 미치는 영향. 한국조리학회지, 15(3), 153-165.

박대섭 (2004). 한국외식 창업자의 특성과 자질이 창업성공 및 권유에 미치는 영향. 경기대학교 서비스경영전문대학원 박사학위논문.

박명수 (2012). 정치와 종교: 한국과 미국; 이명박 정부시대의 정치와 종교: 불교와 기독교를 중심으로. 성결교회와 신학, 27(1), 42-76.

박상인 (2016). 삼성전자가 몰락해도 한국이 사는 길. 미래를 소유한 사람들.

박양우 (2003). 소상공인 성과 결정 요인에 관한 연구. 영남대학교 경영대학원 석사학위논문.

박재환 (2009). 창업대학원 교육프로그램 개선방안에 관한 연구. 대한경영학회지, 22(4), 1777-1801.

박재환, 안승권, 윤인철(2011). 가정환경, 경력지향성 및 창업교육이 창업의지에 미치는 영향. 산업경제연구 제24권 제4호, 2499-2520

박정기 (2001). 소상공인 창업의 성공요인에 관한 실증적 연구. 동의대학교 대학원 박사학위논문.

박정희 (2005). 산재 장애인 창업의 사업성과에 관한 연구. 중앙대학교 사회개발대학원 사회복지학과 석사학위논문.

박주희, 변미희 (2015). 카지노 종사원의 회복탄력성이 조직몰입에 미치는 영향에 있어 심리적 안정감의 매개효과에 대한 연구, Tourism Research 40(3), 141-167.

박중혁 (2004). 퇴직자 창업의 성공과 실패 요인에 관한 연구, 서강대학교 경영대학원 석사학위논문.

박춘엽 (1993). 한국의 대학에서의 중소기업 창업교육 현황연구: 강좌 내용을 중심으로. 중소기업연구, 15(2), 79-113.

반성식, 박재현, 서상구 (2009). 기업가정신과 창업보육센터 지원이 기업성과에 미치는 영향. 생산성논집, 23(2), 215-234.

반성식, 배근우, 장성희 (2013). 개인발명가의 특성과 환경적 특성이 창업동기 및 창업 의지에 미치는 영향에 관한 연구. 산업경제연구, 26(6), 2655-2677.

반성식, 서상구, 송경모, 조동환, 박종해, 차민석 (2012). 글로벌기업가정신연구 2011연구 보고서. 중소기업청. 한국글로벌 기업가 정신연구센터. 경남과학기술대학교.

배병윤, 이주헌 (2015). 대학생의 조절초점성향이 기업가정신 및 창업의도에 미치는 영향에 관한 연구. 벤처창업연구, 10(6), 215-223.

배익건 (2012). 개인발명가의 기업가정신과 창업의지에 관한 연구. 경남과학기술대학교 창업대학원 석사학위논문.

배정이 (2001). 정신질환자 가족의 경험 연구: 근거이론적 접근. 정신간호학회지, 10(1), 53-65.

배정이, 손경희 (2000). 정신과 간호사의 근무경험에 관한 연구: 근거이론적 접근. 정신간호학회지, 9(4), 441-453.

배종태, 차민석 (2002). 벤처기업 성장단계와 지식활동 간의 관계 분석. 기업가정신과 벤처연구, 5(3), 83-110.

백혜란, 이기춘 (2009). 프로슈머의 개념화와 성향측정도구 개발. 소비자학연구, 20(3), 135-162.

서근하, 윤성욱 (2002). 소상공인 창업성공 결정 요인과 성과 향상을 위한 탐색적 연구. 동아대학교 경영대학 경영연구, 15, 19-40.

서근하 (2001). 소상공인 특성과 창업성공요인 분석. 동아대학교 경영대학원 석사학위논문.

서근하 (2005). 창업가 정신과 마케팅 활동성이 소기업 경영성과에 미치는 영향: 조직특성과 시장 지향성이 매개 효과. 동아대학교 대학원 박사학위논문.

서리빈, 성종수, 윤현덕 (2012). 산업 클러스터 입주가 벤처기업의 기술혁신 활동과 성과에 미치는 영향: R&D 협력 네트워크와 기업가정신을 중심으로. 기업가정신과 벤처연구, 15(3), 43-68.

서울경제신문 (2013). 실리콘밸리 신화 만든 미국 패자부활제. 2013년 6월 30일.

서정희, 백재화 (2013). 창업소비자의 관점에서 본 창업 성공과정에 대한 근거이론적 분석. 한국생활과학회지, 22(4), 619-635.

손대일 (2006). 유비쿼터스 시대의 소비자트렌드. 전자정보센터.

손상희 (2013). 북한이탈 청소년의 소비생활 정착과정: 근거이론적 분석. 소비자학 연구, 24(1), 327-362.

송아영, 임혜진, 왕정희 (2011). 일반기장이론에 근거한 청소년의 학교 폭력 피해와 인터넷 중독에 관한 연구; 부모-자녀관계의 조절효과를 중심으로. 한국사회복지조사연구, 26(1), 57-83.

송재길 (2010). 창업기업의 기업가정신과 혁신성과와의 관계 연구: 사회자본의 매개효과를 중심으로. 호서대학교 벤처전문대학원 박사학위 논문.

신금순 (2008). 외식업 창업자의 특성과 서비스지향적 노력이 창업성공에 미치는 영향에 관한 연구. 호서대학교 박사학위논문.

신종철 (2012) 창업가의 특성이 창업성과에 미치는 영향: 창업가십과 스트레스의 기대효과 중앙대학교 창업학과 박사학위 논문.

신중경, 하규수 (2013). 창업실패 요인 분류 및 실패 패턴 분석. 디지털정책연구, 11(5), 257-265.

신혜성, 안윤영 (2015). 예비창업자들이 지각한 외식창업교육이 기업가정신 및 창업의지에 미치는 영향. 대한경영학회지, 28(2), 433-452.

안선영, 김희진, 김태경 (2011). 창업, 기업가정신 및 기업의 사회적 책임에 대한 청소년의 인식: 한국-핀란드의 비교연구. 한국청소년정책연구원.

양영석, 양수희, 황보윤(2012). 질 좋은 청년창업 창출을 위한 정부의 청년창업 육성정책 패러다임 이행 방안에 관한 연구. 벤처창업연구, 7(3), 167-179.

양재정, 남중헌 (2015). 창업동기와 창업교육 만족이 창업 준비행동, 자기효능감 그리고 외식 창업의도에 미치는 영향. 관광연구, 30(6), 47-66.

양준환 (2015). 창업교육이 대학생들의 창업동기에 미치는 영향: 기업가정신의 매개효과를 중심으로. 한국산학기술학회논문지, 16(4), 2564-2572.

양현봉, 조현상, 조덕희, 한창용, 박종복 (2013). 창업지원정책의 추진실태와 개선방안(다부처관련 정책 현황조사). 경제·인문사회연구회 미래사회 협동연구총서 13-08-01. 산업연구원 경제·인문사회연구회.

오연주 (2008). 한국중등 사회과 교사의 토론수업 인식 특성: 근거이론 접근. 시민교육연구, 40(3), 65-97.

오재우, 고복수, 강진규 (2015). 멘토링기능이 기업가정신에 미치는 영향에 관한 실증연구 -창업준비기간의 조절효과를 중심으로. 벤처창업연구, 10(1), 129-141.

유봉호 (2015). 성취욕구와 창업가정신이 창업의지에 미치는 영향: 창업동기의 매개역할을 중심으로. 벤처창업연구, 10(3), 51-60.

유봉호, 김수현 (2015). 청년창업자의 셀프리더십이 창업성공 가능성에 미치는 영향: 기업가정신의 매개역할을 중심으로. 대한경영학회지, 29(2), 433-452.

유승주, 김용섭 (2012). 중도척수장애인의 사회참여와 장애인 종합복지관의 역할에 관한 연구-근거이론을 중심으로. 지체중복건강장애연구, 55(4),

395-414.
유현정, 이재은 (2008). 근거이론적 접근을 통해 본 이재민의 반응분석. 소비자정책교육연구, 4(2), 97-118.
윤남수 (2012). 잠재적 창업자의 창업동기 요인이 기업가정신 및 창업의지에 미치는 영향. 산업경제연구, 25(2), 1537-1557.
윤남수 (2013). 사이버대학과 일반대학 학습자간의 창업동기, 기업가정신 및 창업의지 비교연구. 대한경영학회지, 26(3), 491-510.
윤대혁, 박민생 (2007). 경영자의 기업가정신의 결정요인에 관한 연구. 인적자원관리연구, 14(2), 99-121.
윤정인, 이정우, 박준기 (2011). 소기업 정보시스템의 성공적 도입에 영향을 미치는 요인들에 관한 실증 연구. 기업가정신과 벤처연구, 14(2), 1-18.
이가언 (2002). 시설노인의 적응과정에 대한 근거이론적 접근: 거부감 다스리기. Journal of korean academy of nursing, 32(5), 624-632.
이경순 (1987). 정신질환 가족의 경험에 관한 연구. 간호학회지, 27(4), 953-960.
이경순, 민영춘(2008). 만성질환자의 심리적 대처 과정: 근거이론적 접근. 정신간호학회지, 17(2), 151-160.
이금택 (2014). 청소년 기업가정신 함양 및 창업역량 강화방안: 고등학교. 한국청소년정책연구원.
이기춘 (1985). 소비자능력개발을 위한 소비자교육에 관한 연구: 청소년소비자를 중심으로. 서울대학교 박사학위논문.
이대호 (2013). 디지털 제조의 이해와 정책 방향. KISDI Premium Report 13-10, 정보통신정책 연구원.
이동섭, 최용득 (2011). 긍정심리학의 선행요인과 결과에 관한 연구. 경영학연구 39(1), 1-28.
이범국, 남정민, 김주섭 (2015). 해커톤 교육이 창업의지에 미치는 영향: 기업가정신, 창업동기, 팀문화의 조절효과 검증. 한국벤처창업학회, 10(6), 133-141.
이병권, 전인오 (2014). 창업동기요인이 예비창업자와 기창업자의 창업성과에 미치는 영향 : 기업가정신의 매개효과를 중심으로. 벤처창업연구, 9(6) 213-230.
이상민 (2009). 근로시간 단축이 중소기업의 성과에 미친 영향. 한국경영학회 통합학술발표논문집, 1-9.
이상석 (2006). 여성기업의 창업동기, 성공요인, 성과간의 관계에 관한 연구. 중소기업연구, 28(4), 45-64.
이석민, 원시연 (2012). 시장형 노인 일자리 사업에 대한 질적 평가, 발전적 평가 이론과 근거이론적 방법 접근. 한국행적학보, 46(4), 199-225.
이성진 (2006). 기업가특성이 벤처창업의지와 창업에 대한 자신감에 미치는 영향에 관한 연구. 한국컴퓨터정보학회논문집, 11(5), 281-290.
이승택 (2014). 청소년 기업가정신 함양 및 창업역량 강화방안: 중학교. 한국청소년정책연구원. 기업가정신(entrepreneurship)이 회계교육 및 창업의도에 미치는 영향에 관한 연구.
이신남 (2014). 기업가정신(entrepreneurship)이 회계교육 및 창업의도에 미치는 영향에 관한 연구. 회계연구, 19(3), 171-190.
이용선, 박주영 (2014). 외식 프랜차이즈 트렌드 예측자로서 마켓 메이븐의 역할에 관한 연구. 유통경영학회지, 17(1), 5-22.
이웅희 (1999). Real option view in management literature : review and critique. 한국경영학회 춘계학술발표논문집, 159-166.
이인숙, 나영아 (2014). 대학 내 외식창업 지원요인이 대학생 기업가정신과 창업의도에 미치는 영향연구. 관광연구저널, 28(7), 155-166 .
이장우 (1997). 벤처경영. 매일경제신문사.
이장우 (2004). 벤처기업의 실패요인에 관한 실증연구. 인사조직연구, 12, 229-274.
이정섭, 김병희, 정현철, 이성은 (2001). 여대생의 다이어트 경험에 관한 근거이론적 접근, 여성건강 간호학회지, 7(4), 596-609.
이정호 (2005). 광주지역 중저가호텔 경영개선 방안연구. 문화관광연구, 7(3), 141-162.
이주헌, 변광학 (2011). 기업가정신이 창업의지에 미치는 영향에 관한 연구. 한국벤처창업학회 학술대회논문집, 12, 37-45.
이한얼 (2013). 지적, 발달 장애 지원체계에 대한 이론적 근거탐색. 지적장애연구, 15(1), 39-56.
이호숙 (2015). 여성의 창업을 통해 본 기업가정신과 젠더전략. 여성학연구, 25(3), 99-140.
임유경, 최영민, 최지영 (1993). 기질 및 성격, 스트레스 대처방식과 우울증의 관계: 정신과 내원 우울장애 환자들을 대상으로. 한국심리학회지: 임상, 32(2), 331-350.
임주동 (2012). 온라인 창업 정보 서비스 특성이 창업 초기 기업의 만족과 경영성과에 미치는 영향. 전남대학교 대학원, 박사학위논문.
임진경 (2011). 소상공인 창업자의 창업성공요인연구. 호서대학교 글로벌 창업대학원 석사학위논문.
장석영 (2014). 창의적 인재 양성을 위한 정책현황 및 향후 방향. 서울: The HRD Review.
장수덕 (2003). 성공한 벤처기업과 실패한 벤처기업의 특성차이, 벤처경영연구, 6(2), 101-125.
장수덕 (2011). 벤처기업의 기업가정신 유형화와 유형별 특성차이: 기업수준에서의 탐색적 연구. 기업가정신과 벤처연구, 14(3), 49-73.
장수덕, 이상설, Scotte (2008). 벤처기업의 실패에 관한 국제비교연구 : 연령의존관점과 자원기반관점의 통합적 접근. 기업가정신과 벤처연구, 11(2), 41-63.
전혜숙 (2010). 경력단절 여성의 취업과정에서의 학습 경험 탐색: 근거이론적 접근. 부산대학교 박사학위논문.
정대용, 첨희, 한관섭 (2012). 창업에 대한 기대가 창업창출 및 성장의도에 미치는 영향에 관한 연구. 한국산학기술학회논문집, 13(5), 2079-2086.
정성민, 조성도, 김경은, 문연희 (2008). 국내 지방 벤처기업의 실패요인에 관한 탐색적 사례 연구. 기업가정신과 벤처연구, 11(4), 91-113.
정성한, 김해룡 (2001). 소상공인 창업 성공요인에 대한 탐색적 연구. 벤처경영연구, 4(2), 9-10.
정원섭 (2011). 베이비붐세대의 성공창업 요인에 대한 연구: 철강플랜트 분야를 중심으로. 경남과학기술대학교 창업대학원 석사학위논문.
정지호 (2014). 창업교육이 기업가정신과 창업 및 경영성과에 미치는 영향에 관한 연구. 건국대학교 박사학위논문.
정찬인 (2010). 한국남성의 은퇴전환기 경험에 대한 근거 이론적 접근. 한국기독교 상담학회지, 20(1), 265-298.
조병주 (1998). 창업을 위한 경영학 교육: 교육과정 전개와 효과적 교수방법. 경영교육연구, 2(2), 27-48.
조성은 (2004). 여자 청소년들의 비만도, 비만수준에 대한 자기인식과 심리적 적응간의 관계. 상담학연구, 5(1), 129-140.

조연성 (2012a). 중소제조기업의 기업가정신과 수출성과 관계에서 제품차별화 역량의 매개효과. 통상정보연구, 14(3), 113-138.

조연성 (2012b). 서비스 기업의 기업가정신, 시장지향성, 네트워크, 수출성과의 관계. 서비스경영학회지, 13(1), 157-178.

조연성, 원동환 (2010). 기업가정신과 시장지향성이 수출성과에 미치는 영향에 관한 연구: 시장지향성의 매개효과를 포함하여. 무역학회지, 35(1), 131-154.

조영준, 이승희 (2012). 창업특성이 창업의도에 미치는 영향요인; 창업성과를 매개 효과로. 디지털 정책연구, 10(5), 143-154.

조정제 (2004). 소자본 창업의 성공요인에 관한연구: 중소규모 레스토랑을 중심으로. 창원대학교 경영대학원 석사학위논문.

조형래 (1998). 벤처산업의 활성화를 위한 인프라의 개선 방안, 벤처경영연구, 2, 129-153.

주소희 (2008). 알코올 중독자 가정 자녀의 적응과 과정에 관한 근거 이론 연구. 한국가족복지학, 23(1), 225-262.

중소기업청 (2013). 2013년 창업지원사업.

지용희, 방용태 (1998). 창업을 위한 경영학 교육; 일본과 미국 대학의 창업교육과정과 시사점. 한국경영학회, 2(2), 75-101

천수경, 정화영(2009). 전문계 고교 창업교육(BizCool)이 창업인식 및 창업교육성과에 미치는 영향. 벤처창업연구, 4(4), 89-114.

최귀순 (2005). Strauss와 Glasser의 근거이론 방법론 비교. 정신간호학회지, 14(1), 82-90.

최낙환, 변철섭, 이용균 (2011). 수급사업자의 기업가정신이 관계몰입을 유도하는 경로. 한국마케팅저널, 13(1), 51-84.

최동주 (2011). 외식 프랜차이즈 기업의 기업가정신이 신상품 개발성과에 미치는 영향: 시장지향성의 매개효과를 중심으로. 기업경영연구, 40(1), 39-61.

최동주, 정우진 (2012). 외식 프랜차이즈 기업의 기업가정신이 경영성과에 미치는 영향: 본사의 신뢰 매개효과 검증을 중심으로. 경영학회지, 15(2), 253-270.

최주철 (2015). 온라인 창업교육이 글로벌 창업 기업가정신에 미치는 영향 연구. 통상정보연구, 17(3), 59-70.

통계청 (2008). 2007년 연간 및 4/4분기 전자상거래 통계 조사 결과.

통계청 (2013). 2012년 연간 및 4/4분기 전자상거래 통계 조사 결과.
통계청 (2014). 2013년 연간 및 4/4분기 전자상거래 통계 조사 결과.
하규수 (2012). 사업에 대한 태도와 실패에 대한 두려움이 창업의욕에 미치는 영향. 기업경영연구, 19(5), 59-74.
하규수 (2014). 청소년 기업가정신 함양 및 창업역량 강화를 위한 정책방안. 한국청소년정책연구원.
하규수, 박배진, 여경은 (2009). 잠재적 창업가의 사업실패 부담감과 환경요인이 창업 의욕에 미치는 영향력에 관한 연구. 한국경영학회 통합학술발표논문집, 1(1), 1-29.
한경임, 송미승 (2011). 장애 남자 대학생 생활 경험의 근거이론적 접근. 지체중복건강장애연구, 54(2), 1-23.
한정화 (2008). 벤처창업과 경영전략. 홍문사.
한정희, 김정호 (2013). 기업가정신 교육과 창업의사결정에 관한 연구. 산업경제연구, 26(6), 2777-2797.
허성호, 정태연 (2011). 자기결정성 이론에 근거한 제2형 당뇨병 환자의 자가관리 행위 예측 모형. 한국심리학회지: 문화 및 사회연구, 17(3), 287-304.
홍윤경 (2014). 청소년 활동을 통한 기업가정신 함양 및 창업역량 강화 방안. 한국청소년정책연구원.
황보윤, 이일한 (2012). 창업 및 창업문화 확산을 위한 창업대학원 역할에 관한 탐색적 연구: 창업비지니스센터의 역할을 중심으로. 벤처창업, 2(1), 25-41.
황혜선, 김기옥 (2014). 마켓메이븐 성향이 소비생활만족에 미치는 영향. 소비문화연구, 17(3), 41-61.
Alan, C. & Malin, B. (2011). Entrepreneurial motivations: What do we still need to know?. Journal of Small Business Management, 49(1), 9-26.
Amit, R., Glosten, L. & Muller, E. (1993). Challenges to theory development in entrepreneurship research, 30, 815-834.
Becherer, R.C. & Maurer, J.G. (1999). The proactive personality disposition and entrepreneurial behavior among small company presidents. Journal Of Small Business Management, 37(1), 9-37.
Begley, T.M. & Boyd, D.P. (1987). Psychological characteristics associated

with performance in entrepreneurial firms and smaller Business. Journal Of Business Venturing, 2(1), 79-93.

Bennett, N., Martin, C.L., Bies, R.J., & Brockner, J. (1995). Coping with a layoff: A longitudinal study of victims. Journal of Management, 21(6), 1025-1040.

Box, T.M., Beisel, J.L., Watts, L.R. & Austi, S.F. (1995). The entrepreneurs : An empirical investigation of individual difference, background and scanning behavior. Academy Of Management Proceeding, 433-435.

Box T.M., White. M.A & Barr S.H. (1993). A contingency model of new manufacturing firm performance. Entrepreneurship Theory And Practice, 18(2), 31-45.

Burgleman, R.A. (1983). Corporate entrepreneurship and strategic management insight from a process study. Management Science, 29, 1349-1364.

Buttner, E.H. & Moore, D.P. (1997). Women's organizational exodus to entrepreneurship: Self-reported motivations and correlates with success, Journal of Small Business Management, 24(4), 18-29.

Cardon, M.S., & McGrath, R.G. (1999). When the going gets tough... Toward a psychology of entrepreneurial failure and re-motivation. Frontiers of entrepreneurship research, 58-72.

Caruana, A., Morris, M., & Vella, A. (1998). The effect of centralization and fortnalization on entrepreneurship in export firms. Journal of Small Business Management, 25(1), 16-29.

Casson, M. (1982). The entrepreneur: An economic theory. Rowman & Littlefield.

Clark, R. A., & Goldsmith, R. E. (2006). Interpersonal influence and consumer innovativeness. International Journal of Consumer Studies, 30(1), 34-43.

Coelho, P.R., & McClure, J.E. (2005). Learning from failure. American Journal of Business, 20(1), 1-1.

Cole, A.H. (1959). The tempo of mercantile life in colonial America. Business History Review, 33(03), 277-299.

Cope, J. (2005). Toward a dynamic learning perspective of entrepreneurship. Entrepreneurship theory and practice, 29(4), 373-397.

Cope, J. (2011). Entrepreneurial learning from failure: An interpretative phenomenological analysis. Journal of Business Venturing, 26(6), 604-623.

Cope, J. P., Cave, F. D., & Eccles, S. A. (2008). The impact and outcomes of venture failure: an entrepreneurial learning perspective.

Cope, J., Cave, F., & Eccles, S.A. (2004). Attitudes of venture capital investors towards entrepreneurs with previous business failure. Venture Capital, 6(2-3), 147-172.

Corman, J., Lussier, R.N., & Nolan, K. G. (1996). Factors that encourage entrepreneurial start-ups and existing firm expansion: A longitudinal study comparing recession and expansion periods. Academy of Entrepreneurship Journal, 1(2), 43-55.

Covin, J. G., & Slevin, D. P. (1991). A conceptual model of entrepreneurship as firm behavior. Entrepreneurship: Critical perspectives on business and management, 3.

Crant, J.M. (1996). The proactive personality scale as a predictor of entrepreneurial intentions. Journal of small business management, 34(3), 42-49.

Curran, J. & Blackburn, R. A.(2001). Older people and the enterprise society: Age and self-employment propensities. Work, Employment & Society, 15(4), 889-902.

Davidson, A. & Copulsky, J. (2006). Managing web-mavens: Relationships with sophisticated customers via the internet can transform marketing and speed innovation. Strategy & Leadership, 34(3), 14-22.

Drucker, P.F.(1985). Innovation and entrepreneurship: practice and principles. Harper & Row.

Feick, L.F. & Price, L.L. (1987). The market maven: A diffuser of marketplace information. Journal of Marketing, 51(1), 83-97.

Flick, U. (2009). An introduction to qualitative research. Sage.

Folkman, S. & Lazarus, R. S. (1980). An analysis of coping in a middle-aged community sample. Journal of health and social behavior, 219-239.

Gartner, W.B. (1985). A conceptual framework for describing the phenomenon of new venture creation. Academy of Management Review, 10(4), 696-706.

Gartner, W.B. (1990). What are we talking about when we talk about entrepreneurship. Journal of Business venturing, 5(1), 15-28.

Glaser, B.G., & Strauss, A.L. (2009). The discovery of grounded theory: Strategies for qualitative research. Transaction Publishers.

Goldsmith, R,E., Clark, R.A. & Goldsmith, E. B. (2006). Extending the psychological profile of market mavenism. Journal of Consumer Behaviour, 5(5), 411-419.

Goldsmith, R,E., Flynn, L. R. & Goldsmith, E. B. (2003). Innovative consumers, and market mavens. Journal of Marketing Theory and Practice, 11(4), 54-65.

Hisrich, R. and Brush, C. (1984) The woman entrepreneur: Management skills and business problems. Journal of Small Business Management, 22(1), 30-37.

Hitt M.A. & Ireland, R.D. (2000). The intersection of entrepreneurship and strategic management research. In Handbook of Entrepreneurship. Sexton, D.L. & Landstrom, H.A. (eds.). Blackwell: Oxford; 45–63.

Hornaday. J.A& Abould. J.S(1971). Characteristics of successful entrepreneurs. Personal Psychology, 24, 141-153.

Huovinen, J., & Tihula, S. (2008). Entrepreneurial learning in the context of portfolio entrepreneurship. International Journal of Entrepreneurial Behaviour & Research, 14(3), 152-171.

Janice M. Morse., Phyllis N.S., Juliet C., Barbarra B., Kathy C & Adele E.C. (2011). Developing Grounded Theory: The Second Generation. 근거이론의 발전. 신경림, 김미연, 신수진 역. 서울: 하누리.

Kao, R. W. (1993). Defining entrepreneurship: past, present and?. Creativity and Innovation Management, 2(1), 69-70.

Kauffman Foundation (2012). The Kauffman Firm Survey: Who are User

Entrepreneurs? Findings on Innovation, Founder Characteristics, and Firm Characteristics.

Keeble, D., Bryson, J., Wood, P.(1992). The rise and fall of small service firm in the united kingdom. International Small Business Journal, 11(1), 11-22.

Kirzner, I.M. (1997). 경쟁과 기업가정신. 이성순 옮김, 서울: 자유기업센터.

Knight, F.H.(1921). Risk, uncertainty and profit. New York : Hart, Schaffner and Marx.

Lather, P. (1986). Research as praxis. Harvard Educational Review, 56(3), 257-278.

Lazarus, R.S.(1993). Coping theory and research: Past, present, and future. Fifty Years of the Research and Theory of RS Lazarus: An Analysis of Historical and Perennial Issues, 366-388.

Lazarus, R.S., & Folkman, S.(1987). Transactional theory and research on emotions and coping. European Journal of personality, 1(3), 141-169.

Lee, S.H., Yamakawa, Y., Peng, M.W., & Barney, J.B. (2011). How do bankruptcy laws affect entrepreneurship development around the world. Journal of Business Venturing, 26(5), 505-520.

Leibenstein, H. (1968). Entrepreneurship and development. The American Economic Review, 58(2), 72-83.

Lincoln, Y. S., & Guba, E. G. (1985). Establishing trustworthiness. Naturalistic Inquiry, 289-331.

Lumpkin, G.T., & Dess, G.G. (1996). Clarifying the entrepreneurial orientation construct and linking it to performance. Academy of management Review, 21(1), 135-172.

Lumpkin, G.T., & Dess, G.G. (2001). Linking two dimensions of entrepreneurial orientation to firm performance: The moderating role of environment and industry life cycle. Journal of business venturing, 16(5), 429-451.

Mattlin, J. A., Wethington, E., & Kessler, R. C. (1990). Situational determinants of coping and coping effectiveness. Journal of Health and Social Behavior, 103-122.

McClelland, D.C. (1965). N achievement and entrepreneurship: A longitudinal study. Journal of personality and Social Psychology, 1(4), 389-392.

McCrae, R.R. (1984). Situational determinants of coping responses: Loss, threat, and challenge. Journal of Personality and Social psychology, 46(4), 919-928.

McCrae, R.R. (1994). Openness to experience: Expanding the boundaries of Factor V. European Journal of Personality, 8(4), 251-272.

Mezirow, J. (1991). Transformational Dimensions of Adult Learning. San Francisco Josey-Bass.

Miller, D. (1983). The correlates of entrepreneurship in three types of firms. Management science, 29(7), 770-791.

Miller, D., & Friesen, P. H. (1983). Strategy-making and environment: The third link. Strategic management journal, 4(3), 221-235.

MISER, H.D. (1949). Manganese deposits of the southeastern states. In Proc. Symposium on Mineral Resources of the Southeastern United States, University of Tennessee, 152-169.

Morris, M.H., & Kuratko, D.F. (2002). Corporate entrepreneurship: Entrepreneurial development within organizations. London: Thompson South Western.

Morse, M. (1998). Virtualities: Television, media art, and cyberculture. Indiana University Press.

Moulton, W.N., & Thomas, H. (1993). Bankruptcy as a deliberate strategy: Theoretical considerations and empirical evidence. Strategic Management Journal, 14(2), 125-135.

Orhan M & Scott D (2001). Why women enter into entrepreneurship: An explanatory model. Women in Management Review 16(5): 232-243.

Peng, M.W., Yamakawa, Y., & Lee, S.H. (2010). Bankruptcy Laws and Entrepreneur-Friendliness. Entrepreneurship Theory and Practice, 34(3), 517-530.

Perwin, L.(2003). The Science of Personality. Oxford: Oxford University Press.

Politis, D., & Gabrielsson, J. (2009). Entrepreneurs' attitudes towards failure: an experiential learning approach. International Journal of Entrepreneurial Behaviour & Research, 15(4), 364-383.

Rerup, C. (2005). Learning from past experience: Footnotes on mindfulness and habitual entrepreneurship. Scandinavian Journal of Management, 21(4), 111-132.

Roffey, B., Stanger, A., Forsaith, D., Mcinnes, E., Petrone, F. & Symes, C. (1996). Women in small business: a review of research. Canberra: Australian Government Publishing Service, 128-137.

Ronstadt, R.(1984). Entrepreneurship: Text, Cases & Notes. Lord Pub.

Schuler, R.S. (1986). Fostering and facilitating entrepreneurship in organizations: Implications for organization structure and human resource management practices. Human Resource Management 25(4), 607-629.

Schumpeter, J. (2012), 경제발전의 이론, 박영호 옮김, 서울: 지식을 만드는 지식.

Shane, S., & Venkataraman, S. (2000). The promise of entrepreneurship as a field of research. Academy of management review, 25(1), 217-226.

Segal, G., Borgia, D., Scheonfeld, J. (2005). The motivation to become an entrepreneur. International Journal of Entrepreneurial Behaviour & Research, 11(1), 42-57.

Sexton, D. Smilor, R. (1986). The Art and Science of Entrepreneurship, Ballinger, Cambridge, MA.

Shane, S., & Venkataraman, S. (2000). The promise of entrepreneurship as a field of research. Academy of management review, 25(1), 217-226.

Shane, S., Kolvereid, L., & Westhead, P.(1991). An exploratory examination of the reasons leading to new firm formation across country and gender(part1), Journal of Business Venturing, 6(6), 431-446.

Shane, S., Lock, E.A. and Collins, C.J.(2003). Entrepreneurial motivation. Human Resource Management Review, 13(2), 257-279.

Shepherd, D.A. (2003). Learning from business failure: Propositions of grief recovery for the self-employed. Academy of Management Review, 28(2), 318-328.

Shepherd, D.A. (2004). Educating entrepreneurship students about emotion and learning from failure. Academy of Management Learning & Education, 3(3), 274-287.

Shepherd, D.A. (2009). Grief recovery from the loss of a family business: A multi-and meso-level theory. Journal of Business Venturing, 24(1), 81-97.

Shepherd, D. A. (2011). Multilevel entrepreneurship research: Opportunities for studying entrepreneurial decision making. Journal of Management, 37(2), 412-420.

Shepherd, D.A., Wiklund, J., & Haynie, J.M. (2009). Moving forward: Balancing the financial and emotional costs of business failure. Journal of Business Venturing, 24(2), 134-148.

Shook, C.L., Priem, R.L., & McGee, J.E. (2003). Venture creation and the enterprising individual: A review and synthesis. Journal of Management, 29(3), 379-399.

Singh, S., Corner, P., & Pavlovich, K. (2007). Coping with entrepreneurial failure. Journal of Management & Organization, 13(4), 331-344.

Slama, M., Nataraajan,m R. & Williams, T. G. (1992). Market mavens and the relationship between smart buying and information provision: An exploratory study. part of the series developments in marketing science: Proceedings of the Academy of Marketing Science, 90-93.

Stuart, R., & Abetti, P.A. (1987). Start-up ventures: Towards the prediction of initial success. Journal of Business Venturing, 2(3), 215-230.

Stevenson, H.H., & Gumpert, D.E. (1985). The heart of entrepreneurship. Harvard Business Review, 63(2), 85-94.

Stevenson, H.H., & Jarillo, J.C.(1990). A paradigm of entrepreneurship: entrepreneurial management. Strategic Management Journal 11, 17-27.

Stevenson, H. H., Roberts, M.J., Grousbeck, H. I., & Bhide, A. V. (1994). New Business Ventures and the Entrepreneur. Sydney: Irwin.

Strauss, A.L. (1987). Qualitative Analysis For Social Scientists, Cambridge: Cambridge University Press.

Strauss, A., & Corbin, J. (1994). Grounded Theory Methodology. Handbook of qualitative research, 273-285.

Strauss A.L & Corbin, J.(1998). Basic Of Qualitative Research: Techniques And Procedure for Developing Grounded Theory. New york: Sage.

Subramanian, S., & Kumar, M.V. (2009). Coping with failure, mental health and career intentions among failed entrepreneurs. Asia Pacific Business Review, 5(1), 120-125.

Sutton, R.I. & Callahan, A.L. (1987). The stigma of bankruptcy: Spoiled organizational image and its management. Academy of Management Journal, 30(3), 405-436.

Timmons, J.A., & Spinelli, S. (1994). New venture creation: Entrepreneurship for the 21st century (Vol. 4). Burr Ridge, IL: Irwin.

Toffler, A. (1970). Future Shock. Panbooks.

Ucbasaran, D., Shepherd, D.A., Lockett, A., & Lyon, S.J. (2013). Life After Business Failure The Process and Consequences of Business Failure for Entrepreneurs. Journal of Small Business Management, 39(1), 163-202.

Ucbasaran, D., Westhead, P., & Wright, M. (2009). The extent and nature of opportunity identification by experienced entrepreneurs. Journal of Business Venturing, 24(2), 99-115.

Ucbasaran, D., Westhead, P., Wright, M., & Binks, M. (2003). Does entrepreneurial experience influence opportunity identification. The Journal of Private Equity, 7(1), 7-14.

Ucbasaran, D., Westhead, P., Wright, M., & Flores, M. (2010). The nature of entrepreneurial experience, business failure and comparative optimism. Journal of Business Venturing, 25(6), 541-555.

Vaillant, Y., & Lafuente, E. (2007). Do different institutional frameworks condition the influence of local fear of failure and entrepreneurial examples over entrepreneurial activity. Entrepreneurship and Regional Development, 19(4), 313-337.

Van Auken, H., Kaufmann, J., & Herrmann, P. (2009). An empirical analysis of the relationship between capital acquisition and bankruptcy laws. Journal of Small Business Management, 47(1), 23-37.

Vesper. K.H. (1990). New Venture Strategys. Englewood Cliffs, Nj: Prenticd-Hall.

Walsh, G., Gwinner, K.P., & Swanson, S. R. (2004). What makes mavens tick? Exploring the motives of market maven initiation of information diffusion. Journal of Consumer Marketing , 21(2), 109-122.

Watson, J., & Everett, J.E. (1996). Do small businesses have high failure rates?: Evidence from Australian retailers. Journal of Small Business Management, 36, 45-62.

Weinmann, G. (1994). The Influentials: People Who Influence people. State University of New York Press.

Wennberg, K., Wiklund, J., DeTienne, D.R., & Cardon, M.S. (2010). Reconceptualizing entrepreneurial exit: Divergent exit routes and their drivers. Journal of Business Venturing, 25(4), 361-375.

Weston, J.F. (1981). Developments in finance theory. Financial Management, 5-22.

Zacharakis, A.L., Meyer, G.D., & De Castro, J. (1999). Differing perceptions of new venture failure: a matched exploratory study of venture capitalists and entrepreneurs. Journal of Business Venturing, 20(6), 1-14.

Zahra, S.A. (1991). Predictors and financial outcomes of corporate entrepreneurship: An exploratory study. Journal of business venturing, 6(4), 259-285.